TOEIC®テスト総合対策 これだけ！

初めて ▶ 650点

菊間ひろみ 著
英文作成／John S Hallam

新テスト対応版

あさ出版

TOEIC is a registered trademark of Educational Testing Service (ETS). This publication is not endorsed or approved by ETS.

はじめに

　2006年の5月の公開テストより、リニューアルされたTOEICテスト─新TOEICテストが実施されます（IPテスト〈団体特別受験制度〉は2007年以降に実施）。このため、今回、新TOEICテストに向けた対策本として、旧版を全面改訂いたしました。問題形式、出題傾向、難易度などについて新テストはどのように変わったのか、受験者が抱えるさまざまな疑問に応えたのが本書です。もちろん、初めてTOEICを受験する方に向けて、テスト問題の形式や傾向と対策についてもわかりやすく簡潔に説明しています。

　新TOEICは従来のテストに比べて難易度が高くなったという印象を受ける方が多いでしょう。リスニングでは、アメリカ英語だけでなく、イギリス、カナダ、オーストラリア英語も導入されました。また、会話も長くなり、実際のコミュニケーション・シーンにより近い姿になりました。一方、リーディングでは、多くの受験者が苦手意識をもっていたPart 6の誤文訂正問題がなくなり、文脈を理解して適切な語句を答える、長文穴埋め問題に代わりました。さらにPart 7では、一度に2つの文書を読んで設問に答えるという形式の問題が20問採用され、受験者は、複数の文書を総合的に判断するという、より現実に即した課題に取り組むことになります。このように、新TOEICテストは聞く量、読む量ともに増えたため、受験者の負担が重くなったようにも思われます。しかしこれは、長い目で見れば、受験者の英語力を上げることに貢献すると考え、私は歓迎すべきことだと思っています。

　本書は2005年12月にETS（TOEICの問題を作成している機関）から出版された公式問題集に掲載されている、2セットのテスト問題の傾向を分析して問題を作成しました。本書では問題の種類を分類し、系統的に新TOEICテスト受験に必要な力が身につけられるように工夫してあります。忙しくてまとまった勉強時間が取れないがスコアは伸ばしたいという方は手を広げず、まずは本書を最低2回繰り返して学習してください。

　本書が受験者の方の良きガイドとなり、目標スコア達成のお手伝いができたなら、著者としてこれほど嬉しいことはありません。

　最後に、英文の作成や校正をし、また私の質問にいつも的確で細やかな回答をくださったJohn S Hallam氏、労を惜しまず丁寧に和文の校閲はじめ本書編集をしてくださった堀口真理氏に、この場をお借りして心から感謝の気持ちを申し上げたいと思います。

2006年4月吉日

菊間ひろみ

はじめに……3

ガイダンス編

TOEICとはどんなテストで、どんな問題が出されるのだろうか？

TOEICとはどんな試験なのか

TOEICとは？……10
試験の内容は？……10
TOEICを受けることのメリットは？……11
試験を実施する日と場所は？……11
申し込み方法は？……11
試験結果の評価のしかたは？……12
2006年5月からTOEICはこう変わった！……14

スコアアップを実現する学習のセオリー

リスニングの力をつける3つのセオリー……16
文法をマスターする2つのセオリー……17
速読速解力をつける2つのセオリー……18
ボキャブラリーを増やす4つのセオリー……19

TOEICはパート別の問題形式になっている
〜 各パートの問題形式／解答のコツ／新テストの傾向／サンプル問題 〜

> リスニングセクション

　　PART 1　写真描写問題…… 22
　　PART 2　応答問題…… 24
　　PART 3　会話問題…… 26
　　PART 4　説明文問題…… 31

> リーディングセクション

　　PART 5　短文穴埋め問題…… 35
　　PART 6　長文穴埋め問題…… 38
　　PART 7　読解問題…… 43

基礎固め編　リスニング

リスニング問題の解き方を実践形式でマスターする！

> リスニングセクション

PART 1　写真描写問題…… 58

PART 2　応答問題…… 67
　　1. whenとwhereで始まる疑問文…… 67
　　2. who、what、whyで始まる疑問文…… 70

3. howで始まる疑問文…… **73**
　4. 肯定・否定疑問文…… **76**
　5. 付加疑問文と陳述文…… **79**
　6. 選択疑問文…… **82**
　7. 提案・誘い・申し出・依頼の文及び許可を求める文…… **85**

PART 3　会話問題…… **90**
　1. 報告書・契約・ミーティングに関する会話…… **90**
　2. 人事・会社の業績に関する会話…… **97**
　3. 日常会話…… **104**

PART 4　説明文問題…… **111**
　1. 社内トーク…… **111**
　2. 授賞式や退職パーティーでのスピーチ…… **117**
　3. 会議・講演・実演販売などでのトーク…… **123**
　4. ラジオ番組…… **129**

基礎固め編　リーディング1

文法・語彙問題を解く力を養う！

PART 5　短文穴埋め問題…… **136**

その1　文法を強化しよう！…… **136**
　1. 品詞の区別…… **136**

2. 動詞の形 …… 141
　　3. 前置詞 …… 144
　　4. 接続詞 …… 148
　　5. 代名詞 …… 152
　　6. 関係代名詞 …… 155
　　7. 分詞構文 …… 159

その2　ボキャブラリーを強化しよう …… 162
　　8. 動詞 …… 162
　　9. 名詞 …… 164
　　10. 形容詞・副詞・慣用表現 …… 166

PART 6　長文穴埋め問題 …… 168

基礎固め編　リーディング2
読解問題正解のコツを実践でマスターする！

PART 7　読解問題 …… 178

その1　1つの文書（Single Passages） …… 178
　　1. 社内文書（Memos）…… 178
　　2. 広告（Advertisements）…… 182
　　3. メール（E-mail messages）…… 186
　　4. ビジネスレター（Letters）…… 190

5. 記事（Articles）…… 194

その2　2つの文書（Double Passages）…… 198

TOEIC　模擬試験編

**200問完全
TOEIC模擬試験**

確認事項…… 212
LISTENING TEST…… 213
READING TEST…… 233
TOEIC模擬試験　解答と解説…… 283

　●模擬試験アンサーシート…… 374

資料提供　TOEIC運営委員会/ETS
DTP　　　有限会社プログレス

ガイダンス編

What is the TOEIC® TEST ?

TOEICとは
どんなテストで、
どんな問題が
出されるのだろうか？

TOEIC とはどんな試験なのか？

TOEICとは？

　TOEICとは、世界170カ国以上で実施されているTOEFLの膨大なデータをもとに開発された英語能力テストで、現在世界50カ国で実施されています。

　このTOEICの特色は、能力評価が数値で示され、そのスケールが問題の変更にかかわらず常に不変であるということです。このため、分野を問わず、さまざまなレベルの受験者の英語力を正確に位置づけることができるのです。

　TOEICは、リスニングセクションとリーディングセクションの2つのセクションから、リスニング―スピーキングの、またリーディング―ライティングの相関関係を求め、総合的な英語能力を測定する一斉客観テストです。

なお、TOEICテストは2006年5月の公開テストより、問題形式がリニューアルされたTOEICテスト―新TOEICテストが実施されます。

ただし、企業や学校などで実施される団体特別受験制度（IPテスト）での新TOEICテスト実施は2007年以降となっています。

試験の内容は？

　TOEICの問題は、リスニング100問、リーディング100問の計200問で構成されています。解答は全問マークシート方式で2時間、休みなしで行われます。時間配分は、リスニングに45分、リーディングに75分となっています。

●**Listening Section（45分）**
　前半のリスニングは、テープから流れてくる会話やナレーションを聞いて設問に答えるもので、4つのパートに分かれています。

●**Reading Section（75分）**
　後半のリーディングは、問題を読んで設問に答える形式で、3つのパートに分かれています。

Listening Section（45分）	
PART 1　写真描写問題	10問
PART 2　応答問題	30問
PART 3　会話問題	30問
PART 4　説明文問題	30問

Reading Section（75分）	
PART 5　短文穴埋め問題	40問
PART 6　長文穴埋め問題	12問
PART 7　読解問題	48問

TOEIC を受けることのメリットは？

　TOEIC の試験の結果はあなたのコミュニケーション能力を、合否ではなくスコアで示します。総合スコアのほかにセクションごとのスコアも示されるので、欠けている能力が明確にわかります。

　また、リスニング能力はスピーキング能力と、リーディング能力はライティング能力とかなり高い相関関係にあるので、TOEIC の総合スコアを伸ばすことは4つの能力を伸ばすことにつながるのです。

　TOEIC の評価基準は常に一定ですから、数回テストを受けていくうちに、自分にどのくらい力がついたかを測ることができます。

　すべての受験者の能力がスコアで示され、受験母体の能力の分布や集団内の個人の能力が把握・比較できるので、TOEIC を採用する企業は今後もますます増えていくでしょう。

　現在あなたがどのレベルにいるのか、企業の求めるスコアの英語とはどの程度なのかを把握するためにも、TOEIC の受験をおすすめします。

試験を実施する日と場所は？

　TOEIC は年8回、1月、3月、5月、6月、7月、9月、10月、11月に全国78都市（2006年4月現在）で実施されます。受験地・会場は年々増えていますが、受験地ごとに実施回数が異なります。TOEIC 運営委員会ホームページやパンフレットなどでご確認ください。

申し込み方法は？

●個人申込み

　個人の申し込みには以下の3方法があります。なお、申し込み方法によって受験料の支払い方法や申し込み期間が異なりますので、注意しましょう。

① 所定の受験申込書を使用して、受験料を書店・大学生協、郵便局で支払い、支払い領収書とともに添付の封筒で申し込む。
② コンビニエンスストア店頭に設置されているマルチコピー機により申し込む。受験料はコンビニエンスストア店頭で支払う。
③ インターネットにより申し込む。事前に公開ホームページからID登録をしておく必要がある。受験料はクレジット決済ないしはコンビニエンスストアで支払う。

●団体申し込み

　団体一括受験の場合は、受験者の所属企業・団体の窓口に受験書を提出します。

　個人申し込み・団体申し込みいずれについても、詳しいことは下記に問い合わせるとよいでしょう。

```
TOEIC 運営委員会東京業務センター
　〒100-0014　東京都千代田区永田町2-14-2
　　　　　　　山王グランドビル
　☎ 03-3581-4701　FAX03-3581-4783
TOEIC 公式ホームページ
http//www.toeic.or.jp/
```

試験結果の評価のしかたは？

　TOEICのスコアは、1問何点という決められた点数の総合点で計算されるものではありません。リスニング・リーディング各セクションについてそれぞれ最低5点から最高495点（したがって、満点なら990点です）までの5点きざみで評価され、両セクションのスコアを合計したものが総合評価となります。

　次のページの表が、スコアと、それぞれのスコア圏の英語能力の目安です。少しでも高レベルのスコア圏に入ることができるよう、本書を十分に活用してください。

スコアレベル	評価（ガイドライン）	
860以上 **A**	**Non-Nativeとして十分なコミュニケーションができる。** 　自己の経験の範囲内では、専門外の分野の話題に対しても十分な理解とふさわしい表現ができる。Native Speaker の域には一歩隔たりがあるとはいえ、語彙・文法・構文のいずれをも正確に把握し、流暢に駆使する力を持っている。	
730〜860 **B**	**どんな状況でも適切なコミュニケーションができる素地を備えている。** 　通常会話は完全に理解でき、応答も速い。話題が特定分野にわたっても対応できる力を持っている。業務上も大きな支障はない。正確さと流暢さに個人差があり、文法・構文上の誤りが見受けられる場合もあるが、意思疎通を妨げるほどではない。	
470〜730 **C**	**日常生活のニーズを充足し、限定された範囲内では業務上のコミュニケーションができる。** 　通常会話であれば、要点を理解し、応答にも支障はない。複雑な場面における的確な対応や意思疎通になると、巧拙の差が見られる。基本的な文法・構文は身についており、表現力の不足はあっても、ともかく自己の意思を伝える語彙を備えている。	**企業の期待値** ●**650〜800** (海外部門／海外駐在員) ●**600〜750** (営業部門) ●**550〜750** (技術部門)
220〜470 **D**	**通常会話で最低限のコミュニケーションができる。** 　ゆっくり話してもらうか、繰り返しや言い換えをしてもらえば、簡単な会話は理解できる。身近な話題であれば応答も可能である。語彙・文法・構文ともに不十分なところは多いが、相手がNon-Native に特別な配慮をしてくれる場合には、意思疎通をはかることができる。	●**467** (大卒新入社員平均点)
220未満 **E**	**コミュニケーションができるまでに至っていない。** 　単純な会話をゆっくり話してもらっても、部分的にしか理解できない。断片的に単語を並べる程度で、実質的な意思疎通の役には立たない。	

(TOEIC 公式ホームページより)

2006年5月からTOEICはこう変わった!

　2006年の5月の公開受験から実施される新TOEICテストでは、従来のテストに比べ、全体の解答時間や構成に大きな変更はありませんが、パートによっては問題数や問題形式の変更があります。次の表で全体像を確認しておきましょう。

リスニング・セクション

	従来のTOEIC	新TOEIC
リスニング・セクション全般（45分）	基本的にアメリカ英語を採用。	カナダ・イギリス・オーストラリア英語が新たに加わり、4種類の英語を均等に採用。全体を通して、1回に聞く英文の量が増えたため、受験者には難易度が高くなった印象を与える。
PART 1 写真描写問題	問題数20問	問題数10問
	写真を見ながら、4つの文を聞き、写真を描写する文として最も適するものを選ぶ。	問題形式は変更なし。比較的やさしい問題が減ったので初心者にはかなりきつくなる!?
PART 2 応答問題	問題数30問	問題数30問
	疑問文もしくは陳述文とそれに対する3つの応答文を聞いて、正しいものを選ぶ。	問題数・形式に変更なし。Part 1の問題数が減った分、初心者にとって正答数を増やしたいパート。
PART 3 会話問題	問題数30問	問題数30問
	短い会話を聞いて、1つの設問に答える。選択肢は4つ。問題用紙に設問と選択肢は印刷されている。	会話が長くなり、1つの会話に対して3つの設問に答える。問題文も音声で流れる。
PART 4 説明文問題	問題数20問	問題数30問
	短いアナウンスやスピーチを聞いて、複数の設問に答える。選択肢は4つ。問題用紙に設問と選択肢は印刷されている。	説明文が若干長くなり、1つの説明文に対して3つの設問に答える。問題文も音声で流れる。

リーディング・セクション

	従来のTOEIC	新TOEIC
リーディング・セクション全般（75分）	誤文訂正の問題もあり、文法問題の比重が高い。	誤文訂正問題が姿を消し、文法の比重が低くなる。読解問題では2つの文書を読んで答えさせる設問が加わり、より一層語彙力・速読力が試される問題に変更。
PART 5 文法・語彙問題 ➡ 短文穴埋め問題	問題数40問	問題数40問
	文の空欄に入れる正しい語句を4つの選択肢から選ぶ。文法及び語彙の力を試す問題。	問題の名称は変更されたが、問題数と形式に変更なし。文法問題が語彙問題より若干多い。
PART 6 誤文訂正問題 ➡ 長文穴埋め問題	問題数20問	問題数12問
	文の4箇所に下線が引いてあり、その中から文法的に間違っているものを選ぶ。	誤文訂正問題が姿を消し、長文を使った文法と語彙の問題に変更。長文と短文の違いだけで実質Part 5と同じ問題。
PART 7 読解問題	問題数40問	問題数48問
	手紙、メール、記事などの文書を読み、複数の設問に答える	従来通りの1つの文書を読んで答える問題が28問と、2つの文書を読んで答える問題が新たに20問加わる。

ガイダンス編

TOEICとはどんな試験なのか？

スコアアップを実現する学習のセオリー

　TOEICは、特に日本の英語教育でなおざりにされてきた英語の「聞いて理解する」「文章の大意をすばやく理解する」能力を測ることに主眼が置かれており、皆さんがこれまで受けてきた筆記中心のテストとはだいぶ違います。ですから当然、勉強方法も変えていかなくてはなりません。

　そのためには、多くの英語を聞いたり読んだりしながら、すばやく内容を把握する練習をする必要があります。

　外国語の勉強に近道はありません。しかし、同じ時間をかけるにしても、効率的な方法と、そうでない方法があります。多くの受講者の方々を指導してきた経験から見出した、スコアアップを実現する学習のセオリーをまとめておきます。

リスニングの力をつける3つのセオリー

セオリー1　とにかく英語を聞き、音読しよう！

　NHKテレビやラジオの英語講座を、必ずテキストを購入して視聴してください。テキストを持たずに視聴しても、知っていることの確認はできますが、新しいことは覚えにくいからです。

　音読もしっかりやってください。きちんと英語を発音できない人が英語を聞き取ることは、難しいからです。別売CDを使って、何度も音読の練習をしてください。

　読み慣れてきたらCDを流しながら声を出して英文を読んでみます。いかに自分の読むスピードがネイティブスピーカーの読むスピードと違うかに気づくはずです。ネイティブスピーカーは、単語と単語を連結させて読んでいるので速いのです。この連結された単語のまとまりを「ひとつの音のまとまり」としてとらえ、理解することが必要です。

　一見簡単な文章も、耳だけで理解するのは難しいものです。どんな文も決して侮れません。また、音読の速さは黙読の速さと相関関係があるので、英文を速く読めるようになることが、上達のコツでもあります。

セオリー2 ポイントを押さえて聞こう！

　皆さんは、耳に入ってくる日本語を全部理解しようとしているでしょうか。答えは NO です。人は無意識のうちに、自分に必要な情報を取捨選択しているのです。たとえば、全国の天気予報を聞くときは、自分が住んでいる地域の情報に自然に注意が働きます。

　しかしこれが英文になると、全部の単語が聞き取れないとわからないと思ってしまいます。ところが英語も日本語と同じで、キーワードが聞き取れれば、全部の単語が聞き取れなくても大意はつかめるのです。

　TOEIC の Part 3と Part 4では、聞き取るべきポイントが設問と選択肢に書いてあります。聞き取れない単語があったからといってあきらめずに英語を聞いてください。そして普段から英語を聞くときには 5W1H（What, When, Where, Who, Why, How）を聞き取るように心がけてください。

セオリー3 内容をビジュアル化してイメージしよう！

　英語を聞くと、日本語に訳して理解しようとする人が多いようですが、それでは時間がかかり過ぎますし、いつまでたっても日本語に頼ることになって、英語の上達を妨げてしまいます。

　ふつう人は、文章を読んだり聞いたりするとき、その物や情景をイメージとして思い浮かべます。それは英語を聞くときも同じです。会話が聞こえてきたら、人物の様子、会話されている場所を思い浮かべながら、内容を理解するよう努めてください。

文法をマスターする2つのセオリー

セオリー1 文法はきちんと理解して覚えよう！

　従来の文法問題をあきらめモードで解いていた受験者にとって、新テストでは文法問題、特に誤文訂正の問題がなくなったことは朗報でしょう。新テストでは、出題される文法事項がかなり減りました。

　本書では650点を獲得するために必要な文法項目を7項目に絞っています。各項目の解説を丁寧に読み、きちんと整理して理解し、正確な知識を身につけてください。文法問題は1問10秒以内で確実に正解が出せる、受験者にとって点が取りやすい問題なのです！　本書の解説を読んで自信をもって正解が出せるようになってください。

> **セオリー 2** 英文を読むときは文の構造に注意しよう！

　新テストでは文法問題の割合は減りましたが、文章を正しく理解するためには文法の知識は欠かせません。特にリーディングでは、文の構造を理解することが重要になってきます。
　1つの文が長くて意味が理解しにくいときには、文全体の構造を把握するようにしましょう。文全体の主語、動詞、目的語や補語を1語ずつ選んでみると全体像がつかめ、より意味が理解しやすくなります。

速読速解力をつける2つのセオリー

> **セオリー 1** 大意を理解することを目標にしよう！

　ある程度英語力がついてくると、日本語に訳さないほうが理解しやすく、わからない単語がいくつかあっても、文脈から想像して大意を把握できるようになります。
　それは、英語の文章の構成にカギがあるのです。日本語の文章は「起承転結」の構成をとっていますが、英語は1つの段落が①Topic Sentence　②Body　③ Conclusionの3つに分かれています。図で示すと下記のようになります。

> **① Topic Sentence**（段落の主題）
> ↓
> **② Body**（具体的な内容、理由づけ、例など）
> ↓
> **③ Conclusion**（結論）

　このように、英語の文章は、最初と最後にその段落の内容がまとめられています。ですからできるだけ速く内容を知りたいときには、最初と最後を読めばいいということになります。
　さらに、いくつかの段落から成る文章も、段落と段落の関係はこの3つの構成と同じで、最初のほうの段落にはその文章全体の主題が提示され、中段落は詳しい説明、最後のほうの段落は文章全体の結論が書かれています。ポイントをつかんで、大意を読みとるコツを身につけてください。

セオリー2　英字新聞で英文に慣れよう！

TOEICでは英語圏の日常生活に使われるさまざまな種類の文章やメモなどが出題されます。まずは英文に対する抵抗感をなくすために、身近な話題を扱った英字新聞で英文に慣れることです。見出し、写真のキャプション、広告を、辞書の助けなしに理解することを目標にしてください。その後は見出しを見て興味を持った記事を読んでみましょう。記事の最初を読んで、文章全体の内容が推測できるようになったら、しめたものです。

ボキャブラリーを増やす4つのセオリー

セオリー1　単語は文章中で覚えよう！

「単語が覚えられない」という声をよく耳にしますが、ふつう単語は文章中で最低でも10回は見ないと覚えられません。市販の単語集で10回見ても、自分の身についた語彙にはならないということです。

単語を覚えようとするときには、文章を理解するために覚えるという姿勢が必要です。会話文でも、ある程度まとまった文章でも、内容を理解しようと思いながら読み、その中に出てきた単語を、文章の内容に関連させて覚えるようにします。

忘れることを恐れず、たくさんの文を読んだり聞いたりして、インプットする量を増やすことが肝心です。

セオリー2　単語集はチェック用に使おう！

ただ、目を通した文章の中の、すべての単語を覚えなければならないわけではありません。重要な単語とは、「その単語の意味を知らないと文の内容が把握しづらい単語」です。そうした単語が集められているのが単語集ですから、単語集は自分の語彙力をチェックするために使うようにします。

くれぐれも、高校・大学受験生のように「1日20単語暗記」などと決めてかからないように。

セオリー3 ▶ 知らない単語は文脈から推測する習慣をつけよう！

　キーワードがわかっていれば、文章中の7割の単語で大意は理解できます。知らない単語が出てきてもあわてず、文脈からカンを働かせて意味を推測しましょう。すぐに辞書を引くという習慣は捨てて、意味を推測し、文章の大意をつかんでから辞書を引きます。推測したことが合っていても違っていても、単語力が強化されます。

セオリー4 ▶ 辞書を使うときはここに気をつけよう！

◆英英辞典を使えばボキャブラリーが増える！

　英和辞典から少しずつ英英辞典に切り替えましょう。英語を英語で理解する習慣をつけるために、難しい単語を簡単な単語に置き換えて覚えるのです。例えば、purchase は buy と覚えたらいいのです。「購入する」という訳は、purchase の意味を理解するのに必要ありません。英語を英語で理解する習慣が身につけば、英語を理解するスピードがグンと速まります。

　　＜お勧めの英英辞典＞
　　　　Longman Dictionary of Contemporary English（Longman）
　　　　Cambridge International Dictionary of English（Cambridge University Press）
　　　　Oxford Advanced Learner's Dictionary（Oxford University Press）

◆動詞、名詞、形容詞、副詞をまとめて覚えよう！

　一度単語を引いたら、その前後に書かれてある動詞、名詞、形容詞、副詞にもざっと目を通すクセをつけます。特に品詞は TOEIC では重要ですから、要注意です。

◆接頭辞、接尾辞を覚えよう！

　接頭辞というのは、単語の最初について単語に意味を加えるもので、bi-（2つ　bilingual）、mis-（間違った、悪い　misunderstand）などです。

　接尾辞というのは、単語の最後について単語に意味を加えるもので、-ee（〜される人　employee）、-less（〜がない　careless）などです。

　辞書の付録に接頭辞・接尾辞のリストが載っているものもあります。これらがわかれば、未知語の「推測力」も高まります。

TOEICはパート別の問題形式になっている

- ●各パートの問題形式
- ●解答のコツ
- ●新テストの傾向
- ●サンプル問題

PART 1 リスニングセクション PHOTOGRAPHS
（写真描写問題）

問題形式

問題数	NEW！ 10問（No.1～No.10）
指示文 (= Directions)	90秒（サンプルテスト問題の放送を含む） ⚠ 指示文を聞く必要なし。No.1とNo.2の写真を見ておく。
各問題間のポーズ	5秒
問題形式	各写真について4つの選択肢の文を聞き、最も正しく描写している文を1つ選ぶ。音声は1度のみ。

解答のコツ

1. 英文が読まれる前に必ず写真をチェック！

英文が読まれる前に、あらかじめ写真を見ておいて文を予想します。人物の写真なら動作や服装に、物なら位置関係に注目。

2. 主語と動詞や位置関係を表す単語は必ず聞き取る！

ほとんどの文は現在進行形か受動態の文なので、主語と動詞は必ず聞き取ること。on the table（テーブルの上に）やnext to the copier（コピー機の隣に）のような位置関係を表す単語も要チェック。

3. 写真に写っている人や物の単語が聞こえても、すぐに正解だと飛びつかない！

写真に写っている人や物の単語を使って、写真とは関係ない文でひっかけの選択肢が作られています。写真に写っている人や物の単語が聞こえたからといって、すぐに正解の文だと飛びつかないこと。

新テストの傾向

●受動態の文が増加！

従来のテストでは能動態の現在進行形の文がほとんどでしたが、新テストではThe bridge is being built.（橋が建設中だ。）やThe documents have been placed on the desk.（書類が机の上に置かれている。）のような受動態の文がかなり増えたので、慣れておきましょう。

サンプル問題 1　CD1 01

CDを聞いて写真の内容を正しく描写している文を(A)～(D)の中から1つ選び、答えをマークしてください。

Ⓐ　Ⓑ　Ⓒ　Ⓓ

※実際のテストでは、スクリプトは問題用紙に印刷されていません。

スクリプト

CD1 01
(A) There's no one walking on the sidewalk.
(B) Many people are waiting in line at a bus stop.
(C) Only a few cars are parked in the parking lot.
(D) There's a garbage can on the corner.

スクリプトの訳

(A) 歩道を歩いている人はいない。
(B) バス停でたくさんの人が列を作ってバスを待っている。
(C) 駐車場には数台の車しか駐車していない。
(D) 角にゴミ箱がある。

解答　**正解(D)**　garbage canは「ゴミ箱」、on the cornerは「通りの角に」という意味。通りの角にゴミ箱が見えるので、(D)が正解。(A)はwalkingを使ったひっかけの選択肢。no one walkingが間違い。(B)はpeopleを使ったひっかけの選択肢。バス停や人の列は見えないので(B)も間違い。(C)はcars are parkedを使ったひっかけの選択肢。駐車している車は見えますが、駐車場の写真ではないので(C)も間違い。parking lotは「駐車場」という意味。

PART 1　写真描写問題　23

PART 2　リスニングセクション　QUESTION-RESPONSE（応答問題）

問題形式

問題数	30問（No. 11〜No. 40）
指示文 (= Directions)	60秒　⚠️ 指示文を聞く必要なし。事前にしておくこともないので、気持ちを落ち着かせること。
各問題間のポーズ	5秒
問題形式	疑問文あるいは陳述文に続き3つの応答文の選択肢を聞き、最も適切な文を選ぶ。問題用紙に選択肢は書かれていません。音声は1度のみ。

解答のコツ

1. 最初の1語は必ず聞き取る！

5W1H (who、where、when、what、why、how)で始まる疑問文では最初の疑問詞を必ず聞き取りましょう。whenで始まる疑問文は時制にも要注意。

2. キーワードが入った選択肢はひっかけ!?

TOEICのPart 2では、疑問文や陳述文（疑問文でない文）中のキーワードを使って、関係のない文をひっかけの選択肢にしています。選択肢の文にキーワードが入っていたら、誤答の確率が高いので気をつけましょう。ただし、orが入った選択疑問文は例外です。

3. 5W1Hで始まらない疑問文や陳述文では追加情報に注意する！

5W1Hで始まらない疑問文や陳述文では、応答文に必ず話題に関する追加情報が入るので、要注意。

4. 提案・誘い・申し出・依頼の文と許可を求める文を判別する！

提案・誘い・申し出・依頼の文と許可を求める文は、他の疑問文に比べると頻度は低いですが、答え方が決まっているので、学習しておけば確実に点が取れる問題です。それぞれの表現と答え方を暗記しておきましょう。

新テストの傾向

1. 付加疑問文や陳述文の割合が増加！

『TOEICテスト新公式問題集』(Educational Testing Service著) に掲載されたテスト問題の割合は、5W1Hで始まる疑問文が45%、それ以外の疑問文及び陳述文が42%、提案や誘いなどの文が13%となっています。特に付加疑問文や陳述文の割合が増加しました。

2. 最も頻度が高い疑問文はwhenで始まる疑問文！

5W1Hで始まる疑問文で最も頻度が高いのは、whenで始まる疑問文です。時制も正確に聞き取れたかどうかが鍵なので、特に現在進行形で予定を尋ねる文には注意しましょう。

サンプル問題 2 【CD1-02】

質問とそれに対する3つの応答文を聞き、最も適切な文を選んでください。

※実際のテストでは、スクリプトは問題用紙に印刷されていません。

スクリプト

W: When are you having a meeting with the export manager?
M: (A) Yes, we hope to export more cars next year.
　　(B) On Tuesday at two o'clock.
　　(C) The meeting started at nine.

スクリプトの訳

W: 輸出部長とのミーティングはいつですか。
M: (A) はい、来年はさらに車の輸出台数を増やせればと思っています。
　　(B) 火曜日の2時です。
　　(C) ミーティングは9時に始まりました。

解答 正解(B) whenで始まる疑問文では時制にも注意。are you havingと現在進行形で予定を尋ねている文なので、未来について述べた(B)が正解。(A)はexportを使ったひっかけの選択肢。(C)は過去について述べた文なので間違い。

PART 3 リスニングセクション SHORT CONVERSATIONS（会話問題）

問題形式

問題数	30問（No. 41～No. 70） **NEW！ 10種類の会話**を聞く
指示文 (= Directions)	30秒　⚠**指示文を聞く必要なし。No. 41～No. 43 の設問に目を通す。**
各問題間のポーズ	8秒
問題形式	**NEW！1つの会話を聞いて3つの設問**に答える。 1つの設問に対して選択肢は4つ。**設問のみ読み上げられる。音声は1度のみ。**

解答のコツ

1. 会話が聞こえてくる前に、必ず短い選択肢の設問に目を通す！

　会話が聞こえてくる前に、必ず設問に目を通すこと。初・中級者は最初の設問ではなく、一目でわかるような短い語句（職業名、会話の場所など）が選択肢になっている設問に必ず目を通しましょう。3問すべての解答がマークできたら、すぐに次の3つの設問に目を通します。

2. 会話の人物の職業、会話の場所、2人の関係をイメージする！

　最初に聞こえてくるせりふから、会話の人物の職業、場所、2人の関係をイメージすること。このイメージ化がリスニングには大変重要です。

3. 聞こえてくる順番で設問を解く！

　会話の流れと設問の流れは、ほぼ一致しています。最初の設問の答えは、会話の最初のほうに話されるということです。設問と選択肢を読みながら会話を聞くのは大変ですが、会話の各段階ごとに解くべき設問を絞り込めるので、効率的といえます。あせらずに取り組むことが肝要です。

4. すべての設問の答えが決まるまでは解答用紙にマークしない！

　3つの設問すべての答えが決まるまでは設問と選択肢から目を離さず、聞くことに集中しましょう。

新テストの傾向

1. 会話が長くなる！

　従来のテストでは、2人の人物（AとB）がA→B→Aの順で話す会話のみでしたが、新テストでは、最後にBのセリフが増えたA→B→A→Bの順で話す会話が新たに加わりました。また、1人の人物が1回に話す分量も増え、かなりの情報を含んだ会話に変わりました。

2. 詳細を問う問題が増加！

　従来のテストにはキーワードさえ聞き取れれば正解が出せる問題もかなりありましたが、新テストでは、詳細まで正確に理解できたかどうかが問われる問題に変わりました。リスニングのスタミナが一層要求される問題となっています。

サンプル問題 3　CD1-03

会話を聞き、設問に対する正しい答えを1つ選んでください。

※実際のテストでは、スクリプトは問題用紙に印刷されていません。

スクリプト　CD1-03

Questions 1 through 3 refer to the following conversation.

M: Have you organized a schedule for the meeting like I asked?
W: Yes, I finalized it this morning. Introductions first, followed by a market update, and then a progress report from each department head.
M: Greg needs to observe the market update, but he's out of town tomorrow and won't be back until the second half. Can we move things around and have the market update at the end?
W: That shouldn't be a problem, though I'll need to talk with Herman as he's the one presenting it. I'll e-mail everyone about the changes once I get the OK from him.

設問

1. What are they discussing?
    (A) A progress report
    (B) An agenda for the meeting
    (C) The cancellation of the meeting
    (D) The postponement of the meeting

2. What is Herman responsible for at the meeting?
    (A) Giving a progress report
    (B) Chairing the meeting
    (C) Presenting the market update
    (D) Introducing everybody

3. What will most likely be the last item on the agenda?
    (A) The introduction of new staff members
    (B) The market update
    (C) The progress reports
    (D) A summary of the latest follow-up research findings

スクリプトの訳

M: 頼んでいたミーティングの構成は、もうまとめてもらえましたか。
W: はい、今朝仕上げました。出席者の紹介、市場の最新情報、各部署長による進捗状況報告の順にしています。
M: グレッグが市場の最新情報の発表に立ち会いたいと言っているのですが、明日は外出していて、後半以降の時刻にならないと戻れないそうなのです。議事項目の順番を替えて、市場の最新情報については最後に発表してもらうことはできますか。
W: それはハーマンがプレゼンする予定になっているので、彼には相談しておかなければなりませんが、おそらく変更しても問題ないはずです。ハーマンからOKをもらいましたら、変更の件、皆さんにもメールでお知らせします。

設問の訳と解答

1. 訳 何について話し合っていますか。
   (A) 進捗状況の報告
   (B) ミーティングの議事
   (C) ミーティングの中止
   (D) ミーティングの延期

解答 **正解(B)** agendaは「(会議の)議事、会議項目」という意味。女性が議事の順番について触れ、その後男性が議事項目の順番を替えるように頼んでいるので、(B)が正解。(A)のprogressは「進捗、経過」、(C)のcancellationは「中止」、(D)のpostponementは「延期」という意味。

2. 訳 ハーマンはミーティングで何を担当するのですか。
   (A) 進捗状況の報告
   (B) ミーティングの司会
   (C) 市場の最新情報の発表
   (D) 出席者の紹介

解答 **正解(C)** 市場の最新情報に関して、I'll need to talk with Herman as he's the one presenting itと言っているので、ハーマンが市場の最新情報の発表をすることがわかります。正解は(C)。(B)のchairは「議長・司会を務める」という意味。

3. **訳** 議事の最後の項目になりそうなのは何ですか。
(A) 新しいスタッフの紹介
(B) 市場の最新情報
(C) 進捗状況の報告
(D) 最新の追跡調査結果の要約

解答 **正解(B)** 男性がCan we move things around and have the market update at the end?と、市場の最新情報を議事の最後にするよう頼んだ後、女性がThat shouldn't be a problemと言っているので、(B)が正解。最終的な議題の順は、出席者の紹介、進捗状況の報告、市場の最新情報になります。(D)については触れていません。

重要語句のまとめ

organize	（会議・旅行・パーティーなどを）計画・準備する
finalize	（計画・取り決めなどを）完結させる、仕上げる
A followed by B	Aの後にB ※物事が起こる順に言える便利な表現
observe	（会議などに）立ち会う
update	最新情報
present	発表する
progress	進捗、経過
agenda	（会議の）議事、会議項目
cancellation	中止
postponement	延期
be responsible for	～を担当する、～の責任を持つ
chair	（会議で）議長・司会を務める
most likely (＝probably)	おそらく
item	（議事の）項目
summary	要約、概略
follow-up	引き続いての、追跡の
findings	調査結果、研究の成果

PART 4 リスニングセクション SHORT TALKS（説明文問題）

ガイダンス編

問題形式

問題数	**NEW！ 30問**（No. 71〜No. 100） **10種類の説明文**を聞く
指示文 (= Directions)	30秒　⚠ **指示文を聞く必要なし。No. 71〜No. 73 の設問に目を通す。**
各問題間のポーズ	8秒
問題形式	アナウンスやスピーチの一部などを聞いて**3つの設問**に答える。1つの設問に対して選択肢は4つ。**設問のみ読み上げられる**。音声は1度のみ。

解答のコツ

1. 説明文が聞こえてくる前に、必ず短い選択肢の設問に目を通す！

　Part 3と同様、前もって3問すべてに目を通す余裕はないので、短い選択肢の設問に必ず目を通すこと。

2. 最初の文から、トークの場所、誰が誰に話しているかをイメージする！

　最初の文は大切な情報を含んでいるので、聞き逃さないこと。Welcome to...conferenceという文なら大きな会議で主催者がアナウンスしているイメージ、I'm pleased to present...awardsという文なら授賞式でこれから受賞者と受賞理由が発表されるイメージを描けると、その後に続くトークを余裕をもって聞けます。

3. 聞こえてくる順番で設問を解く！

　Part 3と同様、説明文の流れと設問の流れはほぼ一致しています。説明文の流れに沿って設問を解答しましょう。

4. すべての設問の答えが決まるまで、解答用紙にマークしない！

　Part 3と同様、3つの設問の答えが決まるまでは設問と選択肢から目を離さず、聞くことに集中しましょう。

新テストの傾向

1. 説明文が長くなる！
従来のテストに比べて説明文が若干長くなりましたが、問題数はそれぞれ3問と決まっているので、ポイントは絞りやすくなりました。

2. 空港・機内のアナウンスは出題されない!?
従来のテストで頻繁に出題された空港・機内のアナウンスは姿を消し、社内連絡、授賞式でのスピーチ、セミナーや会議でのアナウンス、ラジオ放送などが主に出題されます。それぞれのトピックについて事前に何種類もの英文を聞いておくと、内容を予想しながら聞けるようになります。

サンプル問題 4　CD1 04

英文を聞いて、該当する設問に答えてください。

※実際のテストでは、スクリプトは問題用紙に印刷されていません。

スクリプト　CD1 04

Questions 1 through 3 refer to the following announcement.

The company's annual employee function and award night has been scheduled for Saturday, June 27, and in particular the board would like all of us in Sales to attend. I know last year's function was a bit boring with all the speeches and toasts and things, but this year they plan to save most of those speeches for the AGM on July 1. Of course, there will be a few speeches from the president and from one or two other heads of department, but all in all it should be a pretty lighthearted event. This year it's being held at the SoHo Grand Hotel Ballroom, and to match the mood of the venue, we've all been requested to go in formal wear. Now the function will start at four and end at seven. The SoHo Grand is not far from Broadway and it will end in time for you to catch a musical. Of course your partners are welcome to attend and later I'll pass around a form where you can indicate how many tickets you'll require. Hope to see you all there.

設問

1. What kind of event does the speaker mention?
   (A) A trade fair
   (B) A product launch and press conference
   (C) A party for all employees
   (D) A retirement party

2. When will the event be held?
   (A) June 27
   (B) July 1
   (C) July 4
   (D) July 7

3. What will take place during the event?
   (A) Retirees will be honored.
   (B) A few speeches will be made.
   (C) Product samples will be distributed to visitors.
   (D) There will be a press conference.

スクリプトの訳

毎年恒例の社内パーティーと授賞式が、6月27日土曜日の晩に予定されています。役員会から、とりわけ私たち営業部は全員出席してほしいとの要請を受けています。昨年のパーティーはスピーチや乾杯の挨拶などで少々退屈なものでしたが、今年は、そうしたスピーチはおおむね7月1日の年次総会にまわされる予定です。もちろん、社長挨拶や部長挨拶などは若干あるにせよ、全体としてはかなり気楽な雰囲気のイベントになるはずです。今年の会場はソーホーグランドホテルのボールルームとなっています。会場の雰囲気に合うようにフォーマルな服装でお越しください。パーティーは4時開始、7時終了予定です。ソーホーグランドホテルはブロードウェーからも遠くない所にありますので、パーティー終了後、ミュージカル鑑賞もできます。もちろんパートナーの方の同伴も歓迎致します。後で用紙を回しますので、必要なチケットの枚数を記入してください。会場でみなさんにお会いできることを楽しみにしております。

設問の訳と解答

1. 訳　何のイベントについての話ですか。
(A) 見本市
(B) 新製品の発売開始と記者会見
(C) 全社員向けのパーティー
(D) 退職記念パーティー

解答 正解(C)　冒頭The company's annual employee function and award nightと始めて、その説明を続けています。functionは「（会社などが開く公けの）パーティー、儀式、祝典」のこと。正解は(C)。(A)のtrade fairは「見本市」、(B)のproduct launchは「新製品の発売」、press conferenceは「記者会見」、(D)のretirementは「退職」という意味。

2. 訳　イベントが開かれるのはいつですか。
(A) 6月27日
(B) 7月1日
(C) 7月4日
(D) 7月7日

解答 正解(A)　最初の文から6月27日だとわかります。正解は(A)。(B)の7月1日は年次総会の日です。(C)と(D)の日にちについては触れていません。

3. 訳　イベントではどんなことが予定されていますか。
(A) 退職者の栄誉を称える。
(B) いくつかスピーチがなされる。
(C) 製品の見本が来客に配付される。
(D) 記者会見が開かれる。

解答 正解(B)　there will be a few speeches from the president…からスピーチがあることがわかるので、正解は(B)。(A)のretireeは「退職者」、(C)のdistributeは「配付する」、(D)のpress conferenceは「記者会見」という意味。

重要語句のまとめ

function （会社などが開く公の）パーティー　**award** 賞
board 役員会　**toast** 乾杯、乾杯の挨拶
AGM (= Annual General Meeting) 年次総会
lighthearted 気楽な、愉快な　**venue** （会議などの）会場、開催

PART 5 INCOMPLETE SENTENCES

リーディングセクション

（短文穴埋め問題）

問題形式

問題数	40問（No. 101〜No. 140）
時間配分	14分（1問平均20秒） ⚠ **リスニングセクション終了時刻、終了時刻から14分後の時刻、20分後の時刻、75分後の時刻をメモする。**
問題形式	短文の空欄に入れるのに最も適している語句を4つの選択肢から1つ選ぶ。文法と語彙の問題。

解答のコツ

1. 最初に選択肢を見て、文法の問題か語彙の問題かを判断し、文法問題は1問10秒以内、語彙問題は1問20秒以内で解く！

　最初に選択肢を見て、文法の問題か語彙の問題かを判別します。文法の問題は空欄の前後だけを見て10秒以内で答えます。

　一方、語彙の問題は、意味をとらなければならないので時間がかかりますが、20秒以内に抑えましょう。実際のテストでは、リスニングテストの終了と同時にリーディングテストが始まります。リーディングテストの問題を始める前に、リスニングテストの終了時刻及び終了時刻から14分後の時刻（Part 5を終わらせる時刻）、20分後の時刻（Part 6までを終わらせる時刻）、75分後の時刻（リーディングテスト終了時刻）をそれぞれメモして、制限時間を意識して問題に取り組んでください。

2. 動詞と名詞の意味をとりながら、文全体の意味を把握する！

　語彙の問題で空欄以外の部分の意味を把握する際は、動詞と名詞に焦点を当てて意味をとりましょう。英文は最低でも動詞と名詞の意味さえ理解できれば、他の品詞の単語の意味がわからなくとも大意は理解できます。

3. 自分の知らない文法や語彙の問題は捨てる！

　Part 5の問題は知識の問題です。自分の知らない知識を問う問題にいくら時間をかけても正答率は伸びません。そのような問題は1秒で適当にどれかにマークし、次の問題に進むのが得策です。

> **新テストの傾向**

1. 文法問題が減少し、より一層語彙力が要求される問題に変わる！

　Part 5とPart 6は短文と長文の違いはありますが、基本的には同じ問題です。新テストでは文法問題数が減少し、Part 5とPart 6の計52問中30問程度になりました。『TOEICテスト新公式問題集』での問題の内訳は、以下の通りです。

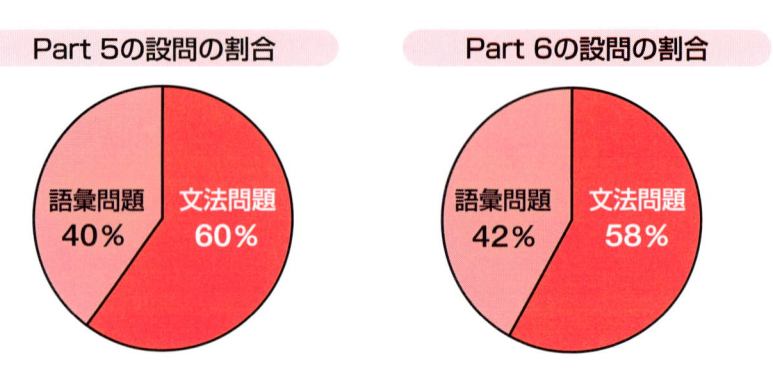

Part 5の設問の割合
- 文法問題 60%
- 語彙問題 40%

Part 6の設問の割合
- 文法問題 58%
- 語彙問題 42%

2. 文法問題では品詞の問題が断トツ、語彙問題は動詞と名詞が中心！

　文法問題の出題数は、相変わらず品詞の問題が断トツです。品詞の問題は、コツさえつかめば速く正解が出せるので、受験者には嬉しい箇所です。
　一方、語彙問題は動詞と名詞が主に出題されています。次のグラフはPart 5とPart 6をあわせた文法問題における文法項目の割合と、語彙問題における品詞の割合です。

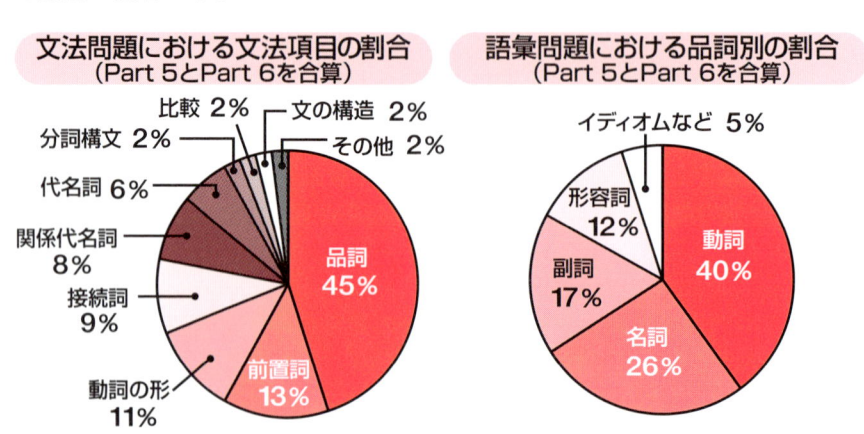

文法問題における文法項目の割合（Part 5とPart 6を合算）
- 品詞 45%
- 前置詞 13%
- 動詞の形 11%
- 接続詞 9%
- 関係代名詞 8%
- 代名詞 6%
- 分詞構文 2%
- 比較 2%
- 文の構造 2%
- その他 2%

語彙問題における品詞別の割合（Part 5とPart 6を合算）
- 動詞 40%
- 名詞 26%
- 副詞 17%
- 形容詞 12%
- イディオムなど 5%

サンプル問題 5

空欄に最も適している語句を選んでください。

1. The company encourages its employees to join a trade union, but the final ------ is left to the individual.
(A) decide
(B) decision
(C) decisive
(D) decisively

2. We reluctantly ------ their terms and conditions even though they did not favor us at all.
(A) accepted
(B) acquired
(C) committed
(D) declined

解答と設問の訳

1. 解答 正解(B)【品詞の問題】
選択肢がすべてdecideの派生語なので、品詞の問題だとわかります。the final ------ はbut以下の節の主語。形容詞finalの後に続くのは名詞。正解は**(B) decision**「決断」。(A)は動詞「決断する」、(C)は形容詞「決定的な、決断力のある」、(D)は副詞「断固として、決定的に」。

訳 会社は社員に労働組合に入るよう促しているが、最終的な決断は個人に委ねられている。

2. 解答 正解(A)【語彙の問題】
選択肢がすべて動詞なので、語彙の問題だとわかります。terms and conditions「条件」を目的語にして文脈が合うのは、accept「受け入れる」。正解は**(A) accepted**「受け入れた」。(B) acquireは「手に入れる、習得する」、(C) commitは「(仕事などに責任をもって)打ち込む」、(D) declineは「(丁重に)断る、(物価などが)下落する」の意。

訳 彼らが提示した条件は、我々には全く有利なものではなかったが、我々はしぶしぶ受け入れた。

PART 6 TEXT COMPLETION

リーディングセクション

（長文穴埋め問題）

問題形式　NEW！

問題数	12問（No. 141～No. 152）
文書の数	4文書
時間配分	6分（1つの文書につき平均1分30秒）
問題形式	長文の空欄に入れるのに最も適している語句を4つの選択肢から1つ選ぶ。1つの文書につき3問出題。

解答のコツ

1. 1文書1分30秒を目安に解く！

　1文書を1分30秒で解くことが目標です。日頃から、問題を解くときには必ず時間を計って解きましょう。実際のTOEICテストの際は、リスニングテストの終了時刻から20分後までにPart 6を終わらせることが目標です。

2. 最初に選択肢を見て、文法問題か語彙問題かを判断する！

　Part 5と同様Part 6の問題も、最初に選択肢を見て文法問題か語彙問題かを判断します。文法の問題は10秒以内で解くこと。

　一方、語彙の問題は文の意味を理解しなければなりませんが、空欄が入った文の1つ2つ前ぐらいの文から読めば答えられることが多いです。

3. 自分の知らない語彙や文法知識の問題は捨てる！

　Part 5同様、Part 6も知識の問題です。自分の知らない知識を問う問題は適当にマークし、次の問題に進むのが得策です。時間を節約し、その分をPart 7にまわしましょう。

新テストの傾向

1. 文法問題が語彙問題より多い！

　新テストで新たに登場した長文穴埋め問題では、文法問題が語彙問題を若干上回っています。Part 5のところでもご紹介しましたが、設問の割合は以下の通りです。

Part 6の設問の割合

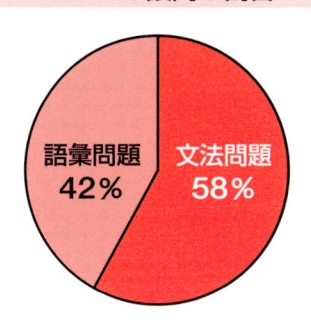

- 文法問題 58%
- 語彙問題 42%

2. 文法問題では品詞の問題が断トツ！

　Part 5同様Part 6でも、最も多く出題されている文法問題は、品詞についてです。品詞の問題対策は怠りないように！

3. 語彙問題は動詞がトップ！

　Part 6のみで調べてみても、語彙問題では、動詞が最も多く出題されています。動詞と名詞を中心に、語彙問題対策をしてください。

サンプル問題 6

空欄に最も適している語句を選んでください。

Questions 1-3 refer to the following e-mail message.

E-Mail maker

To: Madeline Massey, Vaughn and Associates
From: Gareth Freedburg, Hutchkin's Quality Office Furniture
Subject: Reply to your inquiry

Dear Ms. Massey,

Thank you for inquiring about our January clearance sale.

_____ the fact that the items in our catalog have

1. (A) Although
   (B) Because
   (C) Due to
   (D) As

already been heavily discounted (some by more than 60%), we have decided in principle not to offer any additional discounts. However, _____ the size of your order, we

2. (A) considering
   (B) considerable
   (C) consideration
   (D) considerably

can offer you a further five percent discount. This would _____ to all the office desks, chairs, cabinets, and computer

3. (A) add
   (B) apply
   (C) consist
   (D) distribute

```
suites, but I'm afraid not to the imported reception
furniture from Europe.

Not including sales tax, your new discounted total comes to

$26,034.12.

Sincerely,

Gareth Freedburg
```

文書の訳

宛　先：Madeline Massey, Vaughn and Associates
送信者：Gareth Freedburg, Hutchkin's Quality Office Furniture
件　名：お問い合わせに対する回答

Massey様

　この度は、小社1月のクリアランスセールにつきましてお問い合わせ頂き、有難うございます。

　カタログの商品につきましてはすでにかなり割引致しております（60％以上割引した製品もございます）ため、原則としてこれ以上の割引は控えさせていただいておりますが、お客様には何分にも多数のご注文を頂いておりますことに配慮し、さらに5％の割引をさせていただくことに致しました。当割引は各種オフィス用デスク、椅子、キャビネット、コンピューター一式に適用されますが、ヨーロッパ直輸入の応接家具につきましては、誠に恐縮でございますが、適用除外とさせていただきたく存じます。

　なお、割引適用後のご注文代金は、総計26,034.12ドル（売上税抜価額）となります。

敬具
Gareth Freedburg

> 解答

1. **正解(C)【前置詞句の問題】**
   空欄の後にthe factで始まる名詞句が続いているので、**(C) due to**「〜のために」が正解。(A) although「〜だけれども」、(B) because「〜なので」、(D) as「〜なので、〜の時、〜のように」はいずれも後に節が必要。

2. **正解(A)【品詞の問題】**
   空欄の後にthe size of your orderとあるので、「〜を考慮に入れると」という意味になるような動詞が必要。**(A) considering**「〜を考慮に入れると」が正解。(B) considerable「多数(多量)の」は形容詞、(C) consideration「熟慮」は名詞、(D) considerably「かなり」は副詞。

3. **正解(B)【語彙の問題】**
   割引が適用される家具について説明した文なので、apply to「〜に適用する」が適切。**(B) apply**「**適用する**」が正解。(A) addは「加える」、(C) consist (of)は「〜から成り立つ」、(D) distributeは「配布する」という意味。

重要語句のまとめ

reply 回答	**inquiry** 問い合わせ	
inquire about 〜について問い合わせる		
due to (原因・理由を表して)〜のために		**fact** 事実
item 品目	**in principle** 原則として	**additional** 追加の
consider 検討する	**considerable** 多数(多量)の	
consideration 熟慮	**considerably** かなり	
apply to 〜を適用する	**add A to B** AをBに加える	
consist of 〜から成り立つ	**distribute** 配布する	
computer suite コンピューター式	**reception** 受付、応接	
furniture 家具	**including** 〜を含めて	**include** 〜を含む
sales tax 売上税	**come to** (合計で)〜になる	

PART 7 リーディングセクション
READING COMPREHENSION
（読解問題）

問題形式

問題数	**NEW！ 48問**（No. 153～No. 200）
文書の数	【Single passages】8～10の文書 **NEW！【Double passages】4組の文章** **（1組につき5問の出題）**
時間配分	55分 （ただし、問題を個別に解くときには、「文書の設問数×1分」を目安にする）
問題形式	【Single passages】1つの文書を読み、それに関する設問について適切な答えを4つの選択肢から1つ選ぶ。1つの文書につき2～4問の出題。 **NEW！【Double passages】2つの文書**を読み、それらに関する設問について適切な答えを4つの選択肢から1つ選ぶ。**1組の文書につき5問の出題。**

解答のコツ

1. 1つの文書は「設問数×1分」を目安に解く！

　TOEIC受験対策学習では、長文問題を解く場合、制限時間を「設問数×1分」に設定しましょう。TOEICでは、速読力が成功の鍵を握っています。TOEICテスト本番では、Part 5とPart 6をあわせて20分で終了できれば、Part 7の全48問に55分かけられるので、「設問数×1分」の設定より長い時間をかけることができます。

2. タイトル、太字、項目をざっと見渡した後にすべての設問を読み、文章の主題を予測する！

　長文読解は以下の手順に従って進めてください。
① 問題番号に書いてある文書の種類（メール、手紙、記事など）を確認
② タイトル、太字部分、項目など目立つように書いてある箇所をざっと見渡し、内容を推測

③すべての設問を読み、本文のポイントや具体的な内容を把握（このとき選択肢まで読む必要はありません）
④段落の最初の部分を読んで、その段落の大意を推測し、段落ごとの構成を把握
⑤各々の設問の答えを文章中から探し出す

3. 文章の流れを理解するキーワードはこれだ！

　以下の単語は、文章の流れを理解するのに重要な単語です。これらの単語を手がかりにして、文章の流れを正確に理解しましょう。

●結果を表す文を導く単語（結果として、だから、etc）
　therefore　　thus　　so　　accordingly　　consequently　　as a result

●逆接的な内容を表す文を導く単語（しかしながら、それにもかかわらず、etc）
　however　　nevertheless　　yet

●追加内容を表す文を導く単語（さらに、加えて、etc）
　also　　in addition　　moreover　　furthermore

4. Double passagesは2つの文書の関係を知ることが重要！

　Double passagesは問題番号が書いてある文で2つの文書の種類を確認し、その2つの文書の関係を把握することが最も重要なポイントです。「求人広告」と「応募の手紙」、「製品の広告」と「製品についての問い合わせの手紙」など、文書の内容はさまざまです。

5. 残り時間が15分になったら、解答しやすそうな未解答問題を優先的に解く！

　残り時間が15分になったら、未解答の問題にざっと目を通し、解答しやすそうな問題から解きましょう。その際、設問の番号と解答用紙の番号を必ず確認してマークするよう注意してください。

新テストの傾向

1. 従来のテストと同様、ビジネス関連の文章が出題！
　従来のテストと同様、ビジネス関連のメール、ビジネスレター、記事、広告などが出題されます。ビジネス関連の語彙は必須です。

2.「1つの文書」あたりの文章量が増加！
　従来のテストより、「1つの文書」の文章量が増えました。日頃から多読と速読の習慣を身につけ、リーディングのスタミナをつけましょう。

3. NOTが入った設問が増加！
　サンプルテストの設問What is NOT mentioned about workers in big corporations?のように、NOTが入った設問が増えました。この種の設問はすべての選択肢の内容を確認しなくてはならないので、他の設問より解答に時間がかかります。この設問は1回のテストに5～7問出題されます。

4. 同意語を答えさせる設問が新たに追加！
　サンプルテストの設問The word "prospect" in paragraph 2, line 3 is closest in meaning to...のように、同意語を問う設問が新たに追加されました。この種の設問の数はそれほど多くはありません。日頃から英英辞典を使って勉強していれば、簡単に答えられる問題です。

サンプル問題 7

次の文章を読んで、設問(No.1～No.4)に答えてください。

★Single Passage

Questions 1-4 refer to the following article.

LOYALTY A LUXURY FOR BIG CORPORATIONS

White-collar employees in big corporations are more likely to quit or retire early, a recent poll has shown.

A total of 10,000 employees covering a variety of job sectors were sent a survey asking how they felt about their jobs and job prospects. From the 40% that responded it appears that the turnover rate for office workers in large corporations is higher than ever, with an average totaling less than 2.5 years.

Of all the respondents who claimed that they had changed jobs in the last twelve months, nearly all of them said they felt little or no loyalty towards their previous companies. One factor believed to be contributing to the trend is the thriving job market; many people are no longer finding job hunting challenging and are also less likely to put up with poor working conditions. Large corporations have been hit the hardest, with budgets allocated for administrative and personnel departments almost doubling within the last five years.

Surprisingly, typical "blue-collar" workers are changing jobs less often. This seems to be a direct result of better working conditions and a trend in recent years for technical colleges to offer more courses that focus on work ethics.

1. What is the article mainly about?
   (A) Job hunting
   (B) How to turn a company around
   (C) The loyalty of all blue-collar workers
   (D) Recent turnover trends

2. The word "prospects" in paragraph 2, line 3 is closest in meaning to
   (A) application
   (B) possibilities
   (C) satisfaction
   (D) visions

3. What is NOT mentioned about workers in big corporations?
   (A) They are not likely to put up with poor working conditions.
   (B) They are quitting their jobs more frequently than ever before.
   (C) They feel loyalty to their employers.
   (D) The job market does not pose a challenge to them.

4. Compared with white-color workers, what is said about typical "blue-collar" workers?
   (A) They are more likely to retire early.
   (B) They find it easier to find employment.
   (C) They work for their companies longer.
   (D) They seem to be less loyal to their companies.

文書の訳

> **大企業にとって社員の忠誠心はもはや高嶺の花**
>
> 　最近の調査で、大企業のホワイトカラー職の社員がより早期に退職する傾向が高いことが判りました。
>
> 　さまざまな職種のサラリーマン10,000人に、仕事に対する考えや今後の仕事の見通しについての調査票を送付、調査票を回収できた40%の人の回答によって、大企業に勤務する社員の離職率はこれまでになく高く、離職までの勤続年数が平均2.5年未満であることが判ったものです。
>
> 　過去1年間に転職を経験したと回答した者のほとんどすべてが、「以前の会社に対する忠誠心はほとんどなかった」、もしくは「全くなかった」と答えています。この傾向が示されることとなった要因の一つは、労働市場の活性化です。多くのサラリーマンはもはや、就職先を探すことが困難だとは感じていません。劣悪な労働条件の下で我慢して働くようなこともしなくなっています。このような傾向により、最も被害を被ったのは大企業。ここ5年間で、管理部門や人事部の予算配分をほぼ倍増させることを余儀なくされました。
>
> 　意外なことに、典型的ブルーカラー職の労働者は、ホワイトカラー職の労働者ほどには職を変えていません。これは、労働条件が改善されたこと、また、ここ最近、職業倫理に焦点を当てたコースを設ける技術系の大学が増加したことが影響していると言えるでしょう。

解答と設問の訳

1. **訳** 記事の主旨は何ですか。
(A) 就職活動
(B) 会社の業績を好転させる方法
(C) ブルーカラー職労働者全体の忠誠心
(D) 最近の離職率の動向

解答 **正解(D)** タイトルは大企業のサラリーマンに忠誠心が低いことを示唆しています。第1段落で大企業のサラリーマンが早期に退職する傾向について述べ、第2段落でturnover rate「離職率」の高さを具体的な数字を挙げて説明しているので、(D)が正解。(B)のturn aroundは「(経済や業績が)好転する」という意味。

2. 訳　第2段落の3行目のprospectsに最も近い意味は
(A) 適用、応募
(B) 可能性
(C) 満足
(D) 将来への展望

解答 **正解(B)**　新テストで加わった、同意語を選ばせる新しいタイプの設問。job prospectsは「就職できる見込み」を表すので、(B) possibilitiesが正解。

3. 訳　大企業の社員について述べていないものはどれですか。
(A) 劣悪な労働条件に我慢しない傾向がある。
(B) これまでになく頻繁に仕事を辞めている。
(C) **雇用主に忠誠心を感じている。**
(D) 仕事を探すのは難しくないと感じている。

解答 **正解(C)**　本文の内容と違う選択肢を選ばせるNOTが入った設問。大企業の社員について、第3段落の最初の文に「忠誠心はほとんどなかった、もしくは全くなかった」とあるので、(C)は本文の内容に合っていません。正解は(C)。(A)については第3段落の（many people）are also less likely to put up with poor working conditionsに、(B)については第2段落のit appears that the turnover rate for office workers in large corporations is higher than everに、(D)については第3段落のmany people are no longer finding job hunting challengingに書かれています。ここでのchallengingは「難しい」という意味。

4. 訳　ホワイトカラー職労働者と比較して、典型的なブルーカラー職労働者についてはどのように言っていますか。
(A) 早期退職する人が多い。
(B) 就職先が比較的簡単に見つかる。
(C) **勤続年数が長い。**
(D) 会社に対する忠誠心が低い。

解答 **正解(C)**　第4段落のtypical "blue-collar" workers are changing jobs less oftenから、ホワイトカラー職労働者より転職する頻度が低いことがわかるので、正解は(C)。

サンプル問題 8

次の1組の文章を読んで、設問(No.5～No.9)に答えてください。

★Double Passage

Questions 5-9 refer to the following meeting agenda and e-mail message.

Turnbull Publishing House, Toronto
Meeting between the Sales and Marketing Departments, December 3

AGENDA

Mayukh Sengupta *(Chair)*	Introduction, meeting overview
Sarah Hindmarsh *(Marketing)*	Christmas campaigns Oct. 1 - Nov. 30
Tom Bodor *(Sales)*	Predicted profit October/November period
David Willis *(Marketing)* & Nancy Tran *(Sales)*	Customer response and feedback
Andrew Wakeling *(Marketing)*	Christmas campaigns Dec. 10 - 24 - TV/Radio/Print - Publications, *My Life* by Melissa Caven
Amyn Nathwani *(Sales)*	Requests from the Sales Dept.
Tyson Gurleyen *(Marketing)*	Requests from the Marketing Dept.
Mayukh Sengupta *(Chair)*	Housekeeping

Turnbull

50

To: Sales Team, Marketing Team
From: Mayukh Sengupta
Subject: December 3 meeting outcomes

Dear all,

Here's a summary of Thursday's meeting and what was decided.

Firstly, Sarah, Tom, David and Nancy provided us with information on this year's Christmas campaign up until the end of November. Most of us agreed that the success of these campaigns has been mediocre, even though we all thought otherwise. Some of us suggested that we switch advertising agencies for next Christmas and this needs to be considered seriously.

Andrew's presentation on our campaigns for the two weeks leading up to Christmas caused a lot of heated discussion. A lot of people, including myself, were not happy with the TV and radio commercials. Everybody thought the print media advertisements were fine, however it was unanimously decided that we also adequately publicize Katie Yorke's August Rain.

Neither Amyn nor Tyson had any requests for their respective departments, and I finished the meeting with some minor matters that needed to be addressed.

We have less than three weeks until the Christmas break, so let's keep working hard until then.

Mayukh

> 文書の訳

Turnbull Publishing House, Toronto
営業部とマーケティング部のミーティング　12月3日

議　事

Mayukh Sengupta (司会)	出席者の紹介とミーティングの概要紹介
Sarah Hindmarsh (マーケティング部)	クリスマスキャンペーン 10/1-11/30
Tom Bodor (営業部)	10・11月の予想利益
David Willis (マーケティング部) & 　　Nancy Tran (営業部)	読者の反応と反響
Andrew Wakeling (マーケティング部)	クリスマスキャンペーン12/10-12/24 ○テレビ/ラジオ/印刷物での広告 ○書籍 My Life　著者 Melissa Caven
Amyn Nathwani (営業部)	営業部からの要望
Tyson Gurleyen (マーケティング部)	マーケティング部からの要望
Mayukh Sengupta (司会)	諸連絡

宛　先：営業チーム、マーケティングチーム
送信者：Mayukh Sengupta
件　名：12月3日のミーティングの決定事項

皆様
　以下、木曜日のミーティングの概要と決定事項です。
　最初に、サラ、トム、ディビッド、ナンシーから、11月末日までの今年のクリスマスキャンペーンについての報告がありました。私たちは皆キャンペーンの成功を願っていましたが、結果は平凡なものに終わったということでほとんどの者の意見が一致しました。一部から来年のクリスマスに向けて広告代理店変更の提案も出され、この件については真剣に検討する必要があります。
　クリスマス前2週間に行うキャンペーンについてアンドリューが発表したところ、大きな議論が起こりました。私も含め多くが、テレビ・ラジオのコマーシャルには不満を持っています。新聞や雑誌の広告については問題ないというのが皆の一致した意見でした。ケーティー・ヨークの「八月の雨」の宣伝も適宜行うことが全員一致で決まりました。
　アミンとタイソンからは、各部署よりの要望事項も出されなかったので、私の諸連絡でミーティングは終了しました。
　クリスマス休暇まで3週間を切りました。それまで頑張りましょう。
Mayukh

5. What was discussed at the meeting?
   (A) The budget for the Christmas campaigns
   (B) The evaluation of the campaigns
   (C) What went wrong in the campaigns
   (D) Which advertising agency to work with

6. How were the completed campaigns rated as being?
   (A) Effective
   (B) Successful
   (C) Ordinary
   (D) Terrible

7. What did Andrew Wakeling do at the meeting?
   (A) Gave a presentation on the upcoming campaigns
   (B) Gave a presentation on customer feedback
   (C) Made requests on behalf of the Sales Department
   (D) Presented projected profit figures

8. What was everyone satisfied with?
   (A) The print media advertisements
   (B) The TV commercials
   (C) Their advertising agency
   (D) The October / November campaigns

9. What amendment has been made to the upcoming campaign?
   (A) The advertising agency will be replaced.
   (B) The TV and radio campaigns will be suspended.
   (C) Another publication will be advertised.
   (D) Caven's autobiography will be replaced.

設問の訳と解答

5. **訳** ミーティングではどのようなことが話し合われましたか。
 (A) クリスマスキャンペーンの予算
 (B) キャンペーンの評価
 (C) キャンペーンの失敗点
 (D) どの広告代理店を使うか

解答 **正解(B)** 2つの文書は、ミーティングのagenda「議事」とそのミーティングで話し合った内容の確認のメールです。agendaを見ると、Christmas campaignsについて取り上げたことがわかります。メールの第2段落には終了したキャンペーンの評価、第3段落には今後のキャンペーンについての意見が書かれているので、(B)が正解。evaluationは「評価」という意味。(A)については触れていません。キャンペーンの失敗点のみを取り上げているわけではないので(C)は間違い。広告代理店の変更については、提案されただけで話し合われたわけではないので(D)も間違い。

6. **訳** 終了したキャンペーンはどのような評価を受けましたか。
 (A) 効果的だった
 (B) 成功だった
 (C) 普通だった
 (D) とてもひどかった

解答 **正解(C)** 設問のcompleted campaignsは「終了したキャンペーン」、rateは「評価する」という意味。評価については第2段落にMost of us agreed that the success of these campaigns has been mediocreと書いてあります。mediocreもordinaryも「月並みの」という意味。(C)が正解。

7. **訳** アンドリュー・ウェイクリングはミーティングで何をしましたか。
 (A) 次に控えているキャンペーンについてのプレゼンテーション
 (B) 読者からの反響についてのプレゼンテーション
 (C) 営業部を代表しての要望
 (D) 予想利益の提示

解答 **正解(A)** agendaにはAndrew Wakelingの発表事項としてChristmas campaigns Dec. 10-24とあり、メールの第3段落の最初にAndrew's presentations on our campaigns for the two weeks leading up to Christmas…とあるので、クリスマス前2週間に行うキャンペーンについて発表したことがわかります。正解は(A)。upcomingは「やがてやってくる」という意味。

agendaから、(B)はDavid WillisとNancy Tranが、(C)はAmyn Nathwaniが、(D)はTom Bodorが担当したことがわかります。(C)のon behalf ofは「～を代表して」という意味。

8. **訳** 全員が満足したのは何に対してでしょう。
   (A) 印刷物媒体の広告
   (B) テレビコマーシャル
   (C) 彼らが使った広告代理店
   (D) 10月・11月のキャンペーン

解答 **正解(A)** 設問のbe satisfied withは「～に満足している」という意味。メールの第3段落のEverybody thought the print media advertisements were fineから、全員が印刷物の広告に満足したことがわかります。正解は(A)。(B)のテレビコマーシャルについては第3段落に多くの者が不満を感じていること、(C)の広告代理店については第2段落に変更の提案がなされたこと、(D)の10月・11月のキャンペーンについては第2段落にmediocreと評価されたことが書いてあるので、(B)、(C)、(D)すべて間違い。

9. **訳** 次に控えたキャンペーンについて、どのような修正がなされましたか。
   (A) 広告代理店を変更する。
   (B) テレビとラジオのキャンペーンを中止する。
   (C) 別の書籍の宣伝を行う。
   (D) ケイブンの自叙伝を他の書籍に変更する。

解答 **正解(C)** 設問のamendmentは「修正」という意味。メールの第3段落のit was unanimously decided that we also adequately publicize Katie Yorke's August Rainから、他の書籍の宣伝の追加を決定したことがわかるので、(C)が正解。(A)の広告代理店の変更については第2段落で、(B)のテレビとラジオでのキャンペーンに関しては第3段落で触れていますが、どちらも検討事項で決定事項ではありません。(D)のCavenの自叙伝の宣伝についてはagendaにクリスマスキャンペーンの一環として載っていますが、他の書籍に変更するとはどこにも書かれていないので間違いです。

重要語句のまとめ

★Single Passage

loyalty 忠誠心　　luxury 贅沢、贅沢品　　corporation 企業
be likely to ～する傾向がある　　quit （仕事などを）辞める
retire 退職する、引退する　　poll 世論調査　　a variety of さまざまな
survey 調査　　prospect 見込み　　respond 返答・応答する
appear ～のようだ　　turnover rate 離職率　　respondent 回答者
claim 主張する　　previous 以前の、前の　　factor 要素
contribute to （結果の）一因となる　　trend 傾向、動向　　thrive 栄える
job market 労働市場　　no longer もはや～でない
job hunting 就職活動　　challenging 難しい、やり甲斐のある
put up with 我慢する　　budget 予算　　allocate 割り当てる、配分する
administrative 管理の、経営の　　personnel department 人事部
result 結果　　focus on ～に焦点を当てる　　work ethics 職業倫理
turn around （経済や業績が）好転する　　application 応用、応募
possibility 可能性　　satisfaction 満足　　vision 先見性、ビジョン
frequently しばしば　　pose a challenge 困難や難しい状況を引き起こす

★Double Passage

publishing house 出版社　　agenda 議事　　overview 概観、全体像
predict 予想する　　profit 利益　　response 反応　　publication 出版物
housekeeping 雑務　　outcome 結果　　summary 要約
success 成功　　mediocre 平凡な　　otherwise 別なふうに
suggest 提案する　　advertising agency 広告代理店
consider 検討する　　unanimously 全員一致で　　adequately 十分に
publicize 宣伝する　　respective それぞれの　　minor あまり重要でない
matter 問題、事柄、用件　　address （問題などを）扱う
budget 予算　　evaluation 評価　　go wrong 失敗する
complete 完了する　　rate 評価する　　effective 効果的な
ordinary 月並みの、普通の　　upcoming 近づいている
on behalf of ～を代表して　　project 見積もる、予測する
be satisfied with ～に満足している　　replace ～に取って替える
suspend 中止にする　　autobiography 自叙伝

基礎固め編
リスニング

Building Basic Listening Comprehenson

リスニング問題の解き方を実践形式でマスターする！

PART 1　写真描写問題

　　Part 1で出題される文の特徴を理解して、Exerciseの問題で聞き取りのポイントを把握する練習をしてください。

> **ここがポイント！**
>
> 英文を聞く前に必ず写真を見ること。特に人物の動作、洋服、物の動き、状態、位置関係に注目してください。ほとんどが現在進行形や受動態の文です。主語と動詞は必ず聞き取りましょう。写真に写っている人や物の単語を使いながらも写真の説明と全く関係のない文が、ひっかけの選択肢として使われています。

【人や物の動き・着ている物を表す文】

　　The **passengers are boarding** the bus.
　　　　　　　　　　　　　（乗客はバスに乗り込もうとしている。）

　　The **man is wearing** a suit.
　　　　　　　　　　　　　　　　（男性はスーツを着ている。）

　　All the **vehicles are running** in the same direction.
　　　　　　　　　　　　　　（車はみな同じ方向に走っている。）

【位置関係を表す文】

　　Two men are sitting **next to** each other.
　　　　　　　　　　　（2人の男性が隣合って座っている。）

　　There's a car parked **in front of** the post office.
　　　　　　　　　　　（郵便局の前に車が1台駐車している。）

【状態を表す文】

　　The **books are piled** up on the desk.
　　　　　　　　　　　　　（机の上に本が積まれている。）

　　The **table** has **been set** for dinner.
　　　　　　　　　（夕食のテーブルに食器が並べられている。）

【受身の進行形の文】

　　The **car is being serviced**.
　　　　　　　　　　　　　　　　　　（車は整備中だ。）

　　All the **equipment is being used**.
　　　　　　　　　　　　　　　（器具はすべて使用中だ。）

★Exercise 1 CD1 05 〜 CD1 12

CDを聞いて写真の内容を正しく描写している文を(A)〜(D)の中から1つ選び、答えをマークしてください。

1. CD1 05   Ⓐ Ⓑ Ⓒ Ⓓ

2. CD1 06   Ⓐ Ⓑ Ⓒ Ⓓ

PART 1　写真描写問題

3. CD1 07 Ⓐ Ⓑ Ⓒ Ⓓ

4. CD1 08 Ⓐ Ⓑ Ⓒ Ⓓ

60

5. **CD1 09** Ⓐ Ⓑ Ⓒ Ⓓ

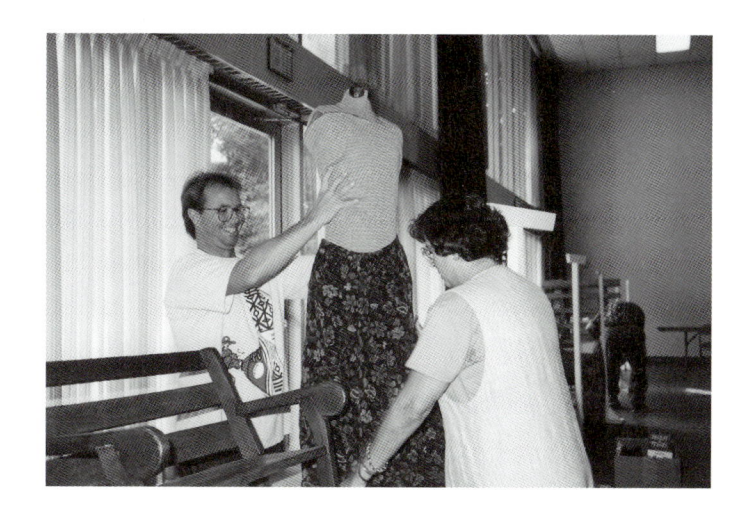

6. **CD1 10** Ⓐ Ⓑ Ⓒ Ⓓ

PART 1　写真描写問題　61

7. **CD1 11** Ⓐ Ⓑ Ⓒ Ⓓ

8. **CD1 12** Ⓐ Ⓑ Ⓒ Ⓓ

スクリプト CD05〜12 及びスクリプトの訳と解答

1. (A) He's clearing the table.
(B) He's setting down some shoes on the table.
(C) He's wearing sunglasses.
(D) He's polishing his shoes.

訳 (A) 彼はテーブルの上の食器を片付けている。
(B) 彼はテーブルに靴を並べている。
(C) 彼はサングラスをかけている。
(D) 彼は靴を磨いている。

解答 正解(B)　set downは「(下に)置く」という意味。写真の男性はテーブルの上に靴を並べているので、(B)が正解。(A)はtableを使ったひっかけの選択肢。clear the tableは「テーブルの上の食器を片付ける」という意味。写真の男性はめがねをかけていますがサングラスではないので、(C)も間違い。(D)はshoesを使ったひっかけの選択肢。polishは「磨く」という意味。

2. **(A) She's trimming the tree in the garden.**
(B) She's reading under the tree.
(C) She's cutting some flowers in the garden.
(D) All the leaves on the tree have fallen off.

訳 (A) 彼女は庭で木の枝を切っている。
(B) 彼女は木の下で読書をしている。
(C) 彼女は庭の花を切っている。
(D) 木の葉がみな落ちてしまった。

解答 正解(A)　trimは「(木の枝などを)切って揃える」という意味。写真の女性は木の枝を切っているので、(A)が正解。(B)はunder the treeを使ったひっかけの選択肢。(C)はcut some flowersが聞き取れれば間違いだとわかります。(D)のhave fallen offは「落ちてしまった」という結果を表します。写真の木は枯れ木ではないので間違い。

3. (A) The window is being cleaned.
    (B) The name of the restaurant is posted on the window.
    (C) There are some plants in front of the restaurant.
    (D) Many people are eating pizza in the restaurant.

訳 (A) 窓拭き中である。
    (B) 窓にレストランの名前が掲げられている。
    (C) レストランの前に植物が置いてある。
    (D) レストランでピザを食べている人がたくさんいる。

解答 正解(B)　postは「(柱や壁などに)貼る、掲示する」という意味。レストランの名前がウィンドーに見えるので、(B)が正解。(A)はwindowを使ったひっかけの選択肢。窓拭きをしている人はいないので間違い。(C)のin front ofは「～の前に」という意味。植物はレストラン内にあるので間違い。(D)はpizzaを使ったひっかけの選択肢。

4. (A) The gate is closed.
    (B) There's a man sitting on the bench.
    (C) There's a bench across from the lamppost.
    (D) There are no trees on the premises.

訳 (A) 門が閉まっている。
    (B) 男性がベンチに座っている。
    (C) 街灯の向かいにベンチがある。
    (D) 敷地内に木は１本もない。

解答 正解(C)　across fromは「～の向かいに」という意味。ベンチは街灯の向かいにあるので、(C)が正解。(A)はgateを使ったひっかけの選択肢。closedが聞き取れれば間違いだとわかります。(B)はbenchを使ったひっかけの選択肢。ベンチには誰も座っていないので間違い。(D)はno tressが聞き取れれば間違いだとわかります。premisesは「敷地」という意味。

5. (A) The model is putting on a dress.
   (B) The customer is trying on a skirt.
   (C) They're dressing the mannequin.
   (D) They're selling clothes in a market.

訳 (A) モデルがドレスに着替えているところだ。
   (B) 客がスカートを試着している。
   (C) 彼らはマネキンに服を着せている。
   (D) 彼らはマーケットで服を売っている。

解答 正解(C) dressは「服を着せる」という意味。2人はマネキンに服を着せているので、(C)が正解。(A)のput onは「服を身につける」、(B)のtry onは「試着する」という意味。服に着替えている人も試着している人もいないので間違い。(D)はselling clothesが聞き取れれば間違いだとわかります。

6. **(A) Some people are coming out of the building.**
   (B) The building is being demolished.
   (C) They're going down the escalator.
   (D) They're all wearing suits.

訳 (A) 何人かの人たちが建物から出てくるところだ。
   (B) 建物は解体中だ。
   (C) エスカレーターから降りてくる人たちがいる。
   (D) 人々はみなスーツを着ている。

解答 正解(A) come out ofは「~から出てくる」という意味。建物から出てくる人が何人かいるので、(A)が正解。(B)はbuildingを使ったひっかけの選択肢。demolishは「(建物などを)解体する」という意味。解体中の建物ではないので間違い。(C)はescalator、(D)はwearing suitsが聞き取れれば間違いだとわかります。

7.　(A) They're moving the sofa into the corner.
　　(B) They're looking in the same direction.
　　(C) They're talking on the phone.
　　(D) They're having a discussion.

訳　(A) 彼女たちはソファを部屋の隅に移動させている。
　　(B) 彼女たちは同じ方向を向いている。
　　(C) 彼女たちは電話をかけている。
　　(D) 彼女たちは話し合いをしている。

解答　**正解(D)**　have a discussionは「話し合いをする」という意味。話をしている2人の女性がいるので、(D)が正解。(A)はsofaを使ったひっかけの選択肢。(B)のlook in the same directionは「同じ方向を向く」という意味。2人は向かい合って話をしているので間違い。(C)はtalking on the phone「電話をかけている」の意味から、間違いだとわかります。

8.　(A) All the people have left the building.
　　(B) The building has two levels.
　　(C) The building is being remodeled.
　　(D) The department store is full of shoppers.

訳　(A) 全員建物を出た後だ。
　　(B) 建物は2階建てだ。
　　(C) ビルは改装中だ。
　　(D) デパートは買い物客でいっぱいだ。

解答　**正解(B)**　levelは「(建物などの)階」という意味。2階建ての建物だとわかるので、(B)が正解。(A)のhave leftは「(人が)出て行った結果今は誰もいない」という状況を表すので間違い。(C)のremodelは「建て替える、改装する」という意味。改装しているようには見えないので間違い。(D)のbe full of は「〜でいっぱい」という意味。買い物客でにぎわったデパート内の写真ではないので間違い。

リスニングセクション

PART 2　応答問題

Part 2で出題される疑問文及び陳述文を7つのパターンに分け、代表的な例文を提示しました。それぞれのパターンの文に慣れてください。

1. whenとwhereで始まる疑問文

ここがポイント！

疑問詞を必ず聞き取りましょう。whenの疑問文では時制を表す単語も聞き取ってください。特に現在進行形(be動詞+動詞の原形+-ing)が予定を表すことに注意しましょう。whereの疑問文では場所を表す表現を聞き取ってください。

(1) whenで始まる疑問文

★A: **When** are you leaving for the sales meeting?
B: In about half an hour.
　A: いつ営業会議に出かける予定ですか。
　B: 30分後ぐらいです。
　注）are leavingと現在進行形が使われているので、予定について尋ねている文だとわかります。In about half an hourのinは「〜後」という意味。

★A: **When** did your company first start doing business in Seattle?
B: We opened our first office last year.
　A: あなたの会社がシアトルでビジネスを始めたのはいつですか。
　B: 去年初めてオフィスを開設しました。

(2) whereで始まる疑問文

★A: **Where** can I find a good place to eat near the hotel?
B: There's a good Italian restaurant across the street.
　A: ホテルの近くにどこかおいしいお店はありますか。
　B: 向かいにいいイタリアンのお店があります。

★A: **Where** are the goods stored?
B: In our warehouse.
　A: 品物をどこに保管していますか。
　B: 倉庫です。

★Exercise 2 CD1 13 〜 CD1 16

質問とそれに対する3つの応答文を聞き、最も適切な文を選んでください。

1. **CD1 13** Mark your answer.　(A)　(B)　(C)
2. **CD1 14** Mark your answer.　(A)　(B)　(C)
3. **CD1 15** Mark your answer.　(A)　(B)　(C)
4. **CD1 16** Mark your answer.　(A)　(B)　(C)

スクリプト CD13〜16 及びスクリプトの訳と解答

1. **CD1 13**
W: When are you coming to London?
M: (A) To meet a client.
　　(B) London is my favorite place to visit.
　　(C) Next week.

訳
W: ロンドンにはいついらっしゃいますか。
M: (A) 顧客に会うためです。
　　(B) ロンドンは好きでよく遊びに行きます。
　　(C) 来週です。

解答 正解(C)　are you comingと現在進行形を使っているので、予定を尋ねている文。応答文には未来を表す語句が必要。next weekと言っている、(C)が正解。(A)は目的を述べた文。(B)はLondonを使ったひっかけの選択肢。

2. **CD1 14**
W: Where was the package sent?
M: **(A) To the wrong address.**
　　(B) It's due this afternoon.
　　(C) Two days ago.

訳
W: 小包みはどこに送られたのですか。
M: (A) 間違った住所に送られました。
　　(B) 今日の午後届く予定です。
　　(C) 2日前です。

解答 正解(A)　小包みが送られた場所について尋ねている文。「間違った住所に送られた」と答えている、(A)が正解。(B)のbe dueは「〜が到着予定の」という意味。小包みの到着予定日を言っている文なので間違い。(C)は届いた日について述べた文。

3. W: When can we expect a response from the printing company?
   M: (A) We never expected to hear from them.
   (B) They said they'll call us by the end of the day.
   (C) It's in the heart of the city.

   訳 W: 印刷会社から返事がもらえるのはいつ頃になりそうですか。
   M: (A) 彼らから連絡がくるとは全く予想していませんでした。
   (B) 彼らは今日中に電話すると言っていました。
   (C) 街の中心部にあります。

   解答 正解(B)　when can we expectは「いつと予想できるか」と、返事をもらえる時期について尋ねている文。応答文には未来を表す語句が必要。「今日中に」と言っている、(B)が正解。(A)はexpectを使ったひっかけの選択肢。hear fromは「～から連絡がある」という意味。(C)は場所について述べているので間違い。be in the heart ofは「～の中心に」という意味。

4. W: Where can I get a parking permit?
   M: (A) I went straight and turned left.
   (B) Parking is available on Central Avenue.
   (C) You must apply at the personnel office.

   訳 W: 駐車許可証はどこでもらえるのですか。
   M: (A) 私はまっすぐ行って左に曲がりました。
   (B) セントラルアベニューに行けば駐車できます。
   (C) 人事部のオフィスで申し込まなければなりません。

   解答 正解(C)　parking permitは「駐車許可証」のこと。どこで許可証をもらえるかを尋ねている文。人事部のオフィスで申し込むように言っている、(C)が正解。applyは「申し込む」、personnelは「人事部」という意味。(A)は主語がIなので答えになっていません。(B)はparkingを使ったひっかけの選択肢。

2. who、what、whyで始まる疑問文

> **ここがポイント！**
> 疑問詞を必ず聞き取りましょう。whyで始まる疑問文に対する応答文は、必ずしもbecauseで始まる文とは限りません。

(1) whoで始まる疑問文

★A: **Who** are you expecting?
　B: The travel agent is coming at one.
　　　A: 誰を待っているのですか。
　　　B: 旅行代理店の人が1時に来ることになっているのです。

★A: **Who** is going to be transferred to the Chicago office?
　B: Mr. Benson will be running the Chicago branch.
　　　A: どなたがシカゴオフィスに転勤になるのですか。
　　　B: ベンソンさんがシカゴ支店を統括することになります。

(2) whatで始まる疑問文

★A: **What** is the fastest way to go to the airport?
　B: At this hour, the subway is the quickest way for sure.
　　　A: 最もはやく空港に行くにはどうしたらよいですか。
　　　B: この時間帯ならきっと地下鉄が一番はやいですね。

★A: **What** do you think of our plan?
　B: Overall, it's pretty good.
　　　A: 私たちのプランをどう思われますか。
　　　B: 全体的に見てかなり良いと思います。

(3) whyで始まる疑問文

★A: **Why** was the traffic so heavy this morning?
　B: There was an accident at one of the main intersections.
　　　A: 今朝道路がとても混んでいたのはどうしてでしょうか。
　　　B: 大きな交差点で事故があったのです。

★A: **Why** was the telephone bill so high last month?
　B: We made many overseas calls.
　　　A: 先月の電話代はなぜこんなに高いのですか。
　　　B: 国際電話をたくさんかけたからです。

★Exercise 3 　CD1 17〜CD1 20

質問とそれに対する3つの応答文を聞き、最も適切な文を選んでください。

1. **CD1 17** Mark your answer. (A) (B) (C)
2. **CD1 18** Mark your answer. (A) (B) (C)
3. **CD1 19** Mark your answer. (A) (B) (C)
4. **CD1 20** Mark your answer. (A) (B) (C)

スクリプト CD17〜20 及びスクリプトの訳と解答

1. **CD1 17**
M: What do you do?
W: (A) I want to take a day off.
　　(B) I'm copying the annual report now.
　　(C) I'm an architect.

訳
M: どんなお仕事をされていますか。
W: (A) 1日休みがほしいです。
　　(B) 年次報告書のコピーをとっているところです。
　　(C) 建築家をしています。

解答 **正解(C)**　What do you do?は職業を尋ねる文。「建築家」と答えている、(C)が正解。(A)のtake a day offは「1日休みを取る」という意味。「休みがほしい」では質問の答えにはなりません。(B)はWhat are you doing?に対する答えの文。

2. **CD1 18**
M: Who's supposed to organize the company picnic?
W: **(A) Adam is in charge of it.**
　　(B) It'll be held in Oakbrook Park.
　　(C) All the staff members are going.

訳
M: 社内ピクニックの企画担当者は誰ですか。
W: **(A) アダムが責任者です。**
　　(B) オークブルックパークで実施されます。
　　(C) スタッフ全員が行きます。

解答 **正解(A)**　who、organize、company picnicが聞き取れれば、社内ピクニックの企画担当者を尋ねているとわかります。be supposed toは「〜することになっている」、(A)のbe in charge ofは「〜の担当」という意味。アダムが担当していると答えている、(A)が正解。(B)は場所について述べた文。(C)はall the staff membersと、人を表す単語を使ったひっかけの選択肢。

PART 2　応答問題　71

3. M: Why did Mr. Foster leave in the middle of the meeting?
W: **(A) He had an appointment with a client.**
　　(B) No, he didn't attend the meeting.
　　(C) He left about a half hour ago.

訳 M: フォスターさんはなぜミーティングを中座したのですか。
W: (A) クライアントとの約束があったのです。
　　(B) いいえ、彼はミーティングに出席しませんでした。
　　(C) 彼は30分前ぐらいに出ました。

解答 正解(A)　フォスター氏がミーティングを途中退出した理由を尋ねている文。「クライアントとの約束があった」と理由を述べている(A)が正解。(B)はmeeting、(C)はleftを使ったひっかけの選択肢。

4. M: Why did Pedro quit his job?
W: (A) He's no longer working here.
　　(B) As a matter of fact, he was fired.
　　(C) He's leaving the company at the end of the month.

訳 W: ペドロはなぜ仕事を辞めてしまったのですか。
M: (A) 彼はもうここに勤務していません。
　　(B) 実をいうと彼はクビになったのです。
　　(C) 彼は今月末に会社を辞める予定です。

解答 正解(B)　ペドロが仕事を辞めた理由を尋ねている文。「クビになった」と理由を述べている、(B)が正解。as a matter of factは「実をいうと」、fireは「クビにする」という意味。(A)のno longerは「もはや～(し)ない」という意味。「ここで働いていない」では理由になっていません。(C)は辞める時期について答えた文。

3. howで始まる疑問文

> **ここがポイント！**
> howの後に続く語句を聞き取り、期間・距離・数・頻度・手段など、具体的に何を尋ねている疑問文なのか把握しましょう。

【期 間】
★A: **How long** have you worked for this advertising agency?
B: Since I got my degree.
　　A: この広告代理店にどれくらい勤めていますか。
　　B: 大学を卒業してからずっと勤務しています。

【距 離】
★A: **How far** is it to the station?
B: It's about a 10-minute walk.
　　A: 駅までどれくらいありますか。
　　B: 歩いておよそ10分ほどかかります。

【数】
★A: **How many times** have you been to Boston?
B: This is my first trip.
　　A: ボストンには何回くらいいらしているのですか。
　　B: 今回が初めてです。

【手 段】
★A: **How** did you find your new assistant?
B: I advertised for one in the newspaper.
　　A: 新しいアシスタントをどうやって見つけたのですか。
　　B: 新聞に求人広告を出したのです。

【頻 度】
★A: **How often** does the computer technician come?
B: He comes whenever we need him.
　　A: コンピュータ技師はどれくらいの頻度で来てくれるのですか。
　　B: 必要なときにはいつでも来てくれます。

★Exercise 4　CD1 21〜CD1 24

質問とそれに対する3つの応答文を聞き、最も適切な文を選んでください。

1. **CD1 21** Mark your answer.　(A)　(B)　(C)
2. **CD1 22** Mark your answer.　(A)　(B)　(C)
3. **CD1 23** Mark your answer.　(A)　(B)　(C)
4. **CD1 24** Mark your answer.　(A)　(B)　(C)

スクリプト CD21〜24 及びスクリプトの訳と解答

1.
CD1 21
W: How long has Jack been with the company?
M: (A) He's been in Marketing since he joined the company.
　　(B) Since last year.
　　(C) He's quite happy with his new job.

訳
W: ジャックは入社してどれくらいになりますか。
M: (A) 彼は入社してからずっとマーケティング部で勤務しています。
　　(B) 去年から勤めています。
　　(C) 彼は新しい仕事にかなり満足しています。

解答 **正解(B)**　how longで勤続年数を尋ねている文。be withは「〜に勤務している」という意味。「去年から勤めている」と答えている、(B)が正解。(A)は現在完了形を使ったひっかけの選択肢。(C)は仕事についての感想を述べている文。

2.
CD1 22
W: How many people were at yesterday's sales meeting?
M: (A) I bought ten.
　　(B) I'm going to have a meeting with some clients today.
　　(C) A dozen, if you count the director.

訳
W: 昨日の営業会議には何人出席していましたか。
M: (A) 10個買いました。
　　(B) 今日顧客とミーティングを行うつもりです。
　　(C) 役員を含めて12人です。

解答 **正解(C)**　how manyで出席者数を尋ねている文。dozen「12人」と数字を表す単語で人数を答えている、(C)が正解。(A)は数字を使ったひっかけの選択肢。買った品物の個数を述べているので間違い。(B)はmeetingを使ったひっかけの選択肢。

3. W: How far is your office from the station?
　　M: **(A) It's only a couple of blocks away.**
　　　　(B) I got to work at around ten.
　　　　(C) It's across from the post office.

訳 W: あなたのオフィスは駅からどれくらいのところにありますか。
　　M: (A) 2、3ブロックしか離れていません。
　　　　(B) 10時ごろ会社に着きました。
　　　　(C) 郵便局の向かい側にあります。

解答 **正解(A)**　how farで距離を尋ねている文。「2、3ブロック離れている」とブロック数で距離を表している、(A)が正解。(B)のget to workは「会社に到着する」、(C)のacross fromは「〜の向かい側に」という意味。

4. W: How did the contract negotiations go?
　　M: (A) It's a three-year contract.
　　　　(B) We didn't reach an agreement.
　　　　(C) Mr. Young was the head of our negotiation team.

訳 W: 契約交渉はどうなりましたか。
　　M: (A) 3年契約です。
　　　　(B) 合意には達しませんでした。
　　　　(C) ヤング氏が交渉チームのリーダーでした。

解答 **正解(B)**　howで交渉の進展について尋ねている文。reach an agreementは「合意に達する」という意味。「合意に達しなかった」と答えている、(B)が正解。(A)はcontract、(C)はnegotiationを使ったひっかけの選択肢。

4. 肯定・否定疑問文

> **ここがポイント！**
> 肯定・否定疑問文の応答文には、通常yesやnoの答えの後に追加の情報が加えられることが多いので注意しましょう。主語や時制も正確に聞き取ってください。

(1) 肯定疑問文

★A: Did you get a chance to look over the proposal?
　B: Not yet. I'll read it later this afternoon.
　　　A: 提案書に目を通しましたか。
　　　B: まだです。午後に読むつもりです。
★A: Have you seen Jim this morning?
　B: Yes, he's having a meeting with some clients.
　　　A: 今朝、ジムを見かけませんでしたか。
　　　B: はい、彼はクライアントとミーティング中です。

(2) 否定疑問文

★A: Aren't you supposed to be on vacation this week?
　B: No, it's not until next week.
　　　A: 今週は休暇のはずではなかったのですか。
　　　B: いいえ、休暇は来週からです。
★A: Didn't you call Henry and tell him the meeting was postponed?
　B: No, I thought you were going to do that.
　　　A: ヘンリーに電話して会議が延期になったことを伝えなかったのですか。
　　　B: はい、あなたが連絡するものと思っていました。

★Exercise 5　CD1 25〜CD1 28

質問とそれに対する3つの応答文を聞き、最も適切な文を選んでください。

1. **CD1 25**　Mark your answer.　(A)　(B)　(C)
2. **CD1 26**　Mark your answer.　(A)　(B)　(C)
3. **CD1 27**　Mark your answer.　(A)　(B)　(C)
4. **CD1 28**　Mark your answer.　(A)　(B)　(C)

スクリプト CD25〜28 及びスクリプトの訳と解答

1. (CD1 25)
M: Is the copier working?
W: (A) Yes, I've got two copies of the sales report.
　　(B) Yes, I'm working until eight tonight.
　　(C) I'm afraid it's broken again.

訳
M: コピー機は動いていますか。
W: (A) はい、営業報告書のコピーを2部持っています。
　　(B) はい、今晩は8時まで仕事をします。
　　(C) あいにくまた故障したようです。

解答 正解(C)　workは「（機械などが）動く」という意味。コピー機が正常に動いているかどうか尋ねている文。「故障した」と答えている、(C)が正解。(A)はcopies、(B)はworkingを使ったひっかけの選択肢。

2. (CD1 26)
M: Haven't you talked to your boss about the problem?
W: **(A) Not yet.　She's on vacation until Monday.**
　　(B) Yes, give me a call if you have any problems.
　　(C) Sorry, I'm too busy to talk to you.

訳
M: 問題について上司に話をしていないのですか。
W: (A) いいえ、まだです。上司は月曜日まで休暇中なのです。
　　(B) はい、何か問題があったら私に電話してください。
　　(C) すみません、忙しいのであなたとお話する時間がないのです。

解答 正解(A)　上司と話をしたかどうか尋ねている文。まだ話をしていないと答えている、(A)が正解。(B)はproblems、(C)はtalkを使ったひっかけの選択肢。

PART 2　応答問題

3. M: Is your company opening a branch office in Philadelphia?
   W: (A) No, I'm from San Francisco.
   　　(B) No, our office is in Pittsburgh.
   　　(C) No, there are no plans for expansion.

訳 M:あなたの会社はフィラデルフィアに支社を開設する予定がありますか。
　　W: (A) いいえ、私はサンフランシスコ出身です。
　　　　(B) いいえ、私たちのオフィスはピッツバーグにあります。
　　　　(C) いいえ、事業拡大の計画はありません。

解答 **正解(C)**　支社の開設について尋ねている文。事業拡大の計画がないと答えている、(C)が正解。expansionは「拡大」という意味。(A)は出身地、(B)はオフィスの場所を述べている文。

4. M: Do you carry large envelopes?
   W: (A) I don't usually carry much cash with me.
   　　(B) They're in the supply room.
   　　(C) I'm afraid we only have regular-sized ones.

訳 M: 大きいサイズの封筒を置いていますか。
　　W: (A) 私は通常あまり現金を持ち歩きません。
　　　　(B) それらは備品置き場にあります。
　　　　(C) あいにく定型サイズの封筒しか置いておりません。

解答 **正解 (C)**　ここでのcarryは「(品物を)店に置く」という意味。店に大きいサイズの封筒が置いているか、客が尋ねている文。「定型サイズしか置いていない」と答えている、(C)が正解。(A)はcarryを使ったひっかけの選択肢。(B)は封筒の置いてある場所について答えた文なので間違い。supply roomは「備品置き場」という意味。

5. 付加疑問文と陳述文

> **ここがポイント！**
> 付加疑問文や陳述文（疑問文でない文）は確認の意味合いが強いので、応答文には追加の情報が加わりますから、注意して聞きましょう。

(1) 付加疑問文

★A: The air-conditioner has been repaired, hasn't it?
B: No, the repairperson is coming tomorrow.
　　A: エアコンはもう修理したんじゃないの？
　　B: いいえ、明日修理の人が来るそうよ。

★A: You've never met Ms. Kubota in HR, have you?
B: No, I've never had the chance.
　　A: 人事の久保田さんにはお会いしたことはないですよね。
　　B: はい、お目に掛かる機会がありませんでした。

★A: You're coming to Los Angeles on Wednesday, aren't you?
B: Yes, my flight arrives at 2:30 in the afternoon.
　　A: 水曜日にロスにいらっしゃるんですよね。
　　B: そうです。飛行機の到着は午後の2時半です。

(2) 陳述文（疑問文でない文）

★A: Here are the plans for the new building.
B: Thanks, I'll have a look at them later.
　　A: これが新しいビルの図面です。
　　B: ありがとう。後で見ておきます。

★A: You look tired.
B: I've been interviewing people all day.
　　A: お疲れのようですね。
　　B: 1日中ずっと面接をしていたんですよ。

★A: I understand your company has reorganized recently.
B: Yes, we now have four divisions instead of five.
　　A: あなたの会社では最近組織の再編があったそうですね。
　　B: はい、5部門あったところが4部門に減ったのです。

★Exercise 6 CD1 29〜CD1 32

英文とそれに対する3つの応答文を聞き、最も適切な文を選んでください。

1. **CD1 29** Mark your answer. (A) (B) (C)
2. **CD1 30** Mark your answer. (A) (B) (C)
3. **CD1 31** Mark your answer. (A) (B) (C)
4. **CD1 32** Mark your answer. (A) (B) (C)

スクリプト CD29〜32 及びスクリプトの訳と解答

1. **CD1 29**
W: The Air Canada office is on the third floor, isn't it?
M: (A) I'm afraid the flight is full.
　　(B) Yes, but it doesn't open until ten.
　　(C) Yes, it's a couple of miles away.

訳 W: エアーカナダのオフィスは3階（〈編注〉イギリスでは4階の意味）ですよね。
M: (A) あいにくフライトは満席でございます。
　　(B) そうですが、営業は10時からになります。
　　(C) はい、2、3マイル離れたところにあります。

解答 正解(B)　エアカナダのオフィスの場所を確認している文。3階と答えている、(B)が正解。なお、イギリスでは、日米の1階にあたるフロアをground floorといい、日米の2階はfirst floor、3階、4階以降second floor、third floor…と続きます。(A)はAir Canadaから連想させるフライトに関する文によるひっかけの選択肢。最初の文が建物の中でエアーカナダのオフィスの場所を確認していると理解できれば、(C)は間違いだとわかります。

2. **CD1 30**
W: I'm afraid the line is busy.
M: (A) Yes, I waited in line for 20 minutes to get a ticket.
　　(B) No, I'm not in a hurry.
　　(C) That's OK, I'll call back later.

訳 W: あいにくお話中です。
M: (A) はい、20分も並んでチケットを買いました。
　　(B) いいえ、私は急いでいません。
　　(C) わかりました。後ほどかけ直します。

解答 **正解(C)**　the line is busy「話し中」で電話の会話とわかります。「かけ直す」と答えている、(C)が正解。(A)はlineを使ったひっかけの選択肢。wait in lineは「列に並んで待つ」という意味。(B)は、設問中のbusyしか聞き取れないと「私は急いでいない」という答えで正しいように思えますが、間違いです。be in a hurryは「急いでいる」という意味。

3. W: You've seen the revised plans, haven't you?
   M: **(A) Yes, they are much better.**
   　　(B) Yes, I'm planning to leave before seven.
   　　(C) No, it's a revised edition.

訳　W: 修正した計画書を見ましたよね。
　　M: (A) はい、ずっと良くなっていますね。
　　　　(B) はい、7時前に出かける予定です。
　　　　(C) いいえ、それは改訂版です。

解答 **正解(A)**　修正した計画書を見たかどうか確認している文。reviseは「改訂する、修正する」という意味。感想を加えながら見たと答えている、(A)が正解。(B)はplan、(C)はrevised使ったひっかけの選択肢。

4. W: You'll be able to meet the deadline, won't you?
   M: (A) The deadline is April 10.
   　　(B) Actually, I was going to ask you for an extension.
   　　(C) Yes, I'm going to meet a customer this afternoon.

訳　W: 締切りには間に合いますよね。
　　M: (A) 締切りは4月10日です。
　　　　(B) 実は締切りを延ばしていただけるようお願いしようと思っていたところです。
　　　　(C) はい、今日の午後客と会おうと思っています。

解答 **正解(B)**　締切りに間に合うかどうかを確認している文。meet the deadlineは「締切りを守る」という意味。締め切りの延長を依頼している、(B)が正解。ask forは「〜を求める」、extensionは「延期」という意味。(A)は締切日を答えている文。(C)はmeetを使ったひっかけの選択肢。

6. 選択疑問文

> **ここがポイント！**
>
> 選択疑問文は比較的長い文ですが、orの前後に言われる2つの選択肢の内容がイメージできれば、比較的容易な問題といえます。選択疑問文の答えには、通常yesやnoは使いません。would rather、would preferの使い方も正確に理解してください。

★A: Would you rather travel to **Asia** or **Europe** this summer?
　B: I'd prefer **somewhere in Europe** this time.
　　　A: 今年の夏はアジアを旅行したいですか、それともヨーロッパがいいですか。
　　　B: 今度はヨーロッパに行きたいです。
　　　注)「would rather + 動詞の原形」と「would prefer to + 動詞の原形」は、2つの選択肢の中からどちらか一方の希望を述べるときに使います。

★A: Have you **found Mr. Black's replacement** or are you still **looking for one?**
　B: We're still **interviewing candidates**.
　　　A: ブラックさんの後任は見つかりましたか、それともまだ探しているのですか。
　　　B: まだ候補者の面接をしている最中です。

★A: Should I **e-mail** Ms. Thomas or would it be better to **call** her?
　B: **Call** her on her cell.
　　　A: トーマスさんにメールを送ったほうがいいですか、それとも電話のほうがいいですか？
　　　B: 彼女の携帯電話に連絡しなさい。

★Exercise 7 CD1 33～CD1 36

質問とそれに対する3つの応答文を聞き、最も適切な文を選んでください。

1. **CD1 33** Mark your answer. (A) (B) (C)
2. **CD1 34** Mark your answer. (A) (B) (C)
3. **CD1 35** Mark your answer. (A) (B) (C)
4. **CD1 36** Mark your answer. (A) (B) (C)

スクリプト CD33～36 及びスクリプトの訳と解答

1. (CD1 33)
M: Did you fill out a short form or a long form?
W: (A) I work on a farm.
　 (B) I forgot to fill in the blanks in that section.
　 (C) I think it was the short form.

訳
M: 短い書式用紙と長い書式用紙のどちらに記入しましたか？
W: (A) 私は農場で働いています。
　 (B) 私はその項目に記入するのを忘れてしまいました。
　 (C) 短い書式用紙のほうだったと思います。

解答 正解(C)　記入したのはa short formかa long formかと尋ねている文。fill out a formは「用紙に記入する」という意味。the short formと答えている、(C)が正解。(A)はformと発音が似ているfarm、(B)はfill inを使ったひっかけの選択肢。fill inもfill outと同様「～に記入する」という意味。

2. (CD1 34)
M: Shall we take a break now or would you rather keep working until lunch?
W: (A) I'll have a steak.
　 (B) I'd like to go out and stretch my legs for a minute.
　 (C) No, let's not.

訳
M: ここで休憩をとりましょうか、それともお昼までこのまま続けますか。
W: (A) 私はステーキにします。
　 (B) ちょっと外に出て足を伸ばしたいです。
　 (C) いいえ、やめましょう。

解答 正解(B)　休憩をとるのを、nowにするかあるいはkeep working until lunchかと尋ねている文。足を伸ばしたいと言って今休憩することを希望している、(B)が正解。(A)はランチの話題から連想させるsteakを使ったひっかけの選択肢。選択内容について何も言っていない(C)も間違い。

PART 2　応答問題

3. M: Do I need to contact Mr. Simpson now or can it wait until tomorrow?
   W: **(A) There's no hurry.**
   　　(B) I don't have his contact information.
   　　(C) The contract has already been signed.

訳　M: シンプソンさんに今連絡しなければなりませんか、それとも明日まで待てますか。
　　W: (A) 急ぐ必要はありません。
　　　　(B) 私は彼の連絡先を知りません。
　　　　(C) すでに契約書にはサインをもらっています。

解答　正解(A)　連絡するのをnowかtomorrowかと尋ねている文。急ぐ必要はないと言って明日でもいいとほのめかしている、(A)が正解。(B)はcontact、(C)はcontactと発音が似ているcontractを使ったひっかけの選択肢。

4. M: Shall I mail you the tickets or would you rather pick them up?
   W: **(A) Please send them to my office.**
   　　(B) Yes, I've already mailed them.
   　　(C) I'm going to pick you up at seven.

訳　M: 航空券を郵送いたしましょうか、それとも取りにいらっしゃいますか。
　　W: (A) 私のオフィスに送ってください。
　　　　(B) はい、すでに投函しました。
　　　　(C) 7時にあなたを迎えに来ます。

解答　正解(A)　航空券をmail「投函する」かpick them up「それらを取りにくる」かと尋ねている文。オフィスに郵送してほしいと頼んでいる、(A)が正解。(B)はmail、(C)はpick upを使ったひっかけの選択肢。pick upには「(車で)人を迎えに行く」と「(物を)取りに行く」という意味があります。

7. 提案・誘い・申し出・依頼の文及び許可を求める文

> **ここがポイント！**
> 提案・アドバイス・誘い・申し出・依頼の文及び許可を求める文を整理して覚え、文の最初の部分からそれらを判別して適切な応答文を選びましょう。

(1) 提案・アドバイスをする文／アドバイスを求める文

　提案やアドバイスをする文には、whyを使った文、助動詞should「～したほうがいい」を使った文、Wouldn't it be better to～?、 How about / What about～? があります。Why don't we～? やWhy not～? を、理由を尋ねる文と誤解しないようにしてください。

　次の文は「休憩をとりませんか」と提案する文と、その応答例です。

提案・アドバイスをする		提案・アドバイスに賛成する
Why don't we **Why not**	take a break?	That's a good idea. 　　（それは良いアイディアですね。） Sounds good to me. 　　（私も賛成です。）
Shouldn't we **Don't you think we should**		提案・アドバイスに反対する
Wouldn't it be better to		I don't think it's necessary. 　　（私は必要ないと思います。）
How about **What about**	taking a break?	I'd rather not do it. 　　（私は休憩をとりたくありません。）

　一方、アドバイスを求める文にもshouldを使います。次の文は「上司に聞いたほうがいいでしょうか」とアドバイスを求める文とその応答例です。

アドバイスを求める		アドバイスをする
Should I **Do you think I should**	ask the manager?	That would be wise. 　　（そうしたほうが賢明ですね。） I don't think it's a good idea. 　　（あまり良いアイディアだとは思えません。）

(2) 誘いの文

　人を誘うときには、「〜したいですか」という意味の「Do you want to + 動詞の原形〜?」を使います。より丁寧な表現は「Would you like to + 動詞の原形〜?」です。他にもHow would you like to〜?、 Would you be interested in〜?、How about〜? などがあります。

　次は「今晩飲みに行きませんか」と誘う文と、その応答例です。

誘う		誘いに応じる
Do you want to **Would you like to** **How would you like to**	go out for a drink tonight?	Sure, I'd love to. 　　　　（はい、喜んで。）
Would you be 　　**interested in** **How about**	going out for a drink tonight?	誘いを断る
		Thanks, but I've made other plans. （誘っていただいて有難いのですが、あいにく他の予定が入っているのです。）

(3) 申し出の文

　相手のために何かしてあげようと申し出る文には、動作をするのは自分なのでIを主語にした「Can I / Shall I + 動詞の原形〜?」を使います。また、直訳すると「あなたは私に〜をしてもらいたいと思っていますか」という意味になる「Do you want me to / Would you like me to + 動詞の原形〜?」という表現もあります。

　次の文は「手を貸しましょうか」と申し出る文と、その応答例です。

申し出る		申し出に応じる
Can I **Shall I**	give you a hand?	Thank you. I'd appreciate that. 　（有難うございます、感謝します。） Thank you. That would be nice. 　（ご親切に、有難うございます。）
Do you want me to **Would you like me to**		申し出を断る
		Thank you, but I think I can manage by myself. （有難うございます、でも自分でなんとかできそうです。）

(4) 依頼の文

依頼する文には、動作をするのは相手なのでyouを主語にした「Can you / Will you / Would you / Could you + 動詞の原形〜?」や、Do you think you could〜? を使います。

次の文は「手伝ってくれますか」と依頼する文と、その応答例です。

依頼する		依頼を承諾する
Can you **Will you** **Could you** **Would you** **Do you think you could**	help me?	Sure. No problem. 　　　　　　（もちろんいいですよ。） Of course. What can I do for you? （もちろんです。何をいたしましょうか。）
		依頼を断る
		I'm sorry. I'm tied up at the moment. （すみません、今手が離せないのです。）

(5) 許可を求める文

相手に許可を求めるとき、動作をするのは話し手なので I を主語にした「Can I / May I / Could I + 動詞の原形〜?」という表現を使います。

次の文は「コピー機を使っていいですか」と許可を求める文と、その応答例です。

許可を求める		許可する
Can I **May I** **Could I**	use the copier?	Sure. Use it anytime you like. （はい、いつでも好きな時に使っていいですよ。） Sure. Go ahead. 　　　　　　　　　（はい、どうぞ。）
		許可しない
		Sorry, I'm still using it. 　　　（すみません、まだ使っているのです。） Sorry, I still have several pages to go. （すみません、まだ数ページ残っているのです。）

★Exercise 8　CD1 37〜CD1 40

質問とそれに対する3つの応答文を聞き、最も適切な文を選んでください。
1. **CD1 37**　Mark your answer.　(A)　(B)　(C)
2. **CD1 38**　Mark your answer.　(A)　(B)　(C)
3. **CD1 39**　Mark your answer.　(A)　(B)　(C)
4. **CD1 40**　Mark your answer.　(A)　(B)　(C)

スクリプト CD37〜40 及びスクリプトの訳と解答

1.　W: How about a round of golf this weekend?
CD1 37　M: (A) You are such a good golfer.
　　　　(B) **I'd love to, thank you.**
　　　　(C) I think she's still around here.

訳　W: 今週末ゴルフをしませんか。
　　M: (A) あなたは本当にゴルフがうまいですね。
　　　 (B) はい、喜んで。
　　　 (C) 彼女はまだこのあたりにいると思います。

解答　**正解(B)**　How about〜? は誘いの文。「喜んで」と誘いに応じている、(B)が正解。(A)はgolf、(C)はroundに発音が似たaroundを使ったひっかけの選択肢。

2.　W: Do you think you could call Alex when you get the chance?
CD1 38　M: (A) Certainly. I'll have him call you back.
　　　　(B) Sorry, I haven't had the chance.
　　　　(C) **No problem. I'll call him later this afternoon.**

訳　W: 時間があるときに、アレックスに電話をしていただけませんか。
　　M: (A) かしこまりました。彼に折り返し電話をさせます。
　　　 (B) 残念ですが、その機会がありませんでした。
　　　 (C) わかりました。午後彼に電話をします。

解答　**正解(C)**　Do you think you could〜? は依頼の文。No problem.と依頼内容に応じている、(C)が正解。(A)はcall、(B)はchanceを使ったひっかけの選択肢。(A)のhaveは「〜させる」という意味の使役動詞。have him call you backで「彼に折り返し電話をさせる」という意味になる。(B)は「今まで機会がなかった」と言っていて、これから電話をしてほしいという依頼内容の答えにはなっていません。

3. W: Why don't we schedule the staff meeting for this Friday?
   M: **(A) Sounds good to me.**
   　　(B) Yes, it'll be held as scheduled.
   　　(C) Yes, it's been postponed.

   訳　W: スタッフミーティングを今週の金曜日にしませんか。
   　　M: (A) 私は賛成です。
   　　　　(B) はい、予定通り開かれます。
   　　　　(C) はい、それは延期されました。

   解答　正解(A)　Why don't we～? は提案をする文。Sounds good to me.と提案に賛成している、(A)が正解。(B)はscheduledを使ったひっかけの選択肢。as scheduledは「予定通りに」という意味。(C)はミーティングが開かれない理由について述べた文。postponeは「延期する」という意味。

4. W: Would you like me to come and pick you up at the station?
   M: **(A) Thank you, but it won't be necessary.**
   　　(B) No problem. I'll be happy to do that.
   　　(C) Yes, my wife came and picked me up.

   訳　W: 駅までお迎えにあがりましょうか。
   　　M: (A) せっかくですが、その必要はありません。
   　　　　(B) 大丈夫です。喜んでいたしますよ。
   　　　　(C) はい、妻が迎えに来てくれました。

   解答　正解(A)　Would you like me to～? は申し出の文。その必要はないと申し出を断っている (A)が正解。(B)は依頼されたときの応答文。(C)はpick upを使ったひっかけの選択肢。

リスニングセクション

PART 3　会話問題

　Part 3で出題される会話のトピックを3つのパターンに分けました。各Exerciseでは3種類の会話を聞いて設問に答えてください。練習問題を通してそれぞれのトピックの会話の内容やポイントの絞り方を学びましょう。

1. 報告書・契約・ミーティングに関する会話

> **ここがポイント!**
> 報告書・契約・ミーティングに関する会話は、報告書の提出期限、契約の獲得、ミーティングの延期や中止など、話題はある程度限られますから、関連する語句を整理しておくと余裕を持って会話が聞けるようになります。

★Exercise 9　CD1 41～CD1 43

会話を聞き、設問に対する正しい答えを1つ選んでください。

CD1 41

1. What is the problem?
   (A) Julie has misplaced the sales report.
   (B) There are a number of mistakes in the graphs and charts.
   (C) The sales report is not ready for submission.
   (D) Julie is late for an important meeting.

2. What is Mr. Bernard doing?
   (A) Waiting to receive the sales report
   (B) Working on the sales report
   (C) Helping Julie with the graphs and charts
   (D) Having a meeting with the manager

3. What does Mr. Bernard think about Julie?
   (A) She manages her time well.
   (B) She has a habit of being late.
   (C) She is an efficient worker.
   (D) She is not very good at meeting deadlines.

4. What are the speakers discussing?
　(A) Carlos' promotion
　(B) A sales meeting
　(C) The new meeting dates
　(D) A business contract

5. What did Michael do?
　(A) Drew up a business contract
　(B) Set up a meeting
　(C) Helped finalize a business contract
　(D) Gave a lot of good advice to Kim

6. What does Carlos want to do now?
　(A) Arrange another meeting
　(B) Celebrate the winning of the contract
　(C) Revise the contract
　(D) Celebrate his promotion

7. What is the problem?
　(A) Tom's flight has been canceled.
　(B) Tom did not get the agreement.
　(C) Tom was snowed in at the hotel.
　(D) Tom was taken to hospital.

8. What has happened to the meeting?
　(A) It has been canceled.
　(B) It has been postponed.
　(C) It will not be rescheduled.
　(D) It will be held in a few days.

9. What will Tom do?
　(A) He will meet a client in L.A.
　(B) He will come back as soon as he can.
　(C) He will return to L.A.
　(D) He will set up another meeting.

Questions 1-3

スクリプト CD41 及びスクリプトの訳と解答 (CD1 41)

Questions 1 through 3 refer to the following conversation.

M: Have you finished the sales report, yet? I promised the boss I'd have it ready by this afternoon.
W: Not yet, Mr. Bernard, but I'm working as fast as I can. Everything is done except for the graphs and charts.
M: This is becoming a habit for you, Julie. If you can't learn to manage your time more effectively, I'm afraid something will have to be done about it.
W: I promise I'll have it on your desk by the end of the day.

訳
M: 営業報告書はもう書き上げた？ 上司に今日の午後までに仕上げると約束したんだが。
W: バーナードさん、まだ終わっていませんが、できるだけスピードをあげてやっているところです。グラフと表以外は終えています。
M: 締切りを守らないのが習慣になってきているよ、ジュリー。これからはもっと効率的に時間管理をしなければ、何らかの対処を考えざるを得ないよ。
W: 今日中に必ずバーナードさんの机に置いておきます。

設問の訳と解答

1. 訳 何が問題になっているのですか。
   (A) ジュリーは営業報告書をどこかに置き忘れてしまった。
   (B) グラフや図表にいくつか間違いがある。
   (C) 営業報告書を提出する準備がまだできていない。
   (D) ジュリーは重要なミーティングに遅刻した。

   解答 正解(C) バーナード氏のHave you finished the sales report, yet?という質問にジュリーはNot yetと答えているので、営業報告書が完成していないことがわかります。(C)のsubmissionは「提出」という意味。正解は(C)。(A)のmisplace は「～をどこに置いたか忘れる」という意味。

2. 訳 バーナード氏は何をしていますか。
   (A) 営業報告書を受け取るのを待っている
   (B) 営業報告書に取り組んでいる
   (C) ジュリーがグラフや図表を作成するのを手伝っている
   (D) 部長とミーティングをしている

解答 **正解(A)**　最初のバーナード氏のセリフから、上司に提出するためにジュリーが営業報告書を完成させるのを待っていることがわかります。正解は(A)。(B)のwork onは「〜に取り組む」という意味。報告書に今取り組んでいるのはバーナード氏ではなくジュリーなので、(B)は間違い。

3. **訳**　バーナード氏はジュリーについてどう思っていますか。
    (A) 彼女は時間管理がうまい。
    (B) 彼女は遅刻の常習犯だ。
    (C) 彼女は有能な社員だ。
    (D) 彼女は締切りを守るのがあまり得意ではない。

解答 **正解(D)**　If you can't learn to manage your time more effectively, I'm afraid something will have to be done about it.から、ジュリーの仕事の遅さにバーナード氏が不満を感じているのがわかります。締切りを守るのがあまり得意でないという、(D)が正解。meet deadlinesは「締切りを守る」という意味。(C)のefficientは「有能な」という意味。

Questions 4-6

スクリプト CD42 及びスクリプトの訳と解答

Questions 4 through 6 refer to the following conversation.

W: How did the meeting go, Carlos? Did they sign the contract?
M: We had to make a few changes, but eventually they put pen to paper. We could not have done it without Michael. He really helped seal the deal.
W: It's good you got the contract, but it's a pity about the changes. We worked hard to make it a fair deal from the beginning.
M: Well, we got the contract, so let's forget about it. Come on, Kim. I'm in the mood to celebrate!

訳
W: ミーティングはどうだったの、カルロス。彼らは契約書にサインしたのですか。
M: 変更を余儀なくされた箇所も出たのですが、最後にはサインしてくれました。マイケルがいなかったら契約できなかったでしょう。彼がいてくれたので契約が取れました。
W: 契約が取れたのはよかったけれど、変更点があったのは残念でしたね。当初から公平な取引条件でと頑張ってきたのですから。

M: 契約は取れたのですから、もうこのことは忘れましょう！ さぁ、キム、僕はお祝いしたい気分ですよ。

設問の訳と解答

4. **訳** 何について話していますか。
   (A) カルロスの昇進
   (B) 営業会議
   (C) 新しいミーティングの日程
   (D) 仕事の契約

解答 正解(D) Did they sign the contract? の質問にeventually they put pen to paperと答えているので、契約が取れたことについて話していることがわかります。正解は(D)。eventuallyは「結局、ついに」という意味。

5. **訳** マイケルは何をしましたか。
   (A) ビジネスの契約書を作成した
   (B) ミーティングをセッティングした
   (C) ビジネスの契約を取りつける手助けをした
   (D) キムに良いアドバイスをたくさんした

解答 正解(C) マイケルについてはHe really helped seal the deal.から、契約を結ぶのに大きな役割を果たしたことがわかります。正解は(C)。sealは「(文書に)サインする」という意味で、finalizeと同意語です。(A)のdraw upは「(文書を)作成する」という意味。

6. **訳** カルロスは今何をしたいと思っていますか。
   (A) 別のミーティングをセッティングする
   (B) 契約を取ったことを祝う
   (C) 契約内容を修正する
   (D) 彼の昇進を祝う

解答 正解(B) I'm in the mood to celebrate! から、お祝いしたい気分だということがわかります。be in the mood to doは「〜したい気分だ」という意味。(B)が正解。(A)のarrangeは「(ミーティングなどを)セッティングする」という意味。同じ意味でset upを使うこともできます。(C)のreviseは「修正する」という意味。

Questions 7-9

スクリプト CD43 及びスクリプトの訳と解答 (CD1 43)

Questions 7 through 9 refer to the following conversation.

M: Linda, I just received a call from Tom in L.A. He got the agreement, but his flight has been canceled. The line was pretty bad, but I think he said something about a storm.
W: Oh, of all the luck! When's the next flight? Did he say?
M: It could be a few hours or it could be a few days. At any rate, we'd better put off tomorrow's meeting just in case he's not back in time.
W: No, Frank, it goes ahead as planned. If Tom can't make it, we'll have to do without him.

訳
M: リンダ、ロスにいるトムからたった今電話がありました。契約を取り付けたそうですが、トムの乗るフライトが欠航になったようです。電話がよく聞き取れなかったのですが、嵐がどうとかと言っていました。
W: よりによってこんな時に！ 次のフライトはいつですって？ 彼はなんて言ってるの？
M: 数時間後かもしれないし、場合によっては数日後かもしれないそうです。とにかく、トムが間に合わない場合に備えて明日のミーティングは延期したほうがいいですね。
W: いいえ、フランク、予定通りミーティングを開きましょう。トムが来られないなら彼なしで進めるしかないですね。

設問の訳と解答

7. **訳** 何が問題になっているのですか。
   (A) トムのフライトが欠航になった。
   (B) トムは契約を取れなかった。
   (C) 大雪のためトムはホテルから出られなくなった。
   (D) トムは病院に運ばれた。

解答 正解(A)　his flight has been canceledに始まり、トムがミーティングに間に合わなくなるかもしれないという話が続いています。正解は(A)。He got the agreementと言っているので(B)は間違いです。

8. 訳　ミーティングはどうなりましたか。
   (A) 中止になった。
   (B) 延期された。
   (C) 日程は変更されない。
   (D) 数日後に開かれる。

解答 正解(C)　男性がミーティングの延期を提案しましたが、女性がit goes ahead as plannedと予定通りに開くと言っているので、正解は(C)。rescheduleは「(日程を)変更する」という意味。(B)のpostponeはput offと同様「延期する」という意味。tomorrow's meetingと言っているので(D)も間違いです。in a few daysは「数日後」という意味。

9. 訳　トムはこれから何をしますか。
   (A) ロスでクライアントに会う。
   (B) できるだけ早く戻ってくる。
   (C) ロスに戻る。
   (D) 別のミーティングをセッティングする。

解答 正解(B)　最初の男性のセリフから、トムはミーティングに出席するためにロスから戻る予定が、フライトが欠航になり、戻るのがいつになるかわからない状況だとわかります。戻る予定について変更の話は出ていないので、正解は(B)。(D)のset upは「(ミーティングなどを)セッティングする」という意味。

2. 人事・会社の業績に関する会話

> **ここがポイント！**
> 人事に関しては、異動・転勤・昇進・転職など、会社の業績に関しては、売上げの増減・マーケッティング戦略・会社の事業拡大や合理化などの話題が出題されます。関連する語句を整理しておきましょう。第1話者のセリフから話題のヒントをつかんで、話の流れを予測することが大切です。

★Exercise 10　CD1 44 ～ CD1 46

会話を聞き、設問に対する正しい答えを1つ選んでください。

CD1 44

1. What is Jeff's new position?
   (A) He will be managing all the overseas branches.
   (B) He will be a manager in Asia.
   (C) He will report to a Japanese manager.
   (D) He will be managing his department.

2. How does Jeff feel about his new position?
   (A) Disappointed at the low salary
   (B) Excited about working overseas
   (C) Overwhelmed by more responsibilities
   (D) Happy about using his Japanese language skills in his work

3. What does Kazuko suggest Jeff do?
   (A) Enroll in a seminar on good management skills
   (B) Talk about his problems with his boss
   (C) Have a positive attitude toward his work
   (D) Start some language training

CD1 45

4. How does Tom feel about the transfer?
   (A) He is very excited about it.
   (B) He feels he needs to brush up on his Spanish.
   (C) He doesn't seem pleased about it at all.
   (D) He is thrilled at the opportunity to work overseas again.

5. Why was Tom chosen for the post?
   (A) Because of his experience and language skills
   (B) Because he passed the Spanish exam.
   (C) It is his turn to work overseas.
   (D) Because of his interest in Spanish culture

6. Where does Chris want to work?
   (A) He is willing to work anywhere.
   (B) He is happy where he is.
   (C) He wants to work in a Spanish-speaking country.
   (D) He has a particular location in mind.

CD1 46

7. What is the man doing?
   (A) Trying to come up with an idea for how to increase profits
   (B) Calculating the profits for the second month
   (C) Giving a presentation
   (D) Drawing a graph

8. When did profits stop decreasing?
   (A) In February
   (B) In April
   (C) In June
   (D) In July

9. Why did profits start increasing?
   (A) The labor cost dropped.
   (B) A new series of products started to sell well.
   (C) The recession ended.
   (D) A fall in production costs brought them out of the red.

Questions 1-3

スクリプト CD44 及びスクリプトの訳と解答

Questions 1 through 3 refer to the following conversation.

W: Hey Jeff, congratulations on the big promotion! Manager in an overseas branch! How exciting!
M: Thanks, Kazuko, but I'm not looking forward to the extra workload… or having to learn another language.
W: Yes, but working overseas is the next step to bigger and better things! Japanese isn't that difficult, but you'd better enroll in a class or something now. Japanese is completely different from English, you know.
M: I guess you're right. It will be an interesting experience, but I'd better start looking for a language school like you said.

訳
W: ジェフ、昇進おめでとう！ 海外支社長なんてすごいわね！
M: ありがとう、和子。でもこれからかなり仕事が増えるだろうし、外国語も勉強しなければならないから、待ち遠しいとは言えないね。
W: それはそうだけど、海外勤務は今後の成功につながるステップよ。日本語はそれほど難しい言葉ではないし。でも、今のうちから日本語のクラスに申し込んでおいたほうがいいわ。日本語は英語と全く違った言葉だということは知っているでしょう。
M: 君の言う通りだ。いい経験になると思うよ。君の言うように、さっそく会話スクールを探してみるよ。

設問の訳と解答

1. **訳** ジェフの新しいポストは何ですか。
   (A) すべての海外支社を統括する。
   (B) 彼はアジアで支社長として勤務する。
   (C) 日本人支社長の下で働く。
   (D) 彼の所属部署を統括する。

解答 正解(B) 和子はお祝いを述べた後、Manager in an overseas branch! と言っているので海外支社長だとわかります。正解は(B)。会話の後半より、日本支社のトップになることがわかります。海外支社全体のトップに立つわけではないので(A)は間違い。(C)のreport toは「〜の直属の部下になる」という意味。

2. **訳** 新しいポストについてジェフはどう思っていますか。
   (A) 安い給料に失望している
   (B) 海外勤務できることに興奮している
   (C) これから増える責任に重圧を感じている
   (D) 彼の日本語のスキルを仕事に活かせることを喜んでいる

解答 正解(C)　ジェフはI'm not looking forward to the extra workload…or having to learn another languageと言っており、責任の重さに圧倒されていることがわかります。overwhelmedは「圧倒されている」という意味。(C)が正解。(A)のdisappointedは「がっかりしている」という意味。これから日本語を習おうと言っているので、(D)は間違い。

3. **訳** 和子はジェフにどんなアドバイスをしていますか。
   (A) マネジメントスキルを磨くセミナーに申し込む
   (B) 彼が抱えている問題について上司に相談する
   (C) 仕事に対してポジティブな態度で臨む
   (D) 外国語の研修を始める

解答 正解(D)　和子はジェフにyou'd better enroll in a class or something nowと日本語のクラスに申し込むことを勧めているので、正解は(D)。「you'd better+動詞の原形」は、やや強制のニュアンスを伴って「〜したほうがいい」という意味で使います。enroll inは「〜に入会する」という意味。

Questions 4-6

スクリプト CD45 及びスクリプトの訳と解答

Questions 4 through 6 refer to the following conversation.

W: Did you see the look on Tom's face, Chris? I don't think he's too thrilled about the transfer.

M: Well, he has worked overseas before, and he speaks Spanish better than the rest of us.

W: A lot of the salespeople have worked overseas before and plenty of them speak passable Spanish. Why don't you speak to the boss about going? Your Spanish is pretty good, too.

M: Don't drag me into this! I've got my eye on another transfer coming up.

訳 W: クリス、トムの表情を見た？ 転勤をあまり喜んでいるふうでもないみたいだけど。
M: トムは以前にも海外勤務の経験があるし、僕たちよりスペイン語が上手だからね。
W: 営業部には海外勤務経験者はたくさんいるし、まずまずのスペイン語を話せる人も多いわ。あなたも海外勤務をしたいと上司に話をしてみたらどうかしら。あなたのスペイン語もなかなかのものなのだから。
M: 僕を引きずり込まないでくれよ。僕はすでに目をつけているところがあるのだから。

設問の訳と解答

4. **訳** トムは転勤についてどう感じていますか。
   (A) 嬉しくてとても興奮している。
   (B) スペイン語をやり直す必要性を感じている。
   (C) 全然嬉しく思っているように見えない。
   (D) 海外勤務の機会に再度恵まれて非常に喜んでいる。

解答 正解(C)　I don't think he's too thrilled about the transfer. からトムは転勤をあまり喜んでいないことがわかるので、正解は(C)。thrilledは「嬉しくて興奮している」という意味。(B)のbrush up onは「～をやり直す」、(C)のpleasedは「喜んでいる」という意味。

5. **訳** トムがそのポストに選ばれた理由は何でしたか。
   (A) 彼の経験と外国語能力から
   (B) スペイン語の試験に合格したから。
   (C) 彼が次に海外勤務をする番だから。
   (D) 彼はスペイン文化に関心を持っているから

解答 正解(A)　he has worked overseas before, and he speaks Spanish better than the rest of usから、海外勤務の経験と語学力で選ばれたことがわかるので、正解は(A)。(C)のhis turnは「彼の順番」という意味。

6. **訳** クリスはどこで働きたいと思っていますか。
   (A) どこででも喜んで働きたいと思っている。
   (B) 今の勤務地で満足している。
   (C) スペイン語圏の国での勤務を希望している。
   (D) 特定の場所が決まっている。

解答 正解(D)　I've got my eye on another transfer coming up. から希望の場所がすでに決まっていることがわかるので、正解は(D)。have〜in mindは「〜しようと思っている」、particularは「特定の」という意味。(A)のbe willing to (do)は「喜んで〜する」という意味。

Questions 7-9

スクリプト CD46 及びスクリプトの訳と解答　CD1-46

Questions 7 through 9 refer to the following conversation.

M: As you can see on the screen, figure 5 shows how profits have risen since the start of the second quarter.
W: Thank goodness for that! I was worried they'd never bottom out.
M: Yes, July was certainly a turning point for us. Personally, I don't think we'll see the severe drop in profits we saw from April to June anytime soon.
W: I'm also pretty confident our new product line will keep us out of the red for a while.

訳
M: スクリーンの図5を見ていただくとおわかりの通り、収益が第2四半期の初期から上昇し始めています。
W: 本当に助かりました。このまま下がり続けるのかと思って心配していたのです。
M: はい、確かに私たちにとっては7月がターニングポイントでした。4月から6月にかけて急激に収益が落ち込みましたが、私の個人的な見解では、このようなことはしばらくは起こらないと思います。
W: 新製品のラインナップがしばらくの間赤字を防いでくれるのではと、私はかなり確信しているんですよ。

設問の訳と解答

7. 訳　男性は何をしていますか。
(A) 収益を上げるためのアイディアを出そうとしている
(B) 2ヶ月目の収益を計算している
(C) プレゼンテーションをしている
(D) グラフを作成している

解答　正解(C)　As you can see on the screen, figure 5 shows how profits have risen...から、男性はスクリーンで収益の増減を説明していることがわかるので、正解は(C)。(A)のcome up withは「(アイディアなどを)考え出す、見つけ出す」、profitは「利益、収益」という意味。

8. 訳　収益の減少が止まったのはいつですか。
(A) 2月
(B) 4月
(C) 6月
(D) 7月

解答　正解(D)　女性がI was worried they'd never bottom out.と収益が下がり続けたことを心配していたと言った後、男性がJuly was certainly a turning point for usと7月がターニングポイントだったと言っていることから、7月に減少が止まったことがわかります。正解は(D)。

9. 訳　収益が増え始めたのにはどのような要因があったからですか。
(A) 人件費が下がった。
(B) 一連の新製品が売れ始めた。
(C) 景気後退に歯止めがかかった。
(D) 生産コストが減少したことで赤字から脱却できた。

解答　正解(B)　I'm also pretty confident our new product line will keep us out of the red for a while.から、新製品が好調だとわかります。a series ofは「一連の」という意味。正解は(B)。(A)のlabor costは「人件費」、(C)のrecessionは「景気後退」という意味。(A)、(C)いずれについても会話では触れていません。生産コストの減少についても触れられていないので、(D)も間違い。

3. 日常会話

> **ここがポイント！**
> 日常会話は休暇、交通手段、パーティーへの誘いなど話題はさまざまですが、会話に使われる語彙は基本的なものが多いので、落ち着いて聞けば設問の解答に必要な情報を理解することは難しくありません。第1話者のせりふから会話のトピックをつかみ、設問に必要な情報を聞き取りましょう。

★Exercise 11　CD1 47 ～ CD1 49

会話を聞き、設問に対する正しい答えを1つ選んでください。

CD1 47

1. What are they discussing?
   (A) Their overseas vacation
   (B) Their business trip
   (C) Their rental car
   (D) Their hotel room

2. How will they get to their destination?
   (A) In their car
   (B) In a rental car
   (C) By plane
   (D) By train

3. When will they leave?
   (A) Tomorrow
   (B) On Tuesday
   (C) On Thursday
   (D) In ten days

4. What is the woman doing?
   (A) Getting information about the central market
   (B) Trying to find a bus stop
   (C) Inquiring about transportation
   (D) Giving directions to the bus stop

5. What does the man suggest the woman do?
   (A) Travel by cab in the city
   (B) Visit the central market
   (C) Avoid taking public transportation
   (D) Take a bus to where she wants to go

6. What will the man do for the woman?
   (A) Show her where the bus stop is
   (B) Arrange for a taxi to pick her up
   (C) Answer all her questions
   (D) Drive her to the central market

7. What is the man doing?
   (A) Inviting Jennie to his party
   (B) Inviting Jennie out for dinner
   (C) Asking Jennie out
   (D) Offering Jennie a job

8. What does the man suggest Jennie do?
   (A) Bring some food and drinks
   (B) Bring her boyfriend
   (C) Choose a nice place to dine out
   (D) Meet the manager

9. When is the next time Jennie will meet Todd?
   (A) At the party on Saturday night
   (B) Sometime on Saturday
   (C) This evening
   (D) They have not decided on a time yet.

Questions 1-3

スクリプト CD47 及びスクリプトの訳と解答

Questions 1 through 3 refer to the following conversation.

W: OK, the hotel is booked, so are the tickets and the rent-a-car. Have we forgotten anything?
M: No, I don't think so. I did want to buy a new snorkeling set, but I can do that when we get to the resort. Oh, when will the tickets arrive? And did you organize the travelers' checks?
W: I'll get that taken care of at the bank tomorrow… and the tickets will be here on Thursday. Oh Brad, I can't wait for this holiday to start!
M: Just think: Ten more days and we'll be flying out of here.

訳
W: ホテルの予約は済んだし、航空券もレンタカーも予約したし、何か忘れていることはないかしら。
M: ないと思うよ。新しいシュノーケリングセットを買いたかったけど、リゾート地についてからも買えるからね。そうだ、航空券はいつ届くの？ それと旅行者用小切手は手配した？
W: 明日銀行に行って小切手にしてくるわ。航空券は木曜日にここに届けてもらえるの。ああ、ブラッド、休暇が本当に待ち遠しいわね！
M: 考えてもみてよ。10日後には僕たち、飛行機に乗っているんだよ。

設問の訳と解答

1. **訳** 何について話していますか。
   (A) 海外での休暇
   (B) 出張
   (C) レンタカー
   (D) ホテルの客室

   解答 正解(A) 最初の女性のセリフから旅行の準備をしていること、次の男性のセリフのsnorkeling set、resortから休暇で旅行に出かけることがわかるので、正解は(A)。

2. **訳** 彼らは何を使って目的地に行くのでしょうか。
   (A) 自分たちの車
   (B) レンタカー
   (C) 飛行機
   (D) 電車

解答 正解(C)　設問のdestinationは「目的地」という意味。tickets、we'll be flying out of hereから飛行機を使うことがわかるので、正解は(C)。

3. **訳**　彼らが出発するのはいつですか。
   (A) 明日
   (B) 火曜日
   (C) 木曜日
   (D) 10日後

解答 正解(D)　Ten more days and we'll be flying out of here. から10日後に出発することがわかるので、正解は(D)。

Questions 4-6
スクリプト CD48 及びスクリプトの訳と解答　CD1 48

Questions 4 through 6 refer to the following conversation.

W: I think I might visit the central market this afternoon. What's the best way to get there from here? Should I just get a cab?

M: Well, I can certainly arrange that for you, ma'am, but just around the corner to your left is a bus stop. It's much cheaper to take public transportation and it'll take you straight to the market. It only takes about 15 minutes.

W: But I've heard the bus isn't safe. Isn't it better to get a cab when traveling in the city?

M: In 30 years I've never had a problem riding the bus, but let me call you a cab all the same.

訳
W: 今日の午後セントラルマーケットに行こうかと思っているのですが、ここからだとどうやって行くのが一番いいのでしょう。タクシーがいいのかしら。

M: タクシーも手配できますが、角を曲がった左にバス停があります。公共交通機関のほうがかなり安くあがりますし、マーケットにも直通で行けますよ。15分ぐらいしかかかりませんしね。

W: でも、バスは安全ではないと聞いたんです。町を回るにはタクシーを使ったほうがいいのでは？

M: この30年間、バスに乗っていて何か起こったなんてことはありませんけどね、まあタクシーのほうがいいとおっしゃるんでしたら、呼びますよ。

4. 🔊 女性は何をしていますか。
(A) セントラルマーケットについての情報を聞いている
(B) バス停を探している
(C) 交通機関について尋ねている
(D) バス停までの道順を教えている

解答 **正解(C)** 女性は最初のせりふでセントラルマーケットまでの行き方を尋ね、Should I just get a cab?と具体的に交通手段について聞いています。inquire aboutは「尋ねる」、transportationは「（電車・バス・飛行機などの）乗物」という意味。正解は(C)。(D)のgive directionsは「道順を教える」という意味。

5. 🔊 男性は女性にどう勧めていますか。
(A) 街をタクシーで移動する
(B) セントラルマーケットに行く
(C) 公共交通機関を使うのを避ける
(D) バスを使って目的地に行く

解答 **正解(D)** 男性はIt's much cheaper to take public transportation and it'll take you straight to the market.と言って、タクシーの代わりにバスに乗ることを勧めています。正解は(D)。(A)のtravelは「移動する」、(C)のavoidは「避ける、～しないようにする」という意味。(C)は男性が言ったこととは反対の内容なので間違い。

6. 🔊 男性は女性のために何をしますか。
(A) バス停の場所を女性に教える
(B) 女性に迎えのタクシーを手配する
(C) 彼女のすべての質問に答える
(D) セントラルマーケットまで女性を車で送る

解答 **正解(B)** 設問にwillが使われていることに注意。男性がこれからすることを選ばなければなりません。会話の最後に男性はlet me call you a cab all the sameとタクシーを呼びましょうと言っているので、(B)が正解。all the same (= just the same) は「それでも、やはり」という意味。バス停の場所についてはすでに会話の中で教えたので、(A)は間違い。これから女性の質問に答えるとか、セントラルマーケットまで車で送るとも言っていないので、(C)も(D)も間違い。

Questions 7-9

スクリプト CD49 及びスクリプトの訳と解答

Questions 7 through 9 refer to the following conversation.

M: Hey Jennie, I'm having a party on Saturday. Five o'clock at my place. Do you want to come?
W: I'm not sure if I can make it. My boyfriend Todd might want to do something else. We usually spend Saturday night alone. You know, just the two of us.
M: Hey, why don't you bring him along? There'll be lots of food and plenty of beer. Everybody from this section is coming and even the manager said he might pop in for an hour or two.
W: All right, I'm seeing Todd later tonight for dinner, so I'll talk to him about it then. What time did you say the party was again?

訳
M: ジェニー、土曜日にパーティーをするんだ。僕の家で5時だけど、来られるかい。
W: 行けるかどうかわからないわ。私の彼、トッドがね、別なことして過ごしたいと思ってるかもしれないもの。土曜日の晩はたいてい、私たちだけで過ごすのよ。2人きりで。
M: じゃ、彼も呼んだらいいじゃないか。食べ物もビールもたくさん用意するし。課のみんなも来るんだよ。課長も1、2時間ぐらい顔を出すって言ってたんだ。
W: わかったわ。今晩トッドと夕食の約束をしているから、そのとき彼に話してみるわ。パーティーは何時って言ったかしら？

設問の訳と解答

7. **訳** 男性は何をしているのですか。
   (A) ジェニーをパーティーに誘っている
   (B) ジェニーを夕食に誘っている
   (C) ジェニーをデートに誘っている
   (D) ジェニーに仕事をオファーしている

解答 正解(A) 男性はパーティーの話をしてDo you want to come?と言って、ジェニーを誘っています。正解は(A)。(C)のask outは「デートに誘う」という意味。

8. 🈁 男性はジェニーにどうしたらいいと言っていますか。
(A) 食べ物と飲み物を持ってくる
(B) ボーイフレンドを連れてくる
(C) 食事をするのによい場所を選ぶ
(D) 課長に会う

解答 正解(B)　男性はwhy don't you bring him along?と言ってパーティーにボーイフレンドも連れてくるよう提案しているので、正解は(B)。bring alongは「(人を)連れてくる」、(C)のdine outは「外で食事をする」という意味。

9. 🈁 今度ジェニーがトッドに会うのはいつですか。
(A) 土曜日の晩のパーティー
(B) 土曜日のいつか
(C) 今晩
(D) まだ2人は会う時間を決めていない。

解答 正解(C)　ジェニーは I'm seeing Todd later tonight for dinnerと言っていることから今晩会うとわかるので、正解は(C)。

リスニングセクション
PART 4　説明文問題

Part 4で出題される説明文を4つのパターンに分けました。各Exerciseでは2種類のトークやスピーチを聞いて設問に答えてください。練習問題を通してそれぞれの説明文の特徴やポイントの絞り方を学びましょう。

1. 社内トーク

ここがポイント！

社内トークでは、会議や行事についての諸連絡、会議中のアナウンス、業務連絡、新入社員向けの社内案内などが出題されます。最初の文から誰が誰に向けて話をしているかをイメージして、設問に必要な情報を聞き取りましょう。

★Exercise 12　CD1 50 ~ CD1 51

英文を聞いて、該当する設問に答えてください。

CD1 50

1. Who is being addressed?
   (A) Correspondents
   (B) TV directors
   (C) Newscasters
   (D) New employees

2. What are the listeners expected to do?
   (A) Sort and consolidate news feeds
   (B) Arrange emergency news broadcasts
   (C) Do odd jobs to help out the staff
   (D) Read out news on TV

3. Which of the following is true about the bulletin room?
   (A) It is open 24 hours to receive the latest information.
   (B) Eating and drinking are strictly prohibited.
   (C) Smoking is allowed.
   (D) It is only equipped with the latest technology.

4. What is being announced?
   (A) The postponement of an annual meeting
   (B) The rescheduling of an event
   (C) The opening of a new branch office
   (D) The sales figures for the past year

5. What are the listeners asked to do on June 25?
   (A) Prepare food for a picnic
   (B) Share transportation
   (C) Wear formal attire
   (D) Wear costumes

6. What reward will the listeners receive for their sales performance?
   (A) A fully catered meal
   (B) Special cash bonuses
   (C) An all-expenses-paid trip in the summer
   (D) Free tickets to the local public pool

Questions 1-3

スクリプト CD50 及びスクリプトの訳と解答

Questions 1 through 3 refer to the following talk.

Last but not least, here is the bulletin room. This is where we receive the latest news from anywhere in the world at anytime of the day. As interns you won't have to do the big jobs like sorting and consolidating news feeds or arranging emergency news broadcasts, but you will be expected to help send faxes, take calls, and make the odd cup of coffee. You may also have to help out on the graveyard shift because the bulletin room is open around the clock. Here we have different communication devices for our correspondents working in places where they cannot access the latest technology. The fax machines are here on your right, and below them are the computers for receiving e-mail. We have twenty-five phones scattered throughout the room, and in the corner we even have two old telex machines and a short wave radio. There are a few things you need to know about the bulletin room. There's absolutely no smoking allowed and you must take care when eating and drinking because of all the equipment. The other thing I must point out is that no people from outside the network are allowed in. If you see anyone not wearing a badge who you haven't seen before, you must contact security immediately.

訳

最後になりましたが、とても重要な場所、ブルテンルームです。ここでは24時間世界中の最新のニュースを受信しています。インターンの皆さんは、送られてきたニュースを分類してまとめたり、緊急ニュース番組を製作するといった大きな仕事をすることはありませんが、ファックスの送信、電話の応対、コーヒーを入れるなどの仕事をしていただきます。ブルテンルームは24時間無休ですので、深夜勤務をお願いすることもあると思います。最新のテクノロジーが使えない場所で働く特派員のために、ここには新旧さまざまな通信機器を備えています。皆さんの右側にはファックス機が、その下にはメールを受信するコンピュータを設置しています。また、部屋全体に25台の電話器を設置、隅には旧式のテレックス2台と短波ラジオも備えています。皆さんに注意点をいくつか申し上げます。ここでは禁煙厳守です。また、いろいろな機器を備えていますから、飲食時には気をつけてください。さらに、放送局関係者以外の者の入室は許可されていませんので、バッジを付けていない見知らぬ人を見かけたら、すぐに警備室に連絡をとってください。

設問の訳と解答

1. 訳　話を聞いているのは誰ですか。
(A) 特派員
(B) テレビディレクター
(C) ニュースキャスター
(D) 新入社員

解答　**正解(D)**　設問のaddressは「〜に話をする」の意。受動態の文なので、話を聞いている人を尋ねている設問。トークでは最初にブルテンルームを紹介し、続いてAs interns you won't have to do the big jobs...と言っているので、入社したばかりのインターンにブルテンルームを案内していることがわかります。正解は(D)。(A)のcorrespondentは「特派員」という意味。

2. 訳　話を聞いている人たちは何をすることになっていますか。
(A) ニュースを分類しながら１つにまとめる
(B) 緊急ニュース番組の製作
(C) スタッフの手伝いとしての雑務
(D) テレビでニュースを読みあげる

解答　**正解(C)**　インターンの仕事についてはyou will be expected to help send faxes, take calls, and make the odd cup of coffeeと、雑務をすると説明しているので、(C)が正解。odd jobは「雑務、片手間の仕事」という意味。(A)のsortは「分類する」、consolidateは「まとめて１つにする、統合する」、feedは「テレビ番組の供給」、(B)のemergencyは「緊急」の意。

3. 訳　ブルテンルームの説明として正しいものはどれですか。
(A) 最新情報を受信するため24時間開いている。
(B) 飲食は厳しく禁じられている。
(C) 喫煙は許されている。
(D) 最新のテクノロジーしか備わっていない。

解答　**正解(A)**　the bulletin room is open around the clockから24時間開いていることがわかるので、(A)が正解。around the clockは「四六時中、休みなく」の意。(B)のprohibitは「禁ずる」、strictlyは「厳しく」という意味。飲食についてはyou must take care when eating and drinking...と注意を促しているだけなので、(B)は誤り。喫煙についてはThere's absolutely no smoking allowedから、(C)も誤り。(D)のbe equipped withは「〜を装備している」という意味。最新の通信機器が使えない場所で働く特派員のためにファックスやテレックスがあると言っているので、(D)も間違い。

Questions 4-6

スクリプト CD51 及びスクリプトの訳と解答

Questions 4 through 6 refer to the following announcement.

Good morning everyone. You'll all remember that last week I sent a memo informing everyone of the annual picnic on Saturday, July 23. Since that time a number of you have approached me complaining that the date was too close to your summer holidays and that you would not be able to make it for that reason. I forwarded a separate memo to the board of directors, and because it would seem that those sentiments are shared by people in other departments, the picnic has now been rescheduled to Saturday, June 25, in three weeks' time. This year we're asking everyone to come in costume and there will be a number of prizes for the best costumes. Thanks to our wonderful sales performance this year, the board has decided to have the picnic professionally catered. It will be held at Whitman's Park from eleven. Come and see me if you would like to carpool or if you have any other questions.

訳

おはようございます。皆さんもご記憶のことと思いますが、7月23日土曜日の毎年恒例のピクニックについて、先週皆さんにメモをお送りしましたところ、日程が夏休みに近すぎて参加できないという苦情を何人かの方々から受けました。別途役員にもメモを転送したところ、他の部署でも同じ意見が多かったとのことで、ピクニックの日程は3週間後の6月25日土曜日に変更になりました。今年は皆さんに、コスチューム着用でいらしてくださるようお願いしたいと思います。素晴らしいコスチュームにはいくつか賞も用意しています。今年の売上げが非常に好調だったおかげで、ピクニックにはケータリングサービスを使うと、取締役会でも決定されました。11時からホィットマン公園で開催します。車に相乗りして会場に行きたい方、他に何か質問のある方は、私のほうまでお越しください。

設問の訳と解答

4. 訳　何についてアナウンスしていますか。
   (A) 年次会議の延期
   (B) 行事の日程変更
   (C) 新しい支店の開設
   (D) 過去1年間の売上げ高

解答 正解(B)　rescheduleは「(会議などの日程を)変更する」という意味。最初にピクニックについて述べ、the picnic has now been rescheduled to Saturday, June 25と日程の変更を伝えているので、正解は(B)。(A)のpostponementは「延期」という意味。

5. 訳　6月25日に何をするように言われていますか。
   (A) ピクニックのための食料品を準備する
   (B) 相乗りをする
   (C) フォーマルウェアを着る
   (D) コスチュームを着る

解答 正解(D)　ピクニックが6月25日に変更になった報告の後、This year we're asking everyone to come in costumeと、コスチュームを着て来るように言っています。正解は(D)。食事については、ケータリングサービスを使うと言っているので、(A)は間違い。相乗りについては、アナウンスの最後に、必要な人は話し手にその旨を伝えてほしいと言っているので、(B)も間違い。(C)のattireは「服装」という意味。正装してくるようにとも言っていません。

6. 訳　売上げが好調だったことでどんなご褒美があると言っていますか。
   (A) ケータリングサービスで用意された料理一式
   (B) 現金の特別ボーナス
   (C) 会社が全額負担する夏の旅行
   (D) 地元の公共のプールの招待券

解答 正解(A)　設問のrewardは「褒美、報酬、見返り」、performanceは「功績」という意味。Thanks to our wonderful sales performance this year, the board has decided to have the picnic professionally catered.からケータリングサービスを使うことがわかります。正解は(A)。

2. 授賞式や退職パーティーでのスピーチ

> **ここがポイント！**
> 退職者送別会、授賞式、新任者歓迎会などの会社の行事でよく聞かれるスピーチが出題されます。Ladies and gentlemenやThank you for coming to...などで始まることが多いので、出だしに注意して、どのような式でのスピーチなのかを最初にイメージしてください。人物の業績や経歴に焦点を絞ってスピーチを聞けば、設問に必要な情報を聞き取るのはそれほど難しくありません。

★**Exercise 13**　CD1 52 ~ CD1 53

英文を聞いて、該当する設問に答えてください。

CD1 52

1. What is the purpose of this speech?
   (A) To honor an employee
   (B) To report on the company's record sales for the past year
   (C) To announce a merger
   (D) To introduce a new employee

2. What is Dominic Trout's job?
   (A) A car dealer
   (B) An accountant
   (C) A sales representative
   (D) A store clerk

3. What will most likely happen next?
   (A) Bonuses will be given.
   (B) A warm welcome will be given.
   (C) A new president will be announced.
   (D) An award will be given.

4. What is Graham Rhodes doing?
   (A) Being rehired
   (B) Transferring
   (C) Retiring
   (D) Opening a new department

5. What was his special achievement?
   (A) He was asked to join the company again after retirement.
   (B) He was the head of the Accounting Department for 18 years.
   (C) He was able to avoid tax-related problems.
   (D) He managed to keep increasing sales in his section for ten years.

6. What will Graham Rhodes do?
   (A) Prepare for a tax audit
   (B) Spend time with his family
   (C) Run the Accounting Department
   (D) Set up his own business

Questions 1-3

スクリプト CD52 及びスクリプトの訳と解答 🎧 CD1 52

Questions 1 through 3 refer to the following speech.

It is my great pleasure to present this year's award for excellence in sales performance, also known as the "Salesperson-of-the-Year Award." This award is given to one individual annually, and not always to the one with the highest sales figures. Of course we take that into account, but we also look at the number of contracts signed, and more importantly, sales technique. It will be no surprise to most of you that the honor this year goes to Dominic Trout. Dom had not only the highest sales figures, but he also sealed the most deals. He has a charm and wisdom beyond his years that endear him to both his co-workers and his clientele, and this year he scored the biggest contract amongst all the salespeople and set a record in total sales! What a magnificent achievement! I would ask that all of you stand as I present Dominic Trout with this year's Salesperson-of-the-Year Award.

訳

素晴らしい営業成績を収めた社員に年間最優秀セールスマン賞を贈呈できることを、この上ない喜びに感じております。この賞は例年1名の方に贈呈されますが、必ずしも営業成績がトップであった社員にというわけではありません。もちろん、営業成績も考慮に入れますが、獲得契約件数、特にセールステクニックを重要視しています。今年の受賞者がドミニック・トラウト氏と聞いて驚かれる方はあまりいないでしょう。ドムは今年、営業成績がトップだったのみならず、契約件数でもトップでした。彼はまだ若いにもかかわらず魅力や知見を兼ね備え、同僚や顧客にたいへん慕われています。今年、ドムは全営業部員中で最も大きな契約を獲得し、さらに総売上げでの最高記録を達成しました。本当に素晴らしい成績です！ ドミニック・トラウト氏に今年の最優秀セールスマン賞を授与いたしますので、皆さんご起立願います。

設問の訳と解答

1. 訳　このスピーチの主旨は何ですか。
　(A) 社員の栄誉を称えること
　(B) 過去1年間に会社が打ち立てた記録的な売上げを報告すること
　(C) 合併を発表すること
　(D) 新入社員を紹介すること

解答 正解(A)　honorは「栄誉を称える」という意味。It is my great pleasure to present this year's award for excellence in sales performanceから、営業の成績が良かった社員を称え表彰することがわかるので、正解は(A)。(B)のrecord salesは「記録的な売上げ」、(C)のmergerは「合併」という意味。

2. 訳　ドミニック・トラウトの職務は何ですか。
　(A) 車のディーラー
　(B) 会計士
　(C) 営業部員
　(D) 店員

解答 正解(C)　ドミニック・トラウトはSalesperson-of-the-Year Awardの受賞者なので、営業部員だとわかります。正解は(C)。

3. 訳　この後にどのようなことが行われるでしょうか。
　(A) ボーナスが支給される。
　(B) 温かい歓迎を受ける。
　(C) 新社長が発表される。
　(D) 賞が授与される。

解答 正解(D)　設問のmost likelyは「おそらく」という意味。I would ask that all of you stand as I present Dominic Trout with this year's Salesperson-of-the-Year Award.から賞が授与されることがわかるので、正解は(D)。

Questions 4-6

スクリプト CD53 及びスクリプトの訳と解答

Questions 4 through 6 refer to the following speech.

I don't think there is a man or woman at the company that does not know the face of Graham Rhodes. For the last eighteen years, Graham has been working in Accounting. Despite having his own taskforce of capable accountants, he never hesitated to help out during the busy periods. In his last ten years as section chief, he did such an excellent job that the company was able to avoid a tax audit for nine consecutive years. From today, we say farewell to Graham and thank him for the excellent work he has done for us. Although he was always a man committed to his job, we know he will enjoy many happy years of retirement with his wife Alice, his children Jacob, Samantha and Phillip, and his many wonderful grandchildren. I'm sure I speak for everyone when I wish you the best of luck in all your endeavors, Graham. To finish I'd like to propose a toast: To Graham!

訳

社内でグラーム・ローズ氏の顔をご存知ない方はおそらくいないでしょう。18年間グラームは経理で勤務してきました。有能な会計士からなるプロジェクトチームのリーダーではありましたが、他部署にも、繁忙期には躊躇することなく援助をおくってきました。最後の10年間、彼は課長として非常に素晴らしい仕事をし、おかげで我が社も9年もの間ずっと国税監査を受けることなく過ごすことができました。本日私たちはグラームにお別れを言い、私たちのためにやり遂げてきた素晴らしい仕事に感謝したいと思います。グラームはいつも仕事に専念してきた人でしたが、退職後は、奥様のアリス、ご子息ご令嬢たち――ジェイコブ君、サマンサさん、フィリップ君や、たくさんのお孫さんたちと一緒に楽しい人生を送られることでしょう。皆さんに代わって、私からグラームのこれからの人生に幸運をお祈りしたいと思います。最後に皆で乾杯をしたいと思います。グラームに乾杯！

設問の訳と解答

4. **訳** グラーム・ローズはどうすることになっていますか。
(A) 再雇用される
(B) 転勤する
(C) 定年退職する
(D) 新しい部署を開設する

解答 **正解(C)** はじめにグラーム・ローズの経歴を説明した後で、From today, we say farewell to Graham and thank him for the excellent work he has done for us.と言っていることから、グラーム・ローズは定年退職することがわかります。正解は(C)。(A)のrehireは「再雇用する」、(B)のtransferは「転勤する」という意味。

5. **訳** 彼のとりわけ素晴らしい業績はどんなことですか。
(A) 定年退職後も会社に勤めてほしいと要請された。
(B) 彼は18年間経理部のトップだった。
(C) 彼のおかげで税金に関する問題を起こさずに済んだ。
(D) 彼は10年間自分の課で売上げを伸ばし続けた。

解答 **正解(C)** 設問のachievementは「業績」という意味。In his last ten years as section chief, he did such an excellent job that the company was able to avoid a tax audit for nine consecutive years.から、国税監査を受けることがなかったことに言及しているので、(C)が正解。avoidは「避ける」、auditは「会計監査」という意味。勤続年数は18年ですが、その間ずっと経理部のトップだったとは言っておらず、(B)は間違い。グラーム・ローズは会計士なので、(D)も誤り。

6. **訳** グラーム・ローズはこれからどうしますか。
(A) 国税監査に備える
(B) 家族と共に過ごす
(C) 経理部を統括する
(D) 起業する

解答 **正解(B)** 退職後についてはwe know he will enjoy many happy years of retirement with his wife Alice...と言っており、家族と過ごすことがわかります。(B)が正解。(C)のrunは「運営・管理する」、(D)のset upは「設立する・創立する」という意味。

3. 会議・講演・実演販売などでのトーク

> **ここがポイント！**
> 会議・セミナー・講演・実演販売など、さまざまな場所でのトークも出題されます。会議などでは主催者側からのスケジュール変更の連絡、講演では講演者の経歴の紹介などが取り上げられます。Welcome to...や I'd like to welcome you to...などで始まる文は、話されている場所のヒントになるので聞き逃さないこと。製品の実演販売では実演している様子がイメージできるかどうかが鍵です。

★Exercise 14   CD1 54 ~ CD1 55

英文を聞いて、該当する設問に答えてください。

CD1 54

1. What is Rosalie Martinez' job?
   (A) She designs cooking equipment.
   (B) She promotes products via demonstrations.
   (C) She is a professional chef.
   (D) She presents a cooking show on television.

2. What does Rosalie Martinez say about barbequing?
   (A) Most people like it but are not necessarily good at it.
   (B) It is unhealthy to eat meat that is charred.
   (C) It is best done using ginger and olive oil.
   (D) It is something best left to professionals.

3. What is Rosalie Martinez about to do now?
   (A) Put a T-bone steak on the grill
   (B) Cut up meat with a knife that comes with the Kitchen Supreme barbeque pack
   (C) Check on the steak that's cooking on the grill
   (D) Distribute recipe books

4. What is the role of the speaker in today's proceedings?
 (A) He is giving the first lecture.
 (B) He has come to specially talk about Dr. Swan.
 (C) He will introduce the lecturers.
 (D) He is an observer from Harvard Business School.

5. What does the speaker say about Dr. Swan?
 (A) He has worked at various universities.
 (B) He has experience editing a publication.
 (C) He contributes articles exclusively to the Southern Economic Review.
 (D) He has an innovative business mind with unique ideas.

6. What does the first lecture appear to be about?
 (A) Business theory
 (B) Business journals
 (C) Changing university business course curricula
 (D) Academic life at Harvard Business School

Questions 1-3

スクリプト CD54 及びスクリプトの訳と解答 （CD1 54）

Questions 1 through 3 refer to the following talk.

Hi everyone! I'm Rosalie Martinez and I work for Kitchen Supreme, the company making your work in the kitchen easy and fun! Today I'm here to cook up some tasty morsels using Kitchen Supreme's all-new barbeque pack! Now everyone loves a barbeque, but not all people know how to cook with one. If you're like me, you've eaten barbequed meat that's black on the outside, and red in the middle. Yuck! Right now, I'm going to prepare some barbequing favorites and show you just how easy it can be. The barbeque pack comes with a changeable grill and hotplate. That way you can choose whether or not to char your meat. Take this delicious T-bone steak for instance. I'm marinating it with ginger and olive oil, using the marinate brush that comes with the barbeque pack. Watch as I move it over to the grill and, mmm, listen to it sizzle! Doesn't it sound great? The barbeque pack also includes a cutting board, medium and large-sized kitchen knives, along with a recipe book full of great barbequing ideas. You get all this for the low price of $88.90! But don't decide right away; let's first go back and check on our T-bone steak!

訳

みなさん、こんにちは。私はロザリー・マルチネスと申します。皆さんの台所仕事を「楽にかつ愉しく」をモットーにしている会社、キッチンシュプリームで仕事をしています。本日はキッチンシュプリームの新製品バーベキューパックを使って、ちょっとしたご馳走を作ってみたいと思います。皆さんバーベキューは大好きだとおっしゃいますが、そうした皆さんでも、グリルを使ったちゃんとしたバーベキューの料理法を知っているかというと、そうでもない方もいらっしゃるようです。外側が焦げていて中は焼けていなかった肉を食べてしまったなんて経験、私だけでなく皆さんにもあるでしょう。そんなお肉はご免ですね。そこでこれから、皆さんの大好物のバーベキューをご用意し、どんなに簡単にできるかをご覧に入れたいと思います。バーベキューパックにはグリルにもホットプレートにもなる付属品が付いています。これなら肉を黒焦げにしなくてすみます。さあ、このおいしそうなTボーンステーキ。これにショウガとオリーブオイルをつけていきます。これにはバーベキューパックに付属のマリネ用ハケを使います。そしてグリルの上に置きますよ…、ほーら、このジュージューいう音をお聞きくださいな。おいしそうでしょう。このバーベキューパックにはまな板、大・中2本の包丁、そしておいしいバーベキュー料理のアイディアがいっぱい詰まったレシピブックまで付いています。すべてまとめて、なんと$88.90、大変お安くなっています！　でも今すぐお決めにならなくても結構ですよ。まずはTボーンステーキの焼け具合を見てみましょう。

設問の訳と解答

1. **訳** ロザリー・マルチネスは何を仕事にしていますか。
(A) 調理器具を設計する。
(B) 実演を交えて製品を販売促進する。
(C) プロのシェフである。
(D) テレビの料理番組に出演する。

解答 **正解(B)** via demonstrationは「実演によって」の意。Today I'm here to cook up some tasty morsels using Kitchen Supreme's all-new barbeque pack !と言った後に、barbeque packを使ってその宣伝をしながらステーキを焼き始めていることから、barbeque packの実演販売だとわかります。正解は(B)。(A)のdesignは「設計する」、equipmentは「装置、器具」という意味。

2. **訳** ロザリー・マルチネスはバーベキューについて何と言っていますか。
(A) 大方の人はバーベキューが好きだが、必ずしもバーベキューの作り方がうまいとはいえない。
(B) 焦げた肉を食べるのは健康に良くない。
(C) ショウガとオリーブオイルを使うと最高の出来になる。
(D) プロに任せるのが一番だ。

解答 **正解(A)** Now everyone loves a barbeque, but not all people know how to cook with one.と、バーベキューは皆好きだけれど、作り方を知らない人が多いと言っています。not necessarilyは「必ずしも〜でない」という意味。(A)が正解。(B)のcharは「焦がす」、(D)のleaveはleave A to B(人)で「AをBに任せる」という意味。

3. **訳** ロザリー・マルチネスはこれから何をしようとしていますか。
(A) グリルにTボーンステーキを置く
(B) キッチンシュプリームバーベキューパックに付いている包丁で肉を切る
(C) グリルで焼いているステーキの焼き加減をチェックする
(D) レシピブックを配る

解答 **正解(C)** 設問のbe about to+動詞の原形は「これから〜しようとする」の意。最後にlet's first go back and check on our T-bone steak!と言ってステーキの焼き加減を見ようとしているので、(C)が正解。(D)のdistributeは「配布する」という意味。

Questions 4-6

スクリプト CD55 及びスクリプトの訳と解答

Questions 4 through 6 refer to the following speech.

Ladies and gentlemen, it is my absolute pleasure to welcome you here in the lovely Ross Daniels Conference Center. My name is Marcus Nelson and I'll be introducing the guest speakers throughout the day. Please allow me to give you some background information on our first distinguished speaker, Dr. Paul Swan. Dr. Swan attended Harvard Business School, where he stayed on to become a tutor, eventually becoming a resident scholar. His first book, "Business Theory in the Changing Global Economy," published in 2002, became a highly celebrated resource for many experienced businesspeople and found itself on the reading list of university business courses throughout the world. In 2004, Dr. Swan became a chief editor for the Southern Economic Review, where he helped a number of innovative business minds present their unique ideas. Today he is with us for a talk entitled, "Applying Business Theories Where No Previous Theories Exist." Would you please join me in welcoming Dr. Paul Swan?

訳

ご出席の皆様、この素晴らしいロス・ダニエルズ・コンフェレンスセンターに皆様をお迎えできることを、心から嬉しく思います。私はマーカス・ネルソンと申します。本日のゲストスピーカーの紹介をさせていただきます。まずは最初の講演者、ポール・スワン博士のプロフィールをご紹介させていただきます。スワン博士はハーバードビジネススクールを卒業後、同校の講師を経て研究職に就かれました。博士の最初の著書『変化する世界経済のビジネス理論』は2002年に出版され、多くのベテランクラスのビジネスマンにも大いに拠り所となる書として大変な高評を博し、世界中の多くの大学のビジネスコースにおける推薦図書リストに加えられることとなりました。また2004年にはサザン・エコノミック・レビュー誌のチーフ編集者に就任、先鋭的なビジネスマインドを持った人々がその独創的な考えを発表する場を提供、サポートされてきました。本日お越しいただいたスワン博士には「理論なきところに適用するビジネス理論」というタイトルで講演をしていただきます。では皆さん、スワン博士をどうぞ拍手でお迎えください。

設問の訳と解答

4. 🗾 今日のプログラム進行の中で話し手の役割は何ですか。
(A) 最初の講演をする。
(B) スワン博士を紹介するために特別に来た。
(C) 講演者を紹介する。
(D) ハーバードビジネススクールから来たオブザーバーである。

解答 正解(C) 設問のroleは「役割」、proceedingsは「進行」という意味。話し手の役割はI'll be introducing the guest speakers throughout the dayから、その日のゲストスピーカーを紹介することだとわかるので、(C)が正解。スワン博士だけを紹介するわけではないので(B)は間違い。

5. 🗾 話し手はスワン博士について何と言っていますか。
(A) さまざまな大学で勤務してきた。
(B) 出版物の編集経験がある。
(C) サザン・エコノミックレビュー誌にのみ記事を寄稿している。
(D) 独自の考えと革新的なビジネスマインドを持っている。

解答 正解(B) Dr. Swan became a chief editor for the Southern Economic Reviewから編集の経験があるとわかるので、(B)が正解。(A)のvariousは「さまざまな」という意味。Dr. Swan attended Harvard Business School…の文からハーバードビジネススクールにずっと籍を置いていたことがわかるので、(A)は間違い。(C)のcontributeは「寄稿する」、exclusivelyは「〜のみに」という意味。スワン博士は編集者であって、記事を寄稿しているわけではないので、(C)も間違い。また、he helped a number of innovative business minds present their unique ideasから、スワン博士は革新的な考え方を持った人々に発表の場を提供してきた人物とわかるので、(D)も間違い。

6. 🗾 最初の講演の演題はどういったことのようですか。
(A) ビジネス理論
(B) ビジネス雑誌
(C) 変化する大学のビジネスコースのカリキュラム
(D) ハーバードビジネススクールでの研究生活

解答 正解(A) 設問のappearは「〜のように思える」の意。講演のタイトルは"Applying Business Theories Where No Previous Theories Exist"なので、ビジネス理論についての講演だとわかります。正解は(A)。(B)のjournalは「定期刊行物、(学術団体などの)機関紙」という意味。

4. ラジオ番組

ここがポイント！

ラジオ放送の一部が出題されます。ニュース番組、情報提供番組、番組紹介などです。冒頭で問題番号と共に、radio announcementあるいはradio broadcastと読まれるので、予めラジオ放送だと判断して聞くことができます。どんな番組なのかを示すヒントになる文が最初に出てきますから、必ず聞き取り、そのヒントに沿って内容を予想しながら聞いてください。

★Exercise 15 CD1 56 ～ CD1 57

英文を聞いて、該当する設問に答えてください。

CD1 56

1. What kind of bill did the Highgate City Council pass?
   (A) One to put a ban on the use of bicycles on sidewalks
   (B) One to help manage traffic congestion
   (C) One to regulate a form of advertising
   (D) One to regulate opening hours for retail outlets

2. How is the business community reacting to the decision?
   (A) They all approve of it.
   (B) They are all against it.
   (C) All of them support it except for a few shop owners.
   (D) They are mostly opposed to it, but some of them are indifferent.

3. What will happen to those who violate the decision from July?
   (A) They will be fined.
   (B) They will be put in jail.
   (C) Their retailing licenses will be suspended.
   (D) They will be given parking tickets.

4. What is being presented?
   (A) Information related to program scheduling
   (B) Various news and information about Asia
   (C) A segment with commentary on local gossip
   (D) The viewing schedule of a news cable television station

5. What does the show "The Morning Update" include?
   (A) Opportunities for people to call in and express their views
   (B) Local as well as international news
   (C) Interviews with famous celebrities
   (D) Information on the world's economies

6. What broadcast will continue right after this announcement?
   (A) The Morning Update
   (B) The Global Business Hour
   (C) The Day in Review
   (D) Far East News

Questions 1-3

スクリプト CD56 及びスクリプトの訳と解答　CD1-56

Questions 1 through 3 refer to the following radio broadcast.

In local news the Highgate City Council passed a new ordinance today restricting the use of billboards on footpaths. The rule was put into effect after several pedestrians and a number of cyclists were injured because of billboards that obstructed the regular flow of sidewalk traffic. The business community has labeled the ordinance as damaging, but several store owners don't appear to be concerned as billboards have long been considered an unsophisticated form of advertising in Highgate City. Safety awareness groups have praised the decision, especially in light of a recent accident involving a Highgate pensioner and a cyclist. Companies found to be in violation of the ordinance will initially be asked to remove their billboards, but from July, harsh fines will be issued to companies that choose to ignore the ordinance.

訳

ではローカルニュースです。ハイゲイト市議会は、歩道の看板広告の使用を規制する新しい条例を可決しました。この条例の発布には、看板広告が歩道の通行人の流れを阻害し、歩行者と自転車走行者にけが人まで出たという経緯があります。地元企業はこの条例は不利益をもたらすと考えていますが、ハイゲイト市内では、看板広告はセンスのない広告形態だともとより考えていた商店主もおり、そうした者たちは、今回の条例発布には無関心のようです。地元の安全に対する意識の高い団体は、特にハイゲイトに住む年金生活者と自転車走行者との間で起こった最近の事故を考慮し、この決定を賞賛しています。当初は、条例違反が判明した会社には看板広告の撤去要請のみですが、7月以降は、条例を無視した会社には厳しい罰金が科せられます。

設問の訳と解答

1. 訳　ハイゲイト市議会はどのような議案を可決しましたか。
(A) 歩道での自転車走行を禁止する議案
(B) 交通渋滞を緩和させる議案
(C) ある広告形態を規制する議案
(D) 小売店の営業時間を規制する議案

解答 正解(C)　設問のbillは「法案、議案」、city councilは「市議会」、passは「(法案などを)可決する、承認する」という意味。the Highgate City

Council passed a new ordinance today restricting the use of billboards on footpathsから歩道の看板広告の使用規制だとわかるので、正解は(C)。ordinanceは「条例」、restrict、regulateは「規制する」、billboardは「看板広告」、footpathは「歩道」という意味。(A)のbanは「禁止(する)」、sidewalkは「歩道」、(B)のtraffic congestionは「交通渋滞」、(D)のretail outletは「小売店」という意味。

2. **訳** 地元企業はこの決定にどのような反応を示していますか。
(A) 皆良いことだと思っている。
(B) 皆反対している。
(C) 2、3の企業を除いては支持している。
(D) ほとんどが反対しているが、無関心な企業もある。

解答 **正解(D)** 設問のreact toは「〜に反応する」という意味。The business community has labeled the ordinance as damaging, but several store owners don't appear to be concerned as billboards have long been considered an unsophisticated form of advertising in Highgate City.から、大方は自分たちに不利益をもたらすと考えていますが、決定に無関心な店主等もいることがわかります。正解は(D)。 be opposed toは「〜に反対している」、indifferentは「無関心な」という意味。(A)のapprove ofは「〜を良いことと考える」、(B)のagainstは「〜に反対して」という意味。

3. **訳** 7月以降この決定に違反したらどうなりますか。
(A) 罰金を科される。
(B) 刑務所に入れられる。
(C) 小売業の免許を一時停止される。
(D) 駐車違反の切符を切られる。

解答 **正解(A)** 設問のthose who…のthoseは関係代名詞whoを伴って「人々」という意味で使います。violateは「(法)を犯す、〜に違反する」という意味。from July, harsh fines will be issued to companies that choose to ignore the ordinanceから、罰金を科されることがわかります。harshは「厳しい」、fineは「罰金(を科す)」、issueは「発行する」、ignoreは「無視する」という意味。正解は(A)。(B)のjailは「刑務所」、(C)のsuspendは「一時停止する」、(D)のparking ticketは「駐車違反の切符」という意味。

Questions 4-6

スクリプト CD57 及びスクリプトの訳と解答　[CD1 57]

Questions 4 through 6 refer to the following radio announcement.

It's ten o'clock and I'm your host Terry Greenwall for today's edition of "Far East News," the show that brings you up-to-date on the latest in Asia, including news, business, sport, and current affairs. We've got a lot to talk about on today's show, but before that let me tell you a bit about some of the other programs you can listen to right here on 6XR News Radio. Our weekday morning and afternoon schedules are always the same. From seven to nine each morning, Jessica Huber and Daniel Banks are with you for "The Morning Update," discussing the latest news at home and the big stories making news abroad. From nine you can listen to "The Global Business Hour" with Frank Larsen who gives you the lowdown on what's happening business-wise around the world. While you're on your way home from work, you can listen to "The Day in Review," which recaps all the day's top news headlines. But for now, stay tuned for "Far East News," with me, your host, Terry Greenwall.

訳

10時になりました。本日「Far East News」をお送りいたしますのは私、テリー・グリーンウォールです。Far East Newsではニュース、ビジネス、スポーツ、そして時事問題に関するアジアの最新情報をお届けします。本日の番組もたっぷり情報を盛り込んでお送りいたしますが、その前に、当6XR News Radioの番組について、ほかにもちょっとご紹介しておきましょう。平日は午前・午後ともいつも同じ番組です。朝7時から9時まではジェシカ・ヒューバーとダニエル・バンクスが、「The Morning Update」をお届けします。最新の国内ニュースと海外で話題を集めているニュースを取りあげます。9時からはフランク・ラーセンの「The Global Business Hour」。世界各地の注目すべきビジネス情報をお伝えいたします。皆さんが帰宅される頃には「The Day in Review」で、その日のトップニュースをまとめてお聞きになることができます。が、今は何より、私、テリー・グリーンウォールの「Far East News」をどうぞ、お楽しみください。

設問の訳と解答

4. 訳　何を放送していますか。
(A) 番組スケジュールに関する情報
(B) アジアに関するさまざまなニュースと情報
(C) 地元のゴシップについてコメントするコーナー
(D) ケーブルテレビニュース局の番組スケジュール

解答 **正解(A)**　話し手はFar East Newsのホストで、番組が始まる前にlet me tell you a bit about some of the other programs you can listen to right here on 6XR News Radioと言って、同ラジオ局の他の番組の紹介をしています。正解は(A)。(C)のsegmentは「(テレビニュースなどのコマーシャルで区切られた)コマ」という意味。

5. 訳　「The Morning Update」という番組にはどんな内容が盛り込まれていますか。
(A) 視聴者が電話をして意見を発表できる機会
(B) 海外及び国内のニュース
(C) 有名人のインタビュー
(D) 世界経済に関する情報

解答 **正解(B)**　"The Morning Update," discussing the latest news at home and the big stories making news abroadと、国内外のニュースを扱う番組だと説明しているので、(B)が正解。(A)のopportunityは「機会」、express one's viewは「自分の意見を言う」、(C)のcelebrityは「有名人」という意味。

6. 訳　このアナウンスのすぐ後に続く番組はどれですか。
(A) The Morning Update（朝の最新情報）
(B) The Global Business Hour（グローバル・ビジネスアワー）
(C) The Day in Review（1日を振り返って）
(D) Far East News（極東ニュース）

解答 **正解(D)**　設問のright afterは「～した後すぐに」、continueは「続く」という意味。最後にBut for now, stay tuned for "Far East News"と言っているので、正解は(D)。

基礎固め編
リーディング1
Building Basic Grammar Knowledge

文法・語彙問題を
解く力を養う！

リーディングセクション1

PART 5　短文穴埋め問題

その❶　文法を強化しよう！

　TOEICの文法問題に出題される7つの項目を、頻度の高い順に取りあげました。文法問題は短時間で正解が確実に出せる問題です。各々の文法項目の知識をここで整理しておきましょう。

1. 品詞の区別

ここがポイント！

品詞の区別は、10問以上出題される最も頻度の高い文法項目です。解答のコツを身につければ、10秒以内で答えが出せます。空欄の前後から空欄に入る品詞を見極めて解答しましょう。接尾辞の知識は品詞の判断には不可欠です。

★Exercise 1

空欄に最も適している語句を選んでください。

1. With the world population expected to ------ nine billion by 2050, social issues may become even more important for business.
　　(A) excess　(B) exceed　(C) excessive　(D) excessively

2. The price of cigarettes has risen ------ due to an increase in the tax on tobacco.
　　(A) great　(B) greater　(C) greatly　(D) greatness

解答と設問の訳

1. 　解答　正解(B)　空欄はto不定詞の箇所なので、動詞の原形が必要。**(B) exceed**「〜を超える」が正解。(A)は名詞で「超過」、(C)は形容詞で「過度の」、(D)は副詞で「過度に」という意味。
　訳　2050年までに世界人口が90億を超えると予想されているなか、ビジネスを考える上で社会問題がより一層重要になるかもしれない。

2. 　解答　正解(C)　空欄には動詞risenを修飾する副詞が必要。**(C) greatly**「非常に」が正解。(A)は形容詞で「偉大な」、(B)はgreatの比較級、(D)は名詞で「偉大」という意味。
　訳　タバコ税の上昇のため紙巻タバコの値段が非常に上がった。

(1)形容詞と副詞を区別しよう

形容詞と副詞の区別が紛らわしいので、ここで明確にしておきましょう。それぞれがどの品詞を修飾するのかに注目します。

①形容詞は名詞を修飾

She speaks **perfect** English.
　　　　　形容詞+名詞
　　　　　　　　　　　　　　　　（彼女は完璧な英語を話す。）

There was a **sudden** fall in sales in June.
　　　　　　形容詞+名詞
　　　　　　　　　　　　　　　　（売上げが6月に突然落ちた。）

②副詞は名詞以外（=動詞、形容詞、副詞）を修飾

【動詞を修飾】

She **speaks** English **perfectly**.
　　　動詞　　　　　　副詞
　　　　　　　　　　　　　　　　（彼女は完璧な英語を話す。）

Sales **fell suddenly** in June.
　　　動詞+副詞
　　　　　　　　　　　　　　　　（売上げが6月に突然落ちた。）

They **finally agreed** to our proposal.
　　　副詞+動詞

　　　　　　　　　　（我々の提案に彼らはようやく全面的に賛成した。）

【形容詞（過去分詞も含む）を修飾】

The data is **easily available**.
　　　　　　副詞+形容詞
　　　　　　　　　　　　　　　（データはすぐに手に入る。）

Advertising is a **highly competitive** business.
　　　　　　　　　副詞+形容詞

　　　　　　　　　　　（広告業は非常に競争の激しいビジネスだ。）

He has an MBA, so he is **well qualified** for the post.
　　　　　　　　　　　　　副詞+過去分詞

　　　　　　　（彼はMBAを取得しているのでそのポストに適任だ。）

【別の副詞を修飾】

She does her job **extremely well**.
　　　　　　　　　副詞+副詞　　　（彼女は大変よく仕事をしてくれる。）

Betty learned Spanish **incredibly quickly**.
　　　　　　　　　　　副詞+副詞

　　　　　（ベティーは信じられない速さでスペイン語を習得した。）

(2)接尾辞で品詞を判別しよう

単語の最後の部分(接尾辞)で品詞の判別ができます。すべての単語に適用できるわけではありませんが、品詞判別の目安になります。

【動詞をつくる接尾辞】

動詞をつくる接尾辞は以下の通りです。

接尾辞	例
-ate	appreci**ate**（感謝する、評価する）　concentr**ate**（集中する）
-en	length**en**（物、時間などを長くする）　strength**en**（強化する）
-ify -fy	not**ify**（知らせる）　satis**fy**（満足させる）
-ize	apolog**ize**（謝罪する）　public**ize**（宣伝する）

We **appreciated** his help when we moved house.
　　　　（引越しのとき彼が手伝ってくれたことに、私たちは感謝した。）
We were **notified** of the shipment's arrival.
　　　　　　　　（私たちは荷物が到着したと連絡を受けた。）

【名詞をつくる接尾辞】

名詞をつくる接尾辞は以下の通りです。

接尾辞	例
-ance	assist**ance**（援助）　perform**ance**（実行、公演）
-ence -ency	conveni**ence**（好都合、便利）　effici**ency**（効率）
-sion -tion	deci**sion**（決定）　negotia**tion**（交渉）
-ity -ty	author**ity**（権威、権限）　liber**ty**（自由）
-ment	agree**ment**（合意、契約書）　develop**ment**（発展、発達）
-ness	great**ness**（偉大）　happi**ness**（幸福）
-er -or	consum**er**（消費者）　visit**or**（来客）

The contract is still under **negotiation**.
　　　　　　　　　　　　（契約はまだ交渉中だ。）
He doesn't have the necessary **authority** to make this kind of **decision**.
　　　　（彼にはこの種の決定をするのに相応の権限はない。）

【形容詞をつくる接尾辞】

形容詞をつくる接尾辞は以下の通りです。

接尾辞	例	
-able　-ible	reli**able**（信用できる）	respons**ible**（責任のある）
-al	annu**al**（1年の、年1回の）	commerci**al**（商業の）
-ful	care**ful**（注意深い）	success**ful**（成功した）
-ic	drast**ic**（徹底的な）	strateg**ic**（戦略上の）
-ive	competit**ive**（競争力のある）	defect**ive**（欠陥のある）
-less	care**less**（不注意な）	use**less**（役に立たない）
-ous	unanim**ous**（全員一致の）	vari**ous**（種類がさまざまな）

注）次の単語は -al、-iveで終わっていますが、名詞です。
　　approv**al**（承認）　representat**ive**（代表者）　alternat**ive**（二者択一）

The figures are revised on an **annual** basis.
（数字は毎年修正される。）

There was a **unanimous** vote against the proposal.
（その提案に全員一致で反対票を投じた。）

【副詞をつくる接尾辞】

副詞はたいてい形容詞に-lyをつけた形です。ただし、形容詞goodの副詞はwellです。

接尾辞	例
-ly	definite**ly**（確実に）　original**ly**（もとは、本来は）

The meeting was **originally** scheduled for 3:00 on Monday, but it was canceled.
（ミーティングは当初月曜日の3時に予定されていたが、中止になった。）

ERROR EXAMPLES

TOEICで問われるポイント確認をします。
正を隠して誤の間違いを探してみましょう。

1. 誤 They tentative suggested Thursday, May 20, as the date for our next meeting.
   正 They **tentatively** suggested Thursday, May 20, as the date for our next meeting.
   （彼らは次のミーティングを5月20日木曜日にしてはどうかと提案してきた。）

2. 誤 Rebecca has been busy interviewing ten job applications today.
   正 Rebecca has been busy interviewing ten job **applicants** today.
   （レベッカは今日10人の就職面接をして忙しかった。）

3. 誤 There has been a significantly improvement in the economy.
   正 There has been a **significant** improvement in the economy.
   （経済にかなりの回復が見られる。）

4. 誤 They are currently negotiation with the bank for a loan.
   正 They are currently **negotiating** with the bank for a loan.
   （彼らは現在、銀行にローンの交渉をしている。）

5. 誤 Sam final came up with a successful ad campaign after many futile attempts.
   正 Sam **finally** came up with a successful ad campaign after many futile attempts.
   （サムは広告キャンペーンで幾度もの失敗の後、やっと成功した。）

6. 誤 My parents' house is convenient situated in a quiet suburb.
   正 My parents' house is **conveniently** situated in a quiet suburb.
   （両親の家は静かな郊外の便利な場所にある。）

7. 誤 Mr. Green made a dramatic recover after the operation.
   正 Mr. Green made a dramatic **recovery** after the operation.
   （グリーン氏は手術後、劇的な回復を遂げた。）

8. 誤 The company has been concentrating on improving its productive.
   正 The company has been concentrating on improving its **productivity.**
   （会社は生産性を向上させることに精力を傾けている。）

9. 誤 Jack is an outstanding golfer and reasonable good tennis player.
   正 Jack is an outstanding golfer and **reasonably** good tennis player.
   （ジャックのゴルフの腕前は非常に素晴らしいし、テニスもなかなかの腕前だ。）

2. 動詞の形

> **ここがポイント！**
> 動詞の形では、原形、過去分詞、現在分詞（動詞の原形+-ing）の区別や、受動態と能動態の判別が出題されます。品詞の区別を問う問題と同様、動詞の形を問う問題も、設問の文全体の意味をとらずに答えられる問題です。

★Exercise 2

空欄に最も適している語句を選んでください。

1. Our sales manager has finally ----- the furniture he wants for his new office.
　　(A) choose　(B) chose　(C) chosen　(D) choosing

2. If the article ------ to the editor by April 10, it can be published in the May issue of the magazine.
　　(A) submit　(B) submits　(C) is submitting　(D) is submitted

解答と設問の訳

1. **解答　正解(C)**　動詞の前にhasがあるので現在完了形（have／has＋過去分詞）の文。hasの後には過去分詞が必要。**(C) chosen**が正解。動詞choose「選ぶ」はchoose-chose-chosenと変化します。
　訳　営業部のマネージャーは、自分のオフィス用に気に入った家具をようやく見つけることができた。

2. **解答　正解(D)**　主語articleと動詞submitの意味関係を見ます。「記事は提出される」と受動態（be動詞＋過去分詞）が必要なので、**(D) is submitted**「提出される」が正解。
　訳　4月10日までに編集者に記事を提出すれば、5月号の雑誌に掲載されます。

(1) さまざまな動詞の形を整理しよう

　動詞は時制などによって、原形、過去形、過去分詞、現在分詞（動詞の原形＋-ing）を使い分けます。進行形は「be動詞＋現在分詞（動詞の原形＋-ing）」、現在完了形は「have/has＋過去分詞」、過去完了形は「had＋過去分詞」、助動詞の後には通常、原形を使います。

【現在進行形】
　At the moment we **are trying** to set up an office in Paris.
　　　　　　　　　（現在我々はパリにオフィスを開設しようとしている。）

【現在完了形】
　We **have opened** ten new stores since July.
　　　　　　　　　（我々は7月から現在まで10店舗オープンさせた。）

【現在完了進行形】
　Farmers' Products **has been trying** to sell their food distribution division.
　　（ファーマーズ・プロダクツは食料流通部門を売却しようとしている。）

【助動詞＋原形】
　Ms. Gardner asked me when the new product **would be** ready.
　　　　　　　（ガードナー氏からいつ新製品が用意できるのか尋ねられた。）
　Michael **couldn't find** a suitable job in his own country.
　　　（マイケルは自分の国で自分に合う仕事を見つけることができなかった。）
　注）助動詞の後に「have＋過去分詞」を使うときもありますが、文法問題で出題されることは非常に少ないので、説明を省きました。

(2) 能動態と受動態を区別しよう

　「～される」という意味の受動態は「be動詞＋過去分詞」で表します。能動態か受動態かは主語と動詞の意味関係で決まります。次の文は「グレイ氏が経理部を統括している」という状況を能動態と受動態で表しています。

【能動態】　　Mr. Gray **runs** the Accounting Department.
【受動態】　　The Accounting Department **is run** by Mr. Gray.
　　　　　　　　　　　　　　be動詞＋過去分詞

　The conference **was held** at the city's convention center last month.
　　　　　（その会議は先月、市のコンベンションセンターで開かれた。）
　The bus drivers' strike **is expected** to end soon.
　　　　　（バスの運転手のストライキはまもなく終わると予想されている。）

ERROR EXAMPLES

TOEICで問われるポイント確認をします。
正を隠して誤の間違いを探してみましょう。

1. 誤 This year Ms. Rose is organized the conference instead of Mr. Bell.
正 This year Ms. Rose is **organizing** the conference instead of Mr. Bell.
（今年はベル氏の代わりにローズ氏が会議の企画運営をしている。）

2. 誤 This month we have receive a lot of complaints about late deliveries.
正 This month we have **received** a lot of complaints about late deliveries.
（今月は配送が遅れたというクレームをたくさん受けた。）

3. 誤 The contract must sign by all the members of the board.
正 The contract must **be signed** by all the members of the board.
（その契約には役員全員のサインが必要だ。）

4. 誤 Ms. Hall said that she would accepted my job offer.
正 Ms. Hall said that she would **accept** my job offer.
（ホール氏が私の仕事のオファーを受けると言ってくれた。）

5. 誤 At the moment the government is unpopular because it has increase taxes.
正 At the moment the government is unpopular because it has **increased** taxes.
（現在政府が不人気なのは増税したからだ。）

6. 誤 Most of the senior managers were dismiss after the takeover.
正 Most of the senior managers **were dismissed** after the takeover.
（会社が買収された後、上級管理職のほとんどが解雇された。）

7. 誤 The office manager promises that I will getting a raise next year.
正 The office manager promises that I will **get** a raise next year.
（所長は私に来年の昇給を約束してくれている。）

8. 誤 This dishwasher is designing to wash and sterilize your dishes.
正 This dishwasher is **designed** to wash and sterilize your dishes.
（この自動食器洗い機は、食器の洗浄と殺菌用に設計されている。）

3. 前置詞

> **ここがポイント！**
>
> 前置詞固有の意味を問う問題と、他の語句とペアで使う慣用表現を問う問題が出題されます。単語を覚えるときには、一緒に使われる前置詞もペアで覚える習慣をつけましょう。なお、前置詞の問題は完全に知識の問題なので、自分の知らない表現の問題に時間をかけるのは無駄です。適当に解答して次の問題に進みましょう。

★Exercise 3

空欄に最も適している語句を選んでください。

1. Because of the recession, many businesses have made little capital investment ------ the last couple of years.
   (A) at   (B) over   (C) with   (D) while

2. All arrangements should be made prior ------ your departure.
   (A) at   (B) for   (C) in   (D) to

解答と設問の訳

1. **解答** 正解(B)　「ここ数年間」と期間を表す前置詞 **(B) over** が正解。
   訳　景気後退のため、ここ数年多くの会社は設備投資をほとんどしていない。

2. **解答** 正解(D)　prior to「～の前に」という表現を知っているかどうかの問題。**(D) to** が正解。
   訳　出発前にすべての手配をしておいたほうがいいです。

(1) 前置詞の意味を押さえよう

重要な前置詞をまとめました。それぞれの意味を整理して覚えましょう。

【by （動作が完了すべき期限を表して）～までに】

I have to submit the sales report **by** Monday.
（月曜日までに営業報告書を提出しなければならない。）

【until （動作や状態がそのときまで継続していることを表して）～まで】

I have to work **until** eight tonight.
（今夜は8時まで仕事をしなければならない。）

【for / over （期間を表して）～の間】

Inter-City Bank has had an office in Seoul **for** seven years.
（インターシティーバンクはソウルにオフィスを開いてから7年経つ。）
America's average rate of savings has dropped **over** the past two years.
（アメリカの平均貯蓄率は過去2年間で減少した。）

【by （動作を表す人を表して）～によって】

The new museum was designed **by** an internationally renowned architect.
（その新しい美術館は国際的に名声のある建築家によって設計された。）

【despite (= in spite of) ～にもかかわらず】

We arrived in time for the meeting **despite** the heavy traffic.
（道路が混んでいたにもかかわらず、ミーティングに間に合う時刻に到着した。）

【including ～を含んで】

Late submissions will not be accepted for any reason, **including** illness.
（病気を含めどんな理由があっても、提出期限に遅れたら受け付けません。）

【except ～を除いて】

Our company's sales are rising in all markets **except** North America.
（会社の売上げは北米を除いたすべての市場で伸びている。）

(2)単語とセットで使う前置詞を押さえよう

単語とセットで使う前置詞が問われます。以下はTOEICに出題される表現の一例です。

【動詞と前置詞】

depend on the advertising budget　　　　　　（広告予算次第だ）
be **exposed to** the virus　　　　　　　　　　（ウイルスに感染する）

【名詞と前置詞】

in advance of your departure　　　　　　　　（出発前に）
on a regular **basis**　　　　　　　　　　　　（定期的に）
on behalf of our company　　　　　　　　　（会社を代表して）
in the case of an emergency　　　　　　　　（緊急の場合）
at your **convenience**　　　　　　　　　　（あなたの都合がよいときに）
be **in effect**　　　（〈法律などが〉発効して、施行されて、効力をもって）

【形容詞と前置詞】

be **concerned about** (= be **worried about**) his health
　　　　　　　　　　　　　　　　　　　　　　（彼の体を心配している）
be **interested in** increasing profitability　　（期待利益の向上に関心がある）
be **responsible for** (= **in charge of**) budget allocation
　　　　　　　　　　　　　　　　　　　　（予算配分を担当している）
be **satisfied with** my salary　　　　　　　　（給料に満足している）
be **subject to** change　　　　　　　　　　　（変更することがある）
due to (= **because of**) the recession　　　（景気後退のために）
free of charge　　　　　　　　　　　　　　（無料で）
prior to (= **before**) the meeting　　　　　（会議の前に）
regardless of the cost　　　　　　　　　　（コストに関係なく）

【その他】

according to the contract　　　　　　　　　（契約によると）
ahead of schedule (⟷ **behind** schedule)
　　　　　　　　　　　　　　　（予定より早く⟷予定より遅れて）
Chinese **as well as** (= **in addition to**) English（英語だけでなく中国語も）

ERROR EXAMPLES

TOEICで問われるポイント確認をします。
正を隠して誤の間違いを探してみましょう。

1. 誤 We would like you to give us a guarantee that we will receive our order until the end of the month.
   正 We would like you to give us a guarantee that we will receive our order **by** the end of the month.
   （今月末までに注文の品が届く保証をしていただきたい。）

2. 誤 Interactive TV will make a great impact on consumer behavior on the next few years.
   正 Interactive TV will make a great impact on consumer behavior **over** the next few years.
   （双方向テレビはこの数年で消費者行動に大きな影響を及ぼすことになるだろう。）

3. 誤 Ben has been in charge for the Finance Department since June.
   正 Ben has been in charge **of** the Finance Department since June.
   （ベンは6月から財務部を担当している。）

4. 誤 A buyer doesn't have to accept the prices and terms offered with the seller unconditionally.
   正 A buyer doesn't have to accept the prices and terms offered **by** the seller unconditionally.
   （買い手は売り手の提示する価格や条件を無条件に受け入れる必要はない。）

5. 誤 Jessica wrote to the car manufacturer at behalf of the minority shareholders.
   正 Jessica wrote to the car manufacturer **on** behalf of the minority shareholders.
   （ジェシカは少数株主を代表して、その自動車メーカーに手紙を書いた。）

6. 誤 The prices in the catalog are subject for change without notice.
   正 The prices in the catalog are subject **to** change without notice.
   （カタログに掲載された価格は予告なしに変更することがあります。）

7. 誤 The Grand Hotel asks its all guests if they are satisfied for its services.
   正 The Grand Hotel asks its all guests if they are satisfied **with** its services.
   （グランドホテルではすべての宿泊客に、ホテルのサービスについて満足したかどうかを尋ねている。）

4. 接続詞

> **ここがポイント！**
> both、either、neitherは、ペアで使う単語と一緒に覚えてください。although、unlessなどの接続詞は、文脈から正しい接続詞を選ばせる問題で出題されます。それぞれの意味を整理しておきましょう。接続詞の問題は意味をとって答える問題です。

★Exercise 4

空欄に最も適している語句を選んでください。

1. The plan for hiring new staff was ------ presented nor discussed during the meeting.
　　(A) both　(B) either　(C) neither　(D) whether

2. Alex won't accept an overseas posting ------ he can have his job back when he returns.
　　(A) unless　(B) if　(C) although　(D) while

解答と設問の訳

1. **解答** 正解(C)　norと共に使う(C) **neither**が正解。**neither A nor B**は「**AでもBでもない**」という意味。(A)のbothはboth A and B、(B)のeitherはeither A or Bのように使います。(D)のwhetherは「〜かどうか」という意味。
> **訳**　新しいスタッフを雇う計画は会議で議案提出もなされず、話し合いもされなかった。

2. **解答** 正解(A)　空欄の前の節は「アレックスは海外のポストを受け入れないだろう」、空欄の後の節は「彼が戻ったとき元の仕事に就ける」という意味。文脈に合うのは (A) **unless**「〜しない限り」。(B)は「もし〜ならば」、(C)は「〜だけれども」、(D)は「〜する一方、〜している間」という意味。

訳 戻ったときに元の仕事に就ける保証がなければ、アレックスは海外のポストを受け入れないだろう。

(1) both、either、neitherの使い方を押さえよう

both、either、neitherは共に使われる単語とペアで覚えましょう。

both A and B	AもBも両方
either A or B	AかBかどちらか
neither A nor B	AもBもどちらも〜でない

Both James **and** I got promoted.
（ジェームズと私のどちらも昇進した。）
You can take **either** a morning **or** evening flight.
（朝の便か夕方の便には乗れます。）
Our newly purchased equipment was **neither** safe **nor** accurate.
（私たちが新しく購入した機器は、安全でないうえに正確でもなかった。）

(2) although、ifなどの接続詞の意味を確認しよう

次に挙げた接続詞の意味を正確に覚えましょう。これらの接続詞の後には節（主語と動詞を含んだ単語のまとまり）が続きます。

【although　〜だけれども、〜にもかかわらず】

Although he was ill, he came to the meeting.
（病気にもかかわらず、彼はミーティングに来た。）

【because　（理由を表して）〜なので】

Because there was heavy snow, the flight was canceled.
（大雪のため、フライトは欠航になった。）

注）despite (= in spite of)、because of、due toを使っても上と同じ意味を表す文になりますが、後に節がこないことに注意してください。
Despite his illness, he came to the meeting.
Because of (= **Due to**) heavy snow, the flight was canceled.

【if　(仮定を表して)もし〜ならば】
　　If we give him the salary he wants, he will accept the job.
　　　　　　　　　(彼の望む給料を払えば、彼は仕事を引き受けるだろう。)

【unless (= except if)　(条件を表して)〜しない限り】
　　Please don't call me **unless** it is an emergency.
　　　　　　　　　(緊急でもない限り私には電話をしないでください。)

【so〜that … / such〜that … (原因と結果を表して) 非常に〜だから…】
　　She worked **so** hard **that** she was promoted to sales manager.
　　　　　　　　　(彼女は非常に一所懸命働いて営業部長にまで昇りつめた。)
　　We had **such** a good time on holiday **that** we didn't want to come home.
　　　　　　　　　(休暇があまりに楽しかったので、家に帰りたくなかった。)
　注）通常soの後には形容詞あるいは副詞を、suchの後には名詞を使います。suchを使った文では、such a good timeという語順にも注意。

【while / whereas (比較・対照を表して)〜なのに対して、〜する一方】
　　While (= **Whereas**) our domestic sales are relatively poor, our overseas sales continue to grow.
　(国内の売上げが思わしくない一方で、海外での売上げは伸び続けている。)

ERROR EXAMPLES

TOEICで問われるポイント確認をします。
正を隠して誤の間違いを探してみましょう。

1. 誤 Because the majority of employees in the company are women, men hold most of the senior positions.
   正 **Although** the majority of employees in the company are women, men hold most of the senior positions.
   （会社の大多数の社員は女性であるにもかかわらず、上級ポストのほとんどを男性社員が占めている。）

2. 誤 They won't sign the contract if we give them an additional discount.
   正 They won't sign the contract **unless** we give them an additional discount.
   （さらに値引きをしない限り、彼らは契約にサインしないだろう。）

3. 誤 Either Mr. Swan nor I agreed to cut staff.
   正 **Neither** Mr. Swan nor I agreed to cut staff.
   （スワン氏も私もスタッフの削減には賛成しなかった。）

4. 誤 I was either tired and hungry when I returned from my ten-day business trip to Europe.
   正 I was **both** tired and hungry when I returned from my ten-day business trip to Europe.
   （10日間のヨーロッパ出張から戻って来たときには、疲れてお腹もすいていた。）

5. 誤 The meeting went on for a very long time that I missed the train home.
   正 The meeting went on for **such a** long time that I missed the train home.
   （会議が非常に長引いたので、帰りの電車に間に合わなかった。）

6. 誤 Ben likes spending his vacation in the mountains, because his wife prefers the beach.
   正 Ben likes spending his vacation in the mountains, **while** his wife prefers the beach.
   （ベンは休暇を山で過ごすのが好きだが、彼の妻はビーチで過ごすほうが好きだ。）

5. 代名詞

> **ここがポイント！**
> 代名詞の問題は、空欄の前後を見るだけで正解が出せる問題です。所有格と目的格の代名詞の区別が出題されます。また、yourselfのような代名詞の使い方にも注意してください。

★Exercise 5

空欄に最も適している語句を選んでください。

1. Many travelers prefer to buy foreign currency in ------ own countries.
　　(A) their　(B) them　(C) theirs　(D) themselves

2. Linda had to prepare ------ for the challenges of a professional career when she set up her law firm.
　　(A) she　(B) her　(C) hers　(D) herself

解答と設問の訳

1. **解答 正解(A)**　own「～自身の」の前には所有格が必要なので、**(A) their**が正解。
   訳 旅行者の多くは自国で外国通貨を買う傾向にある。

2. **解答 正解(D)**　空欄は目的語の位置にあたります。文脈から目的語にあたる単語が主語と同一だとわかるので、**(D) herself**が正解。
   訳 リンダは法律事務所を設立したとき、プロとしてのキャリアに挑む覚悟を決めた。

(1)所有格と目的格の代名詞を区別しよう

名詞の前には所有格の代名詞、目的語の位置には目的格の代名詞を使います。

【所有格】Passengers must fasten **their** seatbelts on the plane.
（乗客は機内でシートベルトを締めなくてはならない。）

【所有格】Mr. Fisher has left the company to start **his** own business.
（フィッシャー氏は自分でビジネスを始めるために会社を辞めた。）
注）own（〜自身）の前には所有格を使います。

【目的格】Cathy gave **us** a ride to the station.
（キャシーは駅まで私たちを車で送ってくれた。）

(2)yourself、himselfのような代名詞の使い方をマスターしよう

以下が -self、-selvesで終わる代名詞です。

myself	ourselves
yourself	yourselves
himself	
herself	themselves
itself	

これらの代名詞は以下の2つの場合に使います。

①主語と目的語が同一のとき

It isn't his fault. **He** shouldn't blame **himself.**
　　　　　　　　　　　　　　　　　　（×him）
（それは彼の責任ではありません。彼は自分を責めることはないのです。）

②強調するとき

次の文のitself は、movieを強調するために使われています。

The movie **itself** wasn't very good, but I liked the music.
　　　　　（×it）
（映画自体はあまり良くなかったが、音楽は気に入った。）

ERROR EXAMPLES

TOEICで問われるポイント確認をします。
正を隠して誤の間違いを探してみましょう。

1. 誤 Most people can send and receive e-mails on them cell phones.
   正 Most people can send and receive e-mails on **their** cell phones.
   （ほとんどの人はメールの送受信が可能な携帯電話を持っている。）

2. 誤 Our apartment comes with it own parking space and storage area.
   正 Our apartment comes with **its** own parking space and storage area.
   （私たちのマンションには専用の駐車スペースと物置がある。）

3. 誤 Although Ken hasn't had formal training in computers, he considers him an expert.
   正 Although Ken hasn't had formal training in computers, he considers **himself** an expert.
   （ケンはコンピュータの正規のトレーニングを受けたことはないのだが、自分ではエキスパートだと思っている。）

4. 誤 We will give your a further 3% discount if you pay in cash.
   正 We will give **you** a further 3% discount if you pay in cash.
   （現金でのお支払いなら、さらに3％値引きいたします。）

5. 誤 Linda Finny started an online shop her, without assistance from anyone.
   正 Linda Finny started an online shop **herself**, without assistance from anyone.
   （リンダ・フィニーは誰の助けも借りず、1人でオンラインショップを始めた。）

6. 誤 We asked Mr. Keenan for him views on the relocation of the Denver plant.
   正 We asked Mr. Keenan for **his** views on the relocation of the Denver plant.
   （デンバー工場の移転について、我々はキーナン氏に意見を求めた。）

6. 関係代名詞

> **ここがポイント！**
> 関係代名詞では、特に主格の関係代名詞と前置詞の後にくる目的格の関係代名詞が出題されます。who、whom、which、thatの区別と、前置詞の後にくる目的格の関係代名詞の使い方を整理しておきましょう。

★Exercise 6

空欄に最も適している語句を選んでください。

1. ACC, Inc. is offering a job ----- involves a lot of traveling both inside and outside the country.
   (A) who   (B) whom   (C) what   (D) that

2. The client from ------ we received this complaint is demanding to see the manager.
   (A) who   (B) whose   (C) whom   (D) that

解答と設問の訳

1. **解答 正解(D)**　先行詞a jobは物を表す単語で、後に動詞involvesが続いているので、**主格の関係代名詞(D) that**が正解。
   訳　株式会社ACCでは、国内外の出張の多い仕事を提供している。

2. **解答 正解(C)**　先行詞the client「顧客」は人を表す単語で、前置詞fromの後に続いているので、**目的格の関係代名詞(C)whom**が正解。前置詞の後には、関係代名詞thatは使えないので、(D)は間違い。
   訳　このクレームをつけてきた顧客がマネージャーに会わせてほしいと要求している。

(1) who、whom、which、thatを正確に使い分けよう

who、whom、which、thatの区別はTOEICでは必須です。正確に区別できるようになりましょう。

①主格の関係代名詞who、which、that

主格の関係代名詞は、関係代名詞が導く節のなかで主語の位置にあります。先行詞が「人」を表す単語ならwhoあるいはthat、「物」を表す単語ならwhichあるいはthatを使います。

主格の関係代名詞の判別の目安は、関係代名詞のすぐ後に動詞がくることです。

We need **someone** who has extensive experience in marketing.
　　　　　先行詞(人)　主格　V
　　　　　　　　(*he* has extensive experience...)
　　（私たちはマーケティング分野で幅広い経験のある人物を探している。）

We have **a subsidiary** in Paris, which handles our investments in Europe.
　　　　先行詞(物)　　　　　　主格　　V
　　　　　　　　　　　　(*it* handles our investments...)
（我々の会社はパリに子会社を持っていて、そこでヨーロッパでの投資を
　管理している。）

②目的格の関係代名詞

目的格の関係代名詞は、先行詞が関係代名詞の導く節の動詞の目的語になっています。先行詞が「人」を表す単語ならwhom（口語ではwho）あるいはthat、「物」を表す単語ならwhichあるいはthatを使います。目的格の関係代名詞のみ省略可能です。

目的格の関係代名詞の判別の目安は、関係代名詞のすぐ後に主語と動詞がきていること、先行詞が関係代名詞の導く節の動詞の目的語であることです。

The store clerk (that) we hired last month quit yesterday.
　　先行詞(人)　目的格　S　　V
　　　　　　　　(we hired *him* last month)
　　　　　　　　　　　　　　（先月雇った店員が昨日辞めた。）

Peter still hasn't received **the computer** (that) he ordered last month.
　　　　　　　　　　　　　　　先行詞(物)　目的格 S 　V
　　　　　　　　　　　　　　　　　　　(he ordered *it* last month)
（ピーターは、先月注文したコンピュータをまだ受け取っていない。）

以下、主格と目的格の関係代名詞を表にまとめました。

先行詞	人	物
主格	who　that	which　that
目的格	whom　that 省略可能	which　that 省略可能

ただし、関係代名詞thatは非制限的用法(関係代名詞の前にコンマが付いているもの)には使えません。

My brother Jack, **who** lives in New York, is an engineer.
　　　　　　　　　（×that）
（弟のジャックは、ニューヨークに住んでいて、エンジニアをしています。）

(2)前置詞の後にくる関係代名詞をマスターしよう

前置詞の後に目的格の代名詞(him、her、us、themなど)を使うのと同様、前置詞の後にくる関係代名詞にも目的格の関係代名詞を使います。ただし、前置詞の後には、関係代名詞thatは使えません。

The man to whom I spoke was very helpful.
先行詞(人)　　　（I spoke **to** *him*）
（×the man to that I spoke…）
　　　　　　　　　　　　　（私が話しかけた人はいろいろ助けてくれた。）
注）口語ではthatを使って前置詞を後に置くほうが普通です。このときのthatは省略できます。
　　The man (that) I spoke **to** was very helpful.

Fortunately we had **a map**, **without which** we would have been lost.
　　　　　　　　　先行詞(物) (**without**　*it*　we would have…)
　　　　　　　　　　　　　（×without　that　we would have…）
（幸い私たちは地図を持っていたが、地図がなかったら道に迷っていただろう。）

ERROR EXAMPLES

TOEICで問われるポイント確認をします。
正を隠して誤の間違いを探してみましょう。

1. 誤 Our overseas sales depend on the country in who we are operating.
   正 Our overseas sales depend on the country in **which** we are operating.
   (我々の海外での売上げは、事業展開している国によってまちまちだ。)

2. 誤 The printer who was purchased only last month isn't working now.
   正 The printer **that** was purchased only last month isn't working now.
   (先月購入したばかりなのにプリンターがもう動かなくなっている。)

3. 誤 Commuters what are fed up with long commutes are considering a move back to the big city.
   正 Commuters **who** are fed up with long commutes are considering a move back to the big city.
   (遠距離通勤に辟易した通勤客は都市に戻ろうかと考えている。)

4. 誤 We will be showing an in-flight news program, during that cabin attendants will serve cocktails and other beverages.
   正 We will be showing an in-flight news program, during **which** cabin attendants will serve cocktails and other beverages.
   (これから機内でニュース番組を流します。その間客室乗務員がカクテルその他のお飲み物をお持ちいたします。)

5. 誤 The candidate which we interviewed had extensive experience in the industry.
   正 The candidate **that** (*or* **whom**) we interviewed had extensive experience in the industry.
   (私たちが面接した候補者は、業界での経験が豊富だった。)

7. 分詞構文

> **ここがポイント！**
> 分詞構文とは、現在分詞（動詞の原形＋-ing）または過去分詞を使った文を指します。分詞構文の問題では、現在分詞と過去分詞の判別が出題されます。これはその動詞が、能動的または受け身的な意味で使われているかで判断できます。また「having＋過去分詞」がどういう場合に使われるのかも、正確に理解してください。

★Exercise 7

空欄に最も適している語句を選んでください。

1. Henry decided to set up his own agency, ------ worked for several major advertising agencies.
　　(A) have　　(B) has　　(C) having had　　(D) having

2. ------ in 1902, Charlesworth Holdings is considered one of the most respected financial institutions in the country.
　　(A) Established　　　　(B) Establishing
　　(C) Been established　(D) Having established

解答と設問の訳

1. 解答　**正解(D)**　文脈から「勤務していた」のが主節の動詞decidedより以前のことだとわかるのでhaving workedとなり、**(D) having**が正解。
　訳　ヘンリーは数社の大手広告代理店に勤務してきたが、自分の代理店を設立することに決めた。

2. 解答　**正解(A)**　「Charlesworth Holdingsは設立された」とestablishが受け身的な意味で使われているので、過去分詞が必要。**(A) Established**が正解。
　訳　1902年に設立されたチャールズワース・ホールディングズは、国内で最も信頼されている金融機関のひとつと考えられている。

(1)現在分詞（動詞の原形＋-ing）の使い方を押さえよう

　分詞構文は、動詞を使って名詞の説明をしたり、理由、条件、結果を説明するときに使います。その動詞を能動的な意味で使うときには、現在分詞（動詞の原形＋-ing）を使います。なお、分詞の部分は主節の前にも後にも置けます。

　Having an MBA, Helen got a managerial post at a major international bank.
　（ヘレンはMBAを取得していて、大手の国際的な銀行の管理職ポストに就いた。）
　Living in the suburbs, Linda spends three hours commuting every day.
　　　　　　（リンダは郊外に住んでいて、毎日3時間かけて通勤している。）

　ただし、分詞で表す動詞の状態・行為が、主節の動詞の状態・行為より以前のことを表すときには、「having＋過去分詞」を使います。

　We opened a bottle of champagne, **having won** a major contract.
　　　　　　　　　　　　　　（×winning）
　（＝ We won a major contract, so we opened a bottle of champagne.）
　　　　　　　（大きな契約を勝ち取って、私たちはシャンパンをあけた。）
　Having failed my bar exams, I took up teaching.
　（×Failing）
　（＝ As I had failed my bar exams, I took up teaching.）
　　　　　　　　　　　（司法試験に失敗して、私は教職に就いた。）

(2)過去分詞の使い方を押さえよう

　動詞を受け身的な意味で使うときには、過去分詞を使います。

　Stuck in heavy traffic, I missed my flight.
　（＝ Because I **was stuck** in heavy traffic, I missed my flight.）
　　　　　　　（渋滞に巻き込まれて、私はフライトに間に合わなかった。）
　Jack left in the middle of the meeting, **having been called** away on urgent business.
　（＝ Jack **was called** away on urgent business, and left in the middle of the meeting.）
　　　　　　　（緊急な要件で呼ばれて、ジャックは会議の途中で退出した。）

ERROR EXAMPLES

TOEICで問われるポイント確認をします。
正を隠して**誤**の間違いを探してみましょう。

1. 誤 Publishing at the turn of the century, Martin's Business Handbook has proven to be a bestseller.
   正 **Published** at the turn of the century, Martin's Business Handbook has proven to be a bestseller.
   (マーティンのビジネスガイド書は、今世紀初頭に出版されて以来、ベストセラーであることは間違いない。)

2. 誤 Be unable to attend the conference, I asked Cynthia to take my place.
   正 **Being** unable to attend the conference, I asked Cynthia to take my place.
   (私は会議に出席できないので、代わりにシンシアに出てくれるように頼んだ。)

3. 誤 The negotiators realized another meeting would be necessary, not reaching an agreement.
   正 The negotiators realized another meeting would be necessary, not **having reached** an agreement.
   (合意に達しなかったため、交渉人はさらに会議を開かなければならなくなった。)

4. 誤 Depend on the advertising budget, the new product will be launched on TV or on the radio.
   正 **Depending** on the advertising budget, the new product will be launched on TV or on the radio.
   (新製品の紹介にテレビとラジオのどちらを使うかは、広告予算次第で決まる。)

5. 誤 Disgracing at having been asked to resubmit his proposal, Mr. Leech left the boardroom followed closely by his assistant.
   正 **Disgraced** at having been asked to resubmit his proposal, Mr. Leech left the boardroom followed closely by his assistant.
   (提案書を再提出しなければならないという面目失墜の事態を喫し、リーチ氏はアシスタントをすぐ後に従えて役員室を出た。)

その❷ ボキャブラリーを強化しよう

品詞別のボキャブラリー問題にチャレンジしてみましょう。選択肢にはTOEICに重要な単語を使っているので、問題の正解の単語だけでなく、各選択肢の単語も覚えてください。

8. 動詞

ここがポイント！

語彙の問題では、動詞が最も多く出題されています。文中の目的語との意味関係をヒントにして、適切な動詞を選びましょう。

★Exercise 8

空欄に最も適切な語句を選んでください。

1. I'm calling to ------ my hotel reservation for my business trip next month.
　　(A) apply　(B) decline　(C) confirm　(D) admit

2. Every employee is ------ to twenty days paid holiday, but they usually only take four or five at the most.
　　(A) relocated　(B) transferred　(C) replaced　(D) entitled

3. To ensure the machines arrive in working order, please ------ the packing instructions detailed below.
　　(A) follow　(B) notify　(C) operate　(D) warn

4. The presentation was so interesting and informative that I was able to ------ most of the information and share it with colleagues later.
　　(A) expand　(B) retain　(C) improve　(D) reject

5. The crew from the electric company has been working nonstop to ------ power to rural areas.
　　(A) restore　(B) concentrate　(C) prohibit　(D) impose

解答と設問の訳

1. **解答** 正解(C)　reservation「予約」を目的語にして文脈が合うのは、(C) confirm「確認する」。
   訳　来月の出張のホテルの予約を確認いたしたくお電話しました。
   (A) 応募する、応用する　(B)（丁重に）断る　**(C) 確認する**
   (D) 認める

2. **解答** 正解(D)　後に続くpaid holiday「有給休暇」と文脈が合うのは、(D) entitled「権利を与えられた」。be entitled toで「〜の権利がある」という表現で使います。
   訳　すべての社員には20日の有給休暇を取る権利があるが、たいがいはせいぜい4日か5日しか取らない。
   (A) 配置換えされた　(B) 転勤した　(C) 取って替わられた
   (D) 権利を与えられた

3. **解答** 正解(A)　instructions「指示」を目的語にして文脈が合うのは、(A) follow「（指示や命令などに）従う」。
   訳　機械が正常な状態で届くように、以下の梱包の指示に従ってください。
   (A)（指示や命令などに）従う　(B) 知らせる　(C) 操作する
   (D) 警告する

4. **解答** 正解(B)　information「情報」を目的語にして文脈が合うのは、(B) retain「忘れないで覚えている」。
   訳　そのプレゼンテーションは大変興味深くかつ有益であったので、得た情報のほとんどを覚えていて、後で同僚に教えることができた。
   (A) 拡大する　**(B) 忘れないで覚えている**　(C) 改善する　(D) 拒否する

5. **解答** 正解(A)　power「電力」を目的語にして文脈が合うのは、(A) restore「復旧する、復元する」。
   訳　電力会社の社員は、地方の電力復旧のため休みなく働いている。
   (A) 復旧する、復元する　(B) 集中する　(C) 禁じる
   (D)（義務・税・罰などを）課す

9. 名詞

> **ここがポイント！**
> 名詞は、動詞の次に多く出題されています。文中の動詞や形容詞との意味関係をヒントにして、適切な名詞を選びましょう。

★Exercise 9

空欄に最も適切な語句を選んでください。

1. The Sales Department was asked to conduct a ------ of products currently outselling our own.
　　(A) survey　(B) investigation　(C) poll　(D) questionnaire

2. The new CEO of the ailing airline has invested more than $20 million in software programs in a bid to increase ------.
　　(A) employment　(B) complaints　(C) supervision　(D) efficiency

3. Customers not satisfied with their purchases can return them at any time for a full ------.
　　(A) guarantee　(B) refund　(C) payment　(D) price

4. Our ------ fell unexpectedly and many orders remained unfilled for several months.
　　(A) sales　(B) output　(C) demand　(D) products

5. I sympathize with you, but in all honesty there really is no ------ but to terminate the agreement.
　　(A) procedure　(B) device　(C) objection　(D) alternative

解答と設問の訳

1. **解答 正解(A)** ライバル製品についての調査なので、(A) survey「調査」が正解。(B) investigationは「(事件や事故などの)調査」を意味するので間違い。
   訳 営業部は、現在自社製品よりも売れている製品の調査を実施するよう要請された。
   (A) 調査 (B) (事件や事故などの) 調査 (C) 世論調査
   (D) アンケート

2. **解答 正解(D)** ソフトプログラムに投資して向上を図るものとして文脈が合うのは、(D) efficiency「効率」。
   訳 経営困難な状況に陥っている航空会社に新しく就任したCEOは、効率アップを図るため、ソフトプログラムに2,000万ドル以上を投じた。
   (A) 雇用 (B) 苦情、クレーム (C) 監督、管理 (D) 効率

3. **解答 正解(B)** a full refundで「全額返金」のこと。返品に関する文にはよく使われます。(B) refund「返金」が正解。
   訳 客は購入品に不満があれば、いつでも返品して全額返金してもらえる。
   (A) 保証 (B) 返金 (C) 支払い (D) 価格

4. **解答 正解(B)** 後半の「注文に応じられない状況」と文脈を合わせるには、(B) output「生産量、生産高」が落ちたと考えるのが自然。
   訳 我が社の生産量が突然落ち込み、多くの注文に応じられない状況が何ヶ月も続いた。
   (A) 売上げ (B) 生産量、生産高 (C) 需要 (D) 製品

5. **解答 正解(D)** 文脈から考えて「~する以外方法はない」という意味が適切。正解は(D) alternative「選択肢、二者択一」。文中のbutは「~以外」という意味。
   訳 あなたにはお気の毒ですが、正直なところ契約を解除するしかないのです。
   (A) 手順 (B) 装置、機器 (C) 反対、異議申し立て (D) 選択肢

10. 形容詞・副詞・慣用表現

> **ここがポイント！**
> 形容詞は、修飾する名詞の意味を、副詞は、修飾する動詞や形容詞の意味を確認して正しい語句を選びましょう。

★Exercise 10

空欄に最も適切な語句を選んでください。

1. On account of the trade fair being held here, there are ------ no hotel rooms available.
   (A) practically   (B) fortunately   (C) increasingly   (D) initially

2. Mr. Robinson usually spends most of his day meeting with ------ clients.
   (A) priceless   (B) prospective   (C) favorable   (D) temporary

3. I'm still not ------ that Helen is ready to take on any responsibilities other than the ones she already has.
   (A) overwhelmed   (B) confused   (C) disappointed   (D) convinced

4. Most banks nowadays provide online services to businesses ------ to individual customers.
   (A) additionally   (B) also   (C) as well as   (D) furthermore

5. The participants arrived ------ and the conference on electrical engineering began without fuss.
   (A) recently   (B) unexpectedly   (C) promptly   (D) occasionally

解答と設問の訳

1. **解答** 正解(A)　noを修飾して文脈が合うのは、(A) practically「ほとんど」。
   訳　当地では見本市開催中のため、ホテルの空きはほとんどありません。
   (A) ほとんど　(B) 運良く　(C) ますます　(D) 初めに、最初は

2. **解答** 正解(B)　clientsの形容詞としてふさわしいのは、(B) prospective「見込みのある」。(A)のpriceless、(C)のfavorableは人には使いません。「大好きな」という意味の形容詞ならfavorite。
   訳　ロビンソン氏は、いつも1日のほとんどを、見込のありそうな客と会うことに費やしている。
   (A) きわめて貴重な　(B) 見込みのある　(C)（条件などが）有利な
   (D) 一時的な

3. **解答** 正解(D)　that節以下のヘレンの説明と「未だ〜していない」という意味に合うのは、(D) convinced「確信している」。
   訳　現在抱えている責任以上の仕事を引き受ける準備がヘレンにできているとは、私には確信できないでいる。
   (A) 圧倒された　(B) 戸惑った　(C) がっかりした　(D) 確信している

4. **解答** 正解(C)　2つの名詞businessesとindividual customersを並べて使える表現は、(C) as well as。A as well as Bは「BだけでなくAも」という意味。
   訳　現在ほとんどの銀行は、個人客だけでなく、企業にもオンラインサービスを提供している。
   (A) 追加で　(B) 〜もまた　(C) 〜だけでなく　(D) さらに

5. **解答** 正解(C)　began without fuss「問題なく始まった」と文脈に合う副詞は、(C) promptly「時間通りに、速やかに、迅速に」。
   訳　時間通りに参加者が到着したので、電子工学会は滞りなく始まった。
   (A) 最近　(B) 突然　(C) 速やかに、迅速に　(D) 時々

リーディングセクション 1
PART 6　長文穴埋め問題

　Part 6は従来のテストでは文法を扱った誤文訂正問題でしたが、新TOEICテストでは長文穴埋め問題に変更になりました。ここでは、3種類の問題を用意しました。長文穴埋め問題といっても、本質的にはPart 5と同じ要領で解けますので、心配は要りません。問題を解きながら形式と時間配分に慣れ、解答のコツをつかんでください。

> **ここがポイント！**
> Part 5同様、選択肢を先に見て文法問題か語彙問題かを判別しましょう。文法問題は10秒以内に解きます。語彙問題は1つか2つ前の文から読んで文脈を判断して解ける問題も多くあります。必ず時間を計って問題を解くようにしてください。1つの文書を1分30秒以内に終わらせることが目標です。

★Exercise 11

空欄に最も適している語句を選んでください。

Questions 1-3 refer to the following memo.

OFFICE MEMORANDUM

DATE:　October 11
TO:　　Terrance Loney
FROM: Ariel Sanchez
RE:　　Advice for supervising the factory staff

After I heard you'd be taking over my position as factory supervisor, I thought I'd _____ you some tips on how to handle the

1. (A) give
   (B) giving
   (C) gave
   (D) be given

factory staff. They sure can be a tough bunch at times!

The majority of them have a negative attitude towards _____

    2. (A) authorize
       (B) to authorize
       (C) authority
       (D) authorization

and if you order them about, they will resent you for it. It is not a good idea to reprimand staff, and I suggest that you use written warnings and other _____ sparingly!

    3. (A) rewards
       (B) penalties
       (C) criticism
       (D) consequences

A big problem is punctuality and absenteeism. We use time cards, so you don't have to monitor the staff as they arrive, but you may need to watch out for employees clocking in for their friends. Good luck!

Questions 4-6 refer to the following e-mail message.

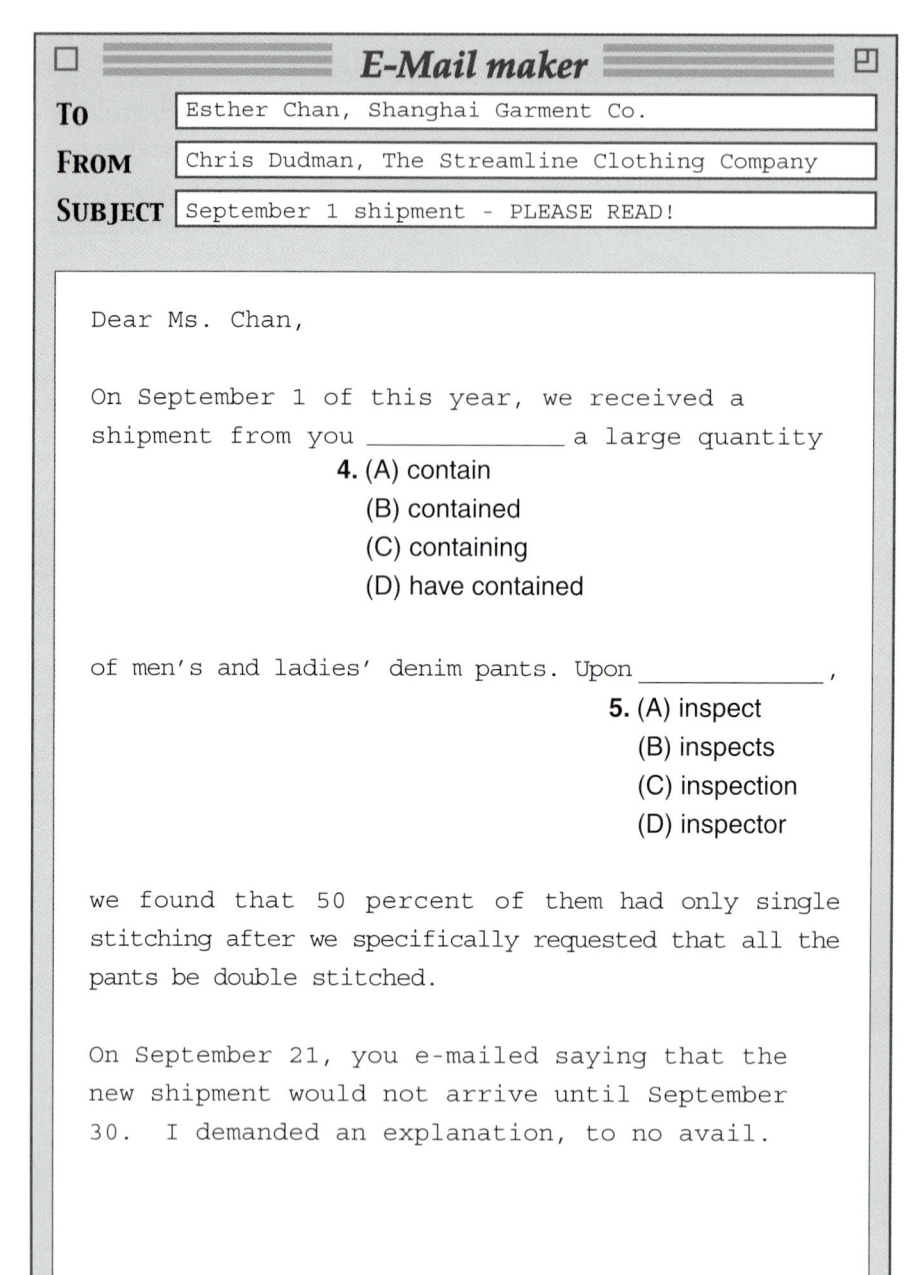

E-Mail maker

To: Esther Chan, Shanghai Garment Co.
From: Chris Dudman, The Streamline Clothing Company
Subject: September 1 shipment - PLEASE READ!

Dear Ms. Chan,

On September 1 of this year, we received a shipment from you _____ a large quantity

4. (A) contain
   (B) contained
   (C) containing
   (D) have contained

of men's and ladies' denim pants. Upon _____ ,

5. (A) inspect
   (B) inspects
   (C) inspection
   (D) inspector

we found that 50 percent of them had only single stitching after we specifically requested that all the pants be double stitched.

On September 21, you e-mailed saying that the new shipment would not arrive until September 30. I demanded an explanation, to no avail.

It is now October 7 and the shipment has still not yet arrived. If you cannot _____

                      6. (A) maintain
                           (B) resolve
                           (C) dissolve
                           (D) refer

this problem immediately, we will be forced to take legal action.

Sincerely,

Chris Dudman

Questions 7-9 refer to the following article.

Privately-owned farms may soon be a thing of the past. Unpredictable rainfall, erratic crops, unhealthy animals, and no holidays are just some of the reasons why people are selling their farms to work on corporately-run properties.

In the Ayr, Scotland, not far from Glasgow, corporately-run farms have been thriving. _____ there are still more privately-run properties

    7. (A) During
       (B) For
       (C) Meanwhile
       (D) While

here in the Scottish lowlands, this may all change. Recent years have seen more farmers sell out to big companies such as Higgs, Greencorp, and Yeastix. Farms _____ have been in families for generations

    8. (A) who
       (B) that
       (C) where
       (D) what

are being traded in for small apartments and cottages. Greencorp, for example, has been _____ farmers full-time jobs in exchange for

    9. (A) agreeing
       (B) declining
       (C) offering
       (D) refusing

them selling their farms. "Not many people are really cut out to be full-time farmers anymore," says Rick Harp, president of Greencorp. Some such as Will Shafton, the Mayor of Ayr, see the change as a loss of the town's cultural heritage, but some farmers are viewing it differently.

Questions 1-3 (社内文書)

文書の訳

> 社内文書
> 日　付：10月11日
> 宛　先：Terrance Loney
> 送信者：Ariel Sanchez
> 件　名：工場労働者を監督する際の忠告
>
> 　あなたが私の後を引き継いで工場の監督者になると聞いて、工場労働者への対応方法をアドバイスしておいたほうがいいと思いましてね。なにしろ彼らときたら、時折ほんとに手に負えなくなることがありますからね！
>
> 　大方の者は管理職に否定的な態度をとるし、彼らにやたら指図などすれば、恨みを買うことにもなりかねませんよ。彼らを叱りつけるというのは得策ではないでしょうね。文書での警告その他罰則の適用などもほどほどにしたほうがいいと思いますよ。
>
> 　大きな問題といえば遅刻と欠勤ですね。タイムカードを使っていますから、出勤怠を見張る必要はありませんが、同僚の代わりにタイムカードを押している社員がいないかどうかは注意して見ておく必要があるかもしれません。幸運を祈ります！

解答

1. 正解(A)【動詞の形の問題】
この文のI'dはI wouldの短縮形。助動詞の後には原形が続くので、**(A) give**が正解。giveの3つの変化はgive-gave-givenです。

2. 正解(C)【品詞の問題】
前置詞towards「〜に対して」の後に続くのは名詞。(C) authority「権威、権力」と(D) authorization「委任」の2つの名詞がありますが、文脈から、**(C) authority**「権威、権力」が正解。ここではauthorityは管理職を指しています。(A)のauthorizeは動詞で「委任する」という意味。

3. 正解(B)【語彙の問題】
文脈から、warnings「警告」のような罰則関係の単語が入ると推測できます。正解は**(B) penalties**「罰」。(A) rewardsは「褒美、報酬」、(C) criticismは「非難、批判」、(D) consequencesは「結果」という意味。

Questions 4-6 （メール）

文書の訳

宛　先： Esther Chan, Shanghai Garment Co.
送信者： Chris Dudman, The Streamline Clothing Company
件　名： 9月1日注文の品 — 必ず読んでください！
Chan様
　本年9月1日、メンズ及びレディース用デニムパンツ等大量注文につき、貴社よりの荷物を受け取りました。すぐに点検しましたところ、パンツはすべてダブルステッチでと特注したにもかかわらず、半数の品がシングルステッチになっておりました。
　9月21日付けの貴方のメールで、新しい商品の到着は9月30日までは無理であるとの旨御連絡いただき、それについての事情をご説明くださいと申し上げておりましたが、お返事はございませんでした。
　本日10月7日現在も、商品は未だ届いていない状況です。至急この件について然るべき対処をいただけないようでしたら、法的措置を取らざるを得ません。
敬具
Chris Dudman

解答

4. 正解(C)【分詞の問題】
   containは「含む」という意味の動詞。「デニムの入った荷物」とcontainが能動的な意味で使われているので、現在分詞が必要。**(C) containing**「含んでいる」が正解。

5. 正解(C)【品詞の問題】
   前置詞upon「〜のとき」の後には名詞が続きます。(C) inspection「点検」と(D) inspector「検査官」の2つの名詞がありますが、。文脈から「点検」という意味が適切なので、**(C) inspection**「点検」が正解。(A) inspect「点検する」は動詞。

6. 正解(B)【語彙の問題】
   動詞が問われているときは、目的語の名詞を必ずチェック。problem「問題」を目的語として文脈が合うのは、**(B) resolve**「解決する」。(A)

maintainは「維持する」、(C) dissolveは「溶かす、解散する」、(D) refer (to)は「〜を参照する」という意味。

Questions 7-9 (記事)

文書の訳

　自営農家は過去の遺物になってしまうかもしれない。降水量は予測不能、収穫高は不安定、家畜は病気にかかりやすく、おまけに休日もとれない、そんな理由から、農家は農地を企業に売却し、企業が管理する土地で働くといった動きが出始めている。

　グラスゴーからほど近いエア市では、いまや企業経営による農業が盛んだ。一方スコットランド低地地方では、依然として自営農家の数は多いものの、それもすっかり変わってしまうかもしれない。近年、Higgs、Greencorp、Yeastixのような大企業に土地を売却する農家が増えているのだ。代々受け継がれてきた農地を、狭いマンションやコテージと引き換えに手放している。たとえばGreencorpは、農地の売却と交換に、農家の人たちにフルタイムの仕事を提供している。「専業農家に向いている人は多くはないのだ。」とGreencorpの社長リック・ハープは言う。エア市長のウイル・シャフトン氏をはじめ、この変化を町の文化遺産の逸失だと見る者も多いが、また違った見方をしている農家の人たちもいる。

解答

7. 正解(D) 【接続詞の問題】

空欄には節と節をつなぐ接続詞が必要。**(D) while**「〜する一方で」が正解。(A) during「〜の間」と(B) for「〜の間」は前置詞なので間違い。(C) meanwhile「その間に」は文頭に使う副詞で、接続詞ではありません。

8. 正解(B) 【関係代名詞の問題】

先行詞farms「農地」は物を表す単語。空欄の後には動詞が続いているので、主格の関係代名詞が必要。正解は**(B) that**。

9. 正解(C) 【語彙の問題】

　農家が企業に土地を売るのと引換えに企業が農家にしていることで、full-time jobsを目的語にして文脈が合うのは、**(C) offering**「**提供している**」。(A) agreeing (with)は「同意している」、(B) decliningは「（丁重に）断っている」、(D) refusingは「拒絶している」という意味。

基礎固め編 リーディング2
Building Basic Reading Comprehension

読解問題正解のコツを実践でマスターする！

リーディングセクション 2

PART 7　読解問題

Part 7では「1つの文書(single passages)」の問題と、「2つの文書(double passages)」の問題の2つをそれぞれ解いていきます。

「1つの文書」では5種類の文書を取りあげました。それぞれのタイプの文書の構成や読解のポイントを、Exerciseの問題を通して身につけていきましょう。

次に、新テストで新たに導入された「2つの文書」の問題を2種類解いていきます。問題を解きながら問題形式に慣れ、解答のコツをつかんでください。

その❶　1つの文書 (Single Passages)

1. 社内文書（Memos）

ここがポイント！

社内文書は最初に、To(宛先)、From(送信者)、Re / Subject (件名)を見ます。その後すべての設問に目を通し、文書の内容を推測しながらそれぞれの設問の答えを見つけていきます。

★Exercise 12

問題文を読み、設問に対する正しい答えを選んでください。

Questions 1-3 refer to the following memo.

OFFICE MEMORANDUM

TO:　　All Sales Department staff
FROM: Derek Mendoza-Jones
RE:　　Rescheduling of staff meeting, April 6

As you all know, we have a staff meeting scheduled for this Friday, but unfortunately I won't be able to make it. I've been called away on an urgent business trip to Toronto and I'm leaving on the sixth. Because of that, I'd like to reschedule the meeting to Thursday, April 5, one day earlier. I know some of you have meetings in the afternoon, but if it's possible for you to postpone or cancel them, I would be grateful as we have a lot of important things to discuss.

If you need to contact me about this, you can reach me on extension 112. I'll be doing a lot of work in Marketing before Thursday, so if you can't get me on 112, please try 413. I'm sorry to everyone for the sudden change, but unfortunately it can't be helped. I appreciate your understanding.

1. What is the purpose of the memo?
   (A) To outline the agenda of a staff meeting
   (B) To announce that a staff meeting has been postponed
   (C) To request the rescheduling of a staff meeting
   (D) To remind salespeople about the meeting scheduled for April 6

2. What will most likely take place on April 5?
   (A) Derek Mendoza-Jones will leave for Toronto.
   (B) Derek Mendoza-Jones will take a day off.
   (C) Derek Mendoza-Jones will give a presentation in the Marketing Department.
   (D) There will be a staff meeting.

文書の訳

社内文書
宛　先：全営業部スタッフ
送信者：Derek Mendoza-Jones
件　名：4月6日のスタッフミーティングの日時変更

　皆さんご存知のように、今週金曜日にスタッフミーティングが予定されていますが、申し訳ないのですがこの日、私が出席できなくなってしまったのです。緊急の用でトロントに出張しなければならなくなり、6日に発ちます。このようなわけで、ミーティングを前日の4月5日に変更していただきたいのです。皆さんのなかには午後にミーティングが入っている方もいらっしゃるかと思いますが、今週のミーティングは重要案件も多いので、できれば予定を延期かキャンセルしていただけると大変有り難いのですが。

　この件に関して私までご連絡いただく場合は、内線112番にお願いいたします。木曜日まではマーケティング部での仕事が多く、もし内線112番で連絡がつかない場合には、内線413番におかけください。突然の日程変更のお願いで大変恐縮なのですが、いかんせんどうにもならない状況です。何卒ご理解の程よろしくお願い申し上げます。

解答と設問の訳

1. **訳**　社内文書の主旨は何ですか。
   (A) スタッフミーティングの議事の概略を説明すること
   (B) スタッフミーティングが延期されたことを発表すること
   (C) スタッフミーティングの日時の変更を要請すること
   (D) 4月6日に予定されているミーティングについて確認すること

解答 **正解(C)**　件名にRescheduling of staff meeting, April 6とあり、第1段落にもI'd like to reschedule the meeting to Thursday, April 5, one day earlier.と書いてあるので、スタッフミーティングの日時の変更を要請するメールだとわかります。正解は(C)。rescheduleは「日程を変更する」、(A)のagendaは「議事（日程）」、(B)のpostponeは「延期する」、(D)のremindは「思い出させる、気づかせる」という意味。

2. 訳　4月5日には何が予定されているのですか。
(A) デレック・メンドーサ・ジョーンズがトロントに向けて出発する。
(B) デレック・メンドーサ・ジョーンズが1日休みを取る。
(C) デレック・メンドーサ・ジョーンズがマーケティング部でプレゼンテーションを行う。
(D) スタッフミーティングが開かれる。

解答　**正解(D)**　設問のmost likelyは「おそらく」、take placeは「(予定していたことが)起こる」という意味。第1段落に4月6日に予定していたスタッフミーティングを、1日早めて4月5日にしたいと書いてあるので、正解は(D)。第1段落にトロント出発は6日と書いてあるので(A)は間違い。(B)のtake a day offは「1日休みを取る」という意味。

2. 広告 (Advertisements)

> **ここがポイント！**
>
> 何の広告かを理解することが最大のポイントです。最初に広告の中の太字などで強調された語句に目を通し、次にすべての設問を読んで広告の内容を予想し、設問の答えを広告の中からピンポイントで探していきます。

★Exercise 13

問題文を読み、設問に対する正しい答えを選んでください。

Questions 1-4 refer to the following advertisement.

NEW! THE "PC-IN-YOUR-POCKET" MOBILE PHONE FROM OPTIX!

your life is in your pocket

The future is here with this great new release from Optix! Optix is the first to bring you a mobile telephone that doubles as a miniature PC. It's all you could ever want for your home or office life! Each "PC-in-your-pocket" phone comes with the following fabulous functions:

* E-mail
* Yearly planner
* Personal diary
* A detachable keyboard for easy input
* Word processing tools (unit can be hooked up to a printer)
* Extra gigabytes of storage space
* 3 mega pixel camera

Organize your life now with this compact, easy-to-use mobile telephone. The Optix "PC-in-your-pocket" mobile comes with a tough titanium-alloy structure that will protect your information if the phone is dropped or damaged. It can also be hooked up to any PC or Macintosh computer to back up files for peace of mind. Payment plans start from as little as $9.99 a month.※ Rush out and see your Optix dealer today!

※ Conditions apply

1. What is this advertisement for?
   (A) A new micro processor
   (B) A personal organizer
   (C) A laptop computer
   (D) A new type of mobile phone

2. What feature is NOT mentioned?
   (A) It can be traded in free of charge after a year of use.
   (B) It can take photographs.
   (C) It can produce documents.
   (D) It can manage schedules.

3. What kind of device can it be connected to?
   (A) A camera
   (B) A printer or a computer
   (C) Another cell phone
   (D) A photocopier

4. Why is it made with titanium?
   (A) To make it look fashionable
   (B) To give it a shiny appearance
   (C) To prevent stored information from being lost in case it is dropped
   (D) To get better reception

> **文書の訳**

オプティックスからポケット版PC携帯電話が新発売！
あなたの生活はもうポケットの中

　未来はここにあります！　オプティックスからものすごい製品が新発売です！ ミニチュア版PCとしても使える携帯電話を、オプティックスが他社に先がけてお届けいたします。家庭やオフィスにも、是非欲しい製品です。このポケット版PC携帯電話は、次のような素晴らしい機能を備えています：

　　＊メール
　　＊年間スケジュール管理
　　＊手帳
　　＊着脱自在の楽に入力できるキーボード
　　＊文書処理機能（プリンターに接続可）
　　＊ギガバイトレベルの保存スペース
　　＊3メガピクセルカメラ

　このコンパクトで使いやすい携帯電話で、あなたの生活を快適にしましょう。オプティックスのポケット版PC携帯電話は丈夫なチタン合金でできており、万が一落としたり壊れたりしても大丈夫、あなたの情報は守られます。どんなパソコンやアップルコンピュータにも接続可能、ファイルのバックアップもできるので、安心です。分割払いはひと月9.99ドル※からとお安くなっております。今すぐオプティックス販売店にお出かけください！

※条件が適応されます

> **解答と設問の訳**

1.　**訳**　これは何の広告ですか。
(A) 新しいマイクロプロセッサ
(B) 電子手帳
(C) ノートパソコン
(D) 新しいタイプの携帯電話

解答　**正解(D)**　最初に目立つように書かれた"PC-IN-YOUR-POCKET" MOBILE PHONEから、PCの機能も備えた携帯電話の広告だとわかります。正解は(D)。(B)のpersonal organizerは「電子手帳、システム手帳」という意味。

2. 訳　この商品の特徴として述べられていないものはどれですか。
(A) 使用開始1年後に無料で下取りしてもらえる。
(B) 写真撮影ができる。
(C) 文書が作成できる。
(D) スケジュール管理ができる。

解答　正解(A)　設問のfeatureは「特徴、特色」という意味。広告中＊印のところに機能について書かれています。(A)のtrade inは「下取りしてもらう」という意味。下取りについては書かれていないので、(A)が正解。(B)については3mega pixel cameraに、(C)についてはWord processing toolsに、(D)についてはYearly plannerに表されています。

3. 訳　この商品はどのような機器に接続できますか。
(A) カメラ
(B) プリンターまたはコンピュータ
(C) 別の携帯電話
(D) コピー機

解答　正解(B)　設問のdeviceは「装置、機器」という意味。広告中＊印のところのWord processing tools (unit can be hooked up to a printer)と、最後の段落のIt can also be hooked up to any PC or Macintosh computerから、プリンターとPCに接続できることがわかります。(B)が正解。

4. 訳　この商品がチタンで作られているのはどのようなねらいからですか。
(A) ファッショナブルに見せるため
(B) 表面に光沢を与えるため
(C) 落とした場合にも保存した情報が失われないようにするため
(D) 受信状態を良くするため

解答　正解(C)　広告の最後の段落に"PC-in-your-pocket" mobile comes with a tough titanium-alloy structure that will protect your information if the phone is dropped or damaged.とあり、情報を守るためだとわかります。prevent A from B(動詞) + -ingは「AがBするのを防ぐ」、in caseは「～の場合」という意味。正解は(C)。(B)のappearanceは「見た目、外見」、(D)のreceptionは「受信力」という意味。

3. メール (E-mail messages)

ここがポイント！

社内文書と同様、最初にTo(宛先)、From(送信者)、Subject(件名)を見た後、すべての設問に目を通し、メールの内容を推測します。各段落の最初の部分を読み、その段落の概要を理解して全体の構成を考えながら、設問の解答に必要な箇所を探してください。

★Exercise 14

問題文を読み、設問に対する正しい答えを選んでください。

Questions 1-4 refer to the following e-mail message.

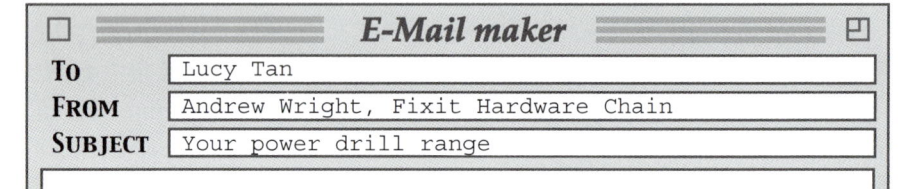

```
┌──────────────── E-Mail maker ────────────────┐
 To       | Lucy Tan
 From     | Andrew Wright, Fixit Hardware Chain
 Subject  | Your power drill range
```

Hi Lucy,

Thanks for getting back to me so quickly with your offer. Although I do need to discuss this with you further, I'm confident that an agreement can be reached soon.

First of all, I must tell you that the power drills you sent us this week have arrived and we have been testing them for durability and performance. We were very impressed and feel that they will attract North American customers looking for a moderately priced power drill.

However, the problem is that there are a number of local brands of similar quality that have been on the market for literally decades. If we were to sell your drills at the price you are asking, I fear that you would lose out to local competition. The only way that you are going to be able to enter the market and perform well is to make your power drills competitively priced. It is our opinion that you should drop the price by at least another 20%.

```
In response to your other points, we are more than happy
to extend the contract by twelve months and provide all
the feedback and customer data that you requested.
However, it's important that we work out how much each
unit will cost before we take steps to finalize the
contract.

I'm looking forward to hearing from you soon.

All the best,

Andrew
```

1. What aspect of the power drill Andrew Wright received is NOT mentioned in the e-mail?
   (A) Durability
   (B) Price
   (C) Capability
   (D) Warranty

2. What does Andrew Wright think about the power drill?
   (A) It will be a big hit in the local market.
   (B) It is lacking in the areas of durability and performance.
   (C) It will lose out to rival products on the local market.
   (D) It will appeal to South American customers.

3. What does Andrew Wright suggest Lucy Tan do?
   (A) Reduce their prices
   (B) Make the drill more powerful
   (C) Carry out a survey among American customers
   (D) Train salespeople to familiarize themselves with the product

4. What is being offered to Lucy Tan in the e-mail?
   (A) A study of local market trends
   (B) The renewal of the contract for another two years
   (C) The extension of the contract if a price can be agreed upon
   (D) The resumption of negotiations at some point in the future

文書の訳

宛　先：Lucy Tan
送信者：Andrew Wright, Fixit Hardware Chain
件　名：パワードリル

　こんにちは、Lucy。

　この度は、早々にご返事を、またオファーを有難うございます。この件に関してはさらに話し合いを重ねる必要がありますが、おそらくそれほど時間もかからずに合意に至ることと思います。

　今週発送していただいたパワードリルが弊社に届きましたので、まずはその耐久性と性能テストについてお伝えします。私たちは貴社のパワードリルに大変感服し、手頃な価格のパワードリルを求めている北米の顧客にも訴求力ある商品と感じています。

　ただ問題は、質的にも類似の他社製品が国内で、まさに何十年にもわたって販売されてきたことです。貴社のご希望の価格で販売するとなると、国内の価格競争に負けてしまう恐れがあります。市場参入にあたり成功する唯一の方法は、競争力のある価格を設定することです。我々としては、価格を少なくとも20％引き下げたほうがいいのではないかという見解です。

　他の点に関しては、喜んで契約を1年延長させていただくとともに、ご要望通り、顧客からの意見などのフィードバック情報や顧客データをすべて提供させていただきます。ただし、契約を交わす前に、パワードリルの単体価格については是が非でも検討する必要があります。

　早急にご返事をいただけますようお待ちしています。

それでは

Andrew

解答と設問の訳

1. **訳**　アンドリュー・ライトが受け取ったパワードリルについて、メールでは触れていなかった点はどれですか。

(A) 耐久性　　(B) 価格　　(C) 性能　　(D) 保証

解答　正解(D)　設問のaspectは「観点」、(D)のwarrantyは「保証(書)」という意味。本文のどこにも保証に関する記述はありません。正解は(D)。耐久性と性能に関しては、第2段落にwe have been testing them for durability and performanceと書いてあるので、(A)と(C)は間違い。(C)のcapabilityは「性能、能力」という意味。(B)の価格に関しては、第3段落のIf we were to sell your drills at the price you are asking...に価格が高すぎると書いてあります。

2. **訳** アンドリュー・ライトはパワードリルについてどう考えていますか。
(A) 国内市場で大ヒットする。
(B) 耐久性と性能の点で欠けている。
(C) 国内市場でライバル会社の製品に負けてしまう。
(D) 南米の顧客への訴求力がある。

解答 **正解(C)** 第3段落If we were to sell your drills at the price you are asking, I fear that you would lose out to local competition.と、国内での競争に負けてしまうと書いてあります。正解は(C)。(A)は(C)の逆の意味なので間違い。第2段落に耐久性と性能の良さに感服したと書いてあるので(B)も間違い。lackは「～に欠けている」という意味。同じ第2段落に北米の顧客に関する記述はありますが、南米の顧客については触れていないので(D)も間違い。

3. **訳** アンドリュー・ライトはルーシー・タンにどのような提案をしていますか。
(A) 価格を下げる
(B) パワードリルの性能を高める
(C) アメリカ人顧客を対象に調査を実施する
(D) 営業部員に製品を熟知してもらうよう研修をする

解答 **正解(A)** 第3段落のThe only way that you are going to be able to enter the market and perform well is to make your power drills competitively priced.で価格を下げるように提案しているので、(A)が正解。(C)のcarry out a surveyは「調査を実施する」、(D)のfamiliarizeは「熟知させる」という意味。

4. **訳** メールでルーシー・タンに何をオファーしていますか。
(A) 国内市場の動向に関する研究
(B) 2年間の契約更新
(C) 価格に関して合意が得られた際の契約の延長
(D) 将来における交渉の再開

解答 **正解(C)** 第4段落のwe are more than happy to extend the contract by twelve monthsで契約の延長について触れているので、(C)が正解。extensionは「延長」、(A)のmarket trendsは「市場の動向」、(B)のrenewalは「(契約などの)更新」、(D)のresumptionは「再開」という意味。

4. ビジネスレター (Letters)

> **ここがポイント！**
> ビジネスレターには、メールのように件名が書かれてあるわけではないので、設問に目を通しながら、誰が誰に何の目的で書いた手紙なのかを予測します。段落の構成を考えながら、それぞれの設問の答えを探してください。

★Exercise 15

問題文を読み、設問に対する正しい答えを選んでください。

Questions 1-3 refer to the following letter.

Devon Electrical
20 Prigg Rd., Ashburton, Devon, TQ13 7DF
Tel: 087 03 141312   Fax: 087 03 110908   http://www.devonelec.uk

November 18

Mr. Jacob Windsor
11 Campdown Tce.
Ashburton, TQ13 7DF
Devon

Dear Jacob,

This is a formal written warning as outlined in Section J of your contract titled "Termination of Contract."

On September 28 of this year, you were working at Devon Electrical's after-sales division handling phone calls from a number of customers. You were overheard using inappropriate language while talking to a customer and after it was reported to a supervisor, you were issued with a verbal warning. A similar occurrence happened on October 20 and again you received another verbal warning.

Earlier this month on November 1, we received a call from a customer complaining about your rude and unhelpful customer service. This made it clear to us that you had ignored the verbal warnings given to you on September 28 and October 20.

As stipulated in your contract (again in Section J), a written warning "follows one or more verbal warnings and precedes the termination of the contract between the Employer and the Employee." If your behavior does not change, Devon Electrical is well within its legal right to terminate our work agreement with you.

Sincerely,

H. Whitworth

Heather Whitworth
Head of Personnel

1. What bad behavior is Jacob Windsor being accused of?
   (A) Repeatedly being rude to customers on the phone
   (B) Having a habit of drinking at his desk
   (C) Smoking in areas where flammable substances were present
   (D) Being absent from work for no apparent reason

2. The word "ignored" in paragraph 3, line 3 is closest in meaning to
   (A) disregard
   (B) rejected
   (C) considered
   (D) accepted

3. What will happen to Jacob Windsor if his behavior continues?
   (A) He will be demoted.
   (B) He will be suspended from his job.
   (C) He will be given a verbal warning.
   (D) He will be dismissed.

文書の訳（本文のみ）

Jacob殿

　以下は、貴殿の契約書の項目J「契約の解除」に明記されている正式文書による警告です。

　今年の9月28日、貴殿はDevon電気アフタサービス部門にて勤務、顧客からの電話応対業務を行っていました。その顧客との会話中、不適切な言葉を使用しているところをある者が耳にし、このことが監督者に報告され、貴殿は上司より口頭による警告を受けました。同様のことが10月20日にも起こり、再び口頭にて警告を受けました。

　今月初旬、11月1日に、顧客より貴殿の非礼かつ不親切なカスタマーサービスについて苦情の電話を受けました。これは貴殿が9月28日と10月20日に口頭により警告された内容を無視したことの明白な証拠となるものです。

　貴殿の契約書（あらためて項目Jを参照）に、文書での警告は「1回以上の口頭による警告の後に行い、雇用者と被雇用者との契約の解除に先立つものである」と明記されています。貴殿の態度に今後変わるところがなければ、Devon電気は合法的に貴殿との契約を解除できることになります。

敬具

Heather Whitworth

人事部長

解答と設問の訳

1. **訳**　ジェイコブ・ウィンザーはどのような問題行動で非難されていますか。
   - (A) 電話で繰り返し客に失礼な態度をとったこと
   - (B) デスクで酒を飲む習慣があること
   - (C) 引火性の高い物質が置いてある場所で喫煙したこと
   - (D) はっきりした理由もなく欠勤したこと

解答　**正解(A)**　設問のbehaviorは「態度、ふるまい」、accuse は「非難する」という意味。第2段落全体を通して、ジェイコブ・ウィンザーが顧客に対して不適切な言葉を使ったことが書かれています。rudeは「失礼な」という意味。本文ではusing inappropriate language「不適切な言葉を使っている」と書かれています。(A)が正解。(C)のflammable substancesは「引火性の高い物質」、(D)のabsent fromは「～を欠席して」、apparentは「明白な」という意味。

2. **訳** 第3段落の3行目にある ignored に最も近い意味は
(A) 無視した
(B) 拒否した
(C) 検討した
(D) 受け入れた

解答 **正解(A)** 目的語はverbal warnings「口頭による警告」。2度警告されたにもかかわらず、11月1日にも顧客に失礼な態度をとったという文脈から、口頭での警告を「無視した」と考えるのが適切。ignoreもdisregardも「無視する」という意味。正解は(A)。(B)のrejectは「拒否する」、(C)のconsiderは「検討する」、(D)のacceptは「受け入れる」という意味。

3. **訳** ジェイコブ・ウィンザーがこれまでと同じ態度をとり続けたらどうなりますか。
(A) 降格される。
(B) 停職処分になる。
(C) 口頭による警告を受ける。
(D) 解雇される。

解答 **正解(D)** 第4段落のIf your behavior does not change, Devon Electrical is well within its legal right to terminate our work agreement with you.に契約を解除すると書いてあるので、解雇されることがわかります。dismissは「解雇する」という意味。(D)が正解。terminateは「終わらせる」という意味。(A)のdemoteは「降格させる」、(B)のsuspendは「停職処分にする」、(C)のverbal warningは「口頭による警告」という意味。

5. 記事 (Articles)

> **ここがポイント!**
> 記事では、通常第1段落に記事の主題が、最後の段落に結論が書かれています。タイトル、設問に目を通した後、第1段落と最後の段落を斜め読みして記事の大意を把握しましょう。その後は、各段落の最初の部分を読んで段落ごとの構成を考えながら、それぞれの設問の答えを探してください。

★Exercise 16

問題文を読み、設問に対する正しい答えを選んでください。

Questions 1-4 refer to the following article.

COMPANIES GET TOUGH ON EMPLOYEE LUXURIES

It was only yesterday that companies were competing for ways to attract employees. It started out with dress codes changing from suits and ties to khakis and sandals. Then after that came the free beverages, muffins and other treats. By 2000, things had gotten out of hand. Companies had sleeping quarters and recreation centers filled with video games and pool tables.

A study has shown that a staggering 89% of employees in companies where such luxuries were available tended to view their work as less important. There were reports of employees wearing the same clothes for up to five days straight and many office employees gained up to twenty pounds because of the snacks. According to the statistics, 10% of employees spent more time using the company's recreational facilities than they did working. Production dropped in some industries by as much as 18%, which was bad news indeed.

However, this is now changing with companies taking away the luxuries. At first employees were shocked, and some left their workplaces only to find that their new companies had taken similar measures. Many offices now only let their employees wear casual dress once a month. A lot of the recreational equipment is being locked up until after business hours. Though some companies still provide snacks to their employees, the donuts have been replaced by low-fat yogurts. Surprisingly, most employees have been responding positively to the changes.

1. What is mentioned as being the trend in the workforce up until recently?
   (A) Employees had put up with poor working conditions.
   (B) Employees had been pampered with incredible benefits.
   (C) Companies had made employees work for low salaries.
   (D) Employees had been made to work in severely restricting circumstances.

2. What did this result in?
   (A) A high turnover percentage
   (B) An overall drop in productivity
   (C) A feeling of disloyalty among employees
   (D) A rise in absenteeism due to illness

3. The word "measures" in paragraph 3, line 4 is closest in meaning to
   (A) situations
   (B) problems
   (C) action
   (D) circumstances

4. What is NOT mentioned as a change some companies have made recently?
   (A) They are enforcing stricter dress codes.
   (B) They are offering employees healthier snacks.
   (C) They have made recreational facilities less accessible.
   (D) They are more lenient with employees about their clothing.

文書の訳

> **企業は社員の奢侈には厳処の方向に**
>
> 　これもつい昨日のことのように思えますが、企業は躍起になって社員を引き止めようとしていたものです。それはスーツ・ネクタイ着用規定を解き、カーキ色のカジュアルな装いやサンダル履きを許可した服装規定から始まりました。その後、ドリンク、マフィン等のおやつサービスと続き、2000年頃にはまったく手に負えない状況にまで陥ってしまっています。企業は、仮眠室やビデオゲームやビリヤード台を揃えた娯楽室まで設置するようになったのです。
>
> 　調査では、社員にとっての快適さを追求していた企業では、社員の89%までが以前より仕事を軽んじるようになったという衝撃的な結果も出されています。また、5日間連続同じ服で出社する社員や、会社が提供した菓子類を食べて20ポンドも体重の増えた社員も多数いたことが報告されました。統計によれば、社員の10%は、働いている時間より娯楽室で過ごす時間のほうが多かったとのこと。生産が18%も下落した業界もあり、これは実にゆゆしきニュースです。
>
> 　しかし今や、会社は社員から奢侈なものを取り上げ、この状況は変わりつつあります。当初社員はショックを受け、職場を去る者さえいました。しかし、結局は新しい会社でも同じような方策が講じられているということがわかるだけです。現在では、多くの企業では、カジュアルな服装を身につけるのも月に1度許可しているだけです。娯楽道具は、勤務時間終了までは鍵をかけて、しまわれています。いまだに社員に菓子など出している会社もありますが、ドーナツは低脂肪ヨーグルトに替えられました。意外なことに、この変化に対する社員の反応は、おおむね肯定的だとのことです。

解答と設問の訳

1. 訳　最近までの社員の傾向として、どのようなことが述べられていますか。
(A) 社員はひどい労働条件に我慢していた。
(B) 社員は信じられないほど手厚い待遇で甘やかされていた。
(C) 会社は安月給で社員を働かせていた。
(D) 社員はひどく自由を制限された状況で働かされていた。

解答　正解(B)　第1段落全体に、会社が社員にカジュアルな服装を許し、おやつを出し、仮眠室や娯楽室まで用意したと書いてあります。pamperは「非常に手厚く扱う、甘やかす」、benefitsは「手当て」という意味。(B)が正解。(A)のput up withは「我慢する」、(C)のmakeは使役動詞で「～させる」、(D)のrestrictは「制限する」という意味。

2. 🈁 これは結果として何をもたらしましたか。
(A) 高い離職率
(B) **生産性の全体的な減少**
(C) 社員の会社への不信感
(D) 病気による常習的欠勤の増加

解答 **正解(B)** 社員を甘やかしたことによる結果は第2段落に書いてあります。Production dropped in some industries by as much as 18%から生産量が減少したことがわかるので、正解は(B)。(A)のturnoverは「離職率」、(C)のdisloyaltyは「不信」、(D)のabsenteeismは「常習的欠勤」という意味。

3. 🈁 第3段落の4行目の「measures」に最も近い意味は
(A) 状況
(B) 問題
(C) **行動、実行**
(D) 事情、状況

解答 **正解(C)** 「新しく勤めた会社も似通ったことをしていることに気づく」という文脈に合う名詞は、(C)のaction。take actionは「実行する、実行に移す」という意味。

4. 🈁 最近いくつかの会社で見られる変化として述べられていないものはどれですか。
(A) より厳しい服装規定を実施している。
(B) 社員により健康的な菓子類を出している。
(C) 以前より娯楽室を利用できる機会を減らした。
(D) **社員の服装に対して甘くなった。**

解答 **正解(D)** 最近の傾向については第3段落に書いてあります。lenientは「寛大な、甘い」という意味。Many offices now only let their employees wear casual dress once a month.と、服装規定が厳しくなったと書いてあるので、服装に関して甘くなったという(D)は本文の内容と合っていません。正解は(D)。(A)のenforceは「強制する」、strict dress codeは「厳しい服装規定」という意味で、本文の内容と合っています。 (B)についてはthe donuts have been replaced by low-fat yogurtsと、(C)についてはA lot of the recreational equipment is being locked up until after business hours.とあり、いずれも本文の内容と合っています。

その❷ 2つの文書 (Double Passages)

ここがポイント！
最初に、問題番号が書いてある文を見て2つの文書の種類を確認し、その後すべての設問に目を通しながら2つの文書の関係を把握し、それぞれの設問の答えがどちらの文書に書いてあるのかを、すばやく見抜くことが重要です。トピックは「求人広告」と「応募の手紙」、「新製品の広告」と「製品に関する問い合わせの手紙」などさまざまです。

★Exercise 17
2つの文書を読み、設問に対する正しい答えを選んでください。

Questions 1-5 refer to the following survey and report.

CUSTOMER SURVEY RESULTS FOR SKINTEX®'S SKINCARE RANGE

Respondents:
- 40,000 questionnaires (one survey included in every package)
- 7,934 respondents

Questions and Respondents' Answers:
1. Is this the first time for you to purchase a Skintex® product?
   Yes 19%   No 81%
2. How did you find out about the Skintex® range?
   TV 56%   Radio 2%
   Magazine 20%   Poster/Billboard 1%
   It was recommended to me. 11%
   I saw it for the first time today. 10%
3. Will you be buying Skintex® skincare products in the future?
   Definitely yes 5%   Probably yes 12%
   Maybe 76%   Probably not 6%
   Definitely not 1%
4. If you answered "Maybe," "Probably not," or "Definitely not," please state the reason(s) why.

COMMENTS AND SUGGESTED COURSES OF ACTION REGARDING CUSTOMER SURVEY RESULTS FOR SKINTEX®'S SKIN-CARE RANGE

Our response rate was rather low, but we still gained some valuable information. Our TV and magazine advertising campaigns have been very successful and continue to pull in new customers. We have spent a lot of money on radio advertising, but it does not seem to have been effective at all and I suggest we stop wasting money on it. Our posters and billboards do not seem to be very effective either, but the new packaging designs appear to be very attractive. We also seem to be finding a lot of new customers on the basis of word of mouth.

Many customers are on the fence about deciding whether or not to buy a Skintex® product in the future. Many of the people who answered "Maybe" said that they liked the product but thought it was too expensive. A lot of people also said that they were generally satisfied with their regular skincare range of products. A very small percentage cited articles that claimed we inhumanely used animals to test our skincare products before marketing them. At any rate, we should seriously consider lowering the price of Skintex® for the time being until our grip on the market has solidified. We also need to invest more money into PR in order to boost public interest and dispel rumors.

文書の訳　（調査結果と報告書）

スキンテックスのスキンケア製品お客様調査の結果

回答者：
- 40,000通の調査用紙配布（1包に調査用紙1枚挿入）
- 7,934人の回答

質問と回答：

1. スキンテックス製品をご購入されたのは今回が初めてですか。
   はい19%　　いいえ81%
2. スキンテックス製品をどのようにお知りになりましたか。
   テレビ 56%　　雑誌 20%　　人から勧められた 11%
   今日初めて見た 10%　　ラジオ 2%　　ポスター／看板広告 1%
3. スキンテックスのスキンケア製品を今後も購入されますか。
   是非購入したい 5%　　おそらく購入する 12%
   もしかしたら購入する 76%　　おそらく購入しない 6%
   絶対購入しない 1%
4. 「もしかしたら購入する」、「おそらく購入しない」、「絶対購入しない」とお答えになったお客様は、その理由をお書きください。

スキンテックスのスキンケア製品お客様調査の結果に関するコメントと今後の方針についての提案

　調査票の回収率はかなり低かったにもかかわらず、貴重な情報を得ることができました。テレビと雑誌における広告は高い効果をあげており、引続き新しい購買客を呼び込むことができるでしょう。ラジオCMはかなり予算を投じているにもかかわらず全く効果があがっていないようなので、ラジオCMの廃止を提案いたします。ポスターや看板広告もあまり効果があがっていないようですが、新しいパッケージデザインはかなり人目を惹きつけているようです。口コミでも新しい顧客を開拓していることがわかります。

　購買客の多くは、今後我が社の製品を購入するかどうか決めかねています。「もしかしたら購入する」と答えた購買客は、製品は気に入ったものの値段が高すぎると感じているようです。購買客の多くは、日頃使用しているスキンケア製品には全体的に満足しているとも言っています。なかには、市場に出す前に動物実験による製品テストを行っている残酷な企業だと我が社を誹謗する記事について触れたものも、わずかながらですがありました。いずれにせよ、私たちは市場で確固たる地位を築くまで、当面価格引下げを真剣に検討すべきでしょう。また、大衆の関心を高め、風説を払拭するためにも広報にさらに投資をする必要があると思います。

1. What is the purpose of the survey?
   (A) To find out why consumers prefer Skintex® to other brands
   (B) To elicit feedback about a product from consumers
   (C) To discover what medium has been used for advertising
   (D) To find out what skincare products consumers like to buy

2. How did they carry out the survey?
   (A) On the Internet
   (B) The survey was included in the product packaging.
   (C) Via telephone interviews
   (D) By mailing questionnaires to a random cross section of people

3. What percentage of those surveyed had learned about the product by word of mouth?
   (A) 10%
   (B) 11%
   (C) 20%
   (D) 56%

4. What can NOT be inferred about Skintex® products?
   (A) The majority of respondents had used a Skintex® product before.
   (B) Radio is the most effective form of advertising.
   (C) TV is by far a better advertising medium than print media.
   (D) Most respondents are uncertain about buying a Skintex® product again.

5. What suggestions are being made in the report?
   (A) TV advertising should be abandoned.
   (B) More money should be put into billboard advertising.
   (C) Retail prices should be lowered.
   (D) Animal-testing should be stopped.

解答と設問の訳

1. 訳　調査の目的は何ですか。
(A) 消費者が他の製品よりスキンテックスの製品を好む理由を調べること
(B) 消費者から製品についての感想を引き出すこと
(C) 広告にどのような媒体を使ってきたか調べること
(D) 消費者がどのようなスキンケア製品を購入したいと思っているか調べること

解答　**正解(B)**　elicitは「(情報などを) 引き出す」という意味。調査の質問は製品についての感想を尋ねているので、正解は(B)。(A)のfind outは「調べる、見つけ出す」、(C)のmediumは「媒体」という意味。

2. 訳　調査はどのような方法で実施されましたか。
(A) インターネット
(B) 調査用紙を製品パッケージの中に入れた。
(C) 電話調査
(D) 無作為抽出により選ばれた人に調査票を郵送

解答　**正解(B)**　設問のcarry out the surveyは「調査を実施する」という意味。調査結果の40,000 questionnaires (one survey included in every package)から、製品パッケージの中に調査用紙を入れたことがわかります。正解は(B)。(D)のmailは「投函する」、questionnaireは「アンケート」randomは「無作為抽出の」、cross sectionは「代表となるもの」という意味。

3. 訳　口コミで製品を知った人は調査回答者のうち何パーセントでしたか。
(A) 10%
(B) 11%
(C) 20%
(D) 56%

解答　**正解(B)**　設問のword of mouthは「口コミ」という意味。口コミで製品を知ったというのは、調査結果の2番目の質問の回答のIt was recommended to me. 11%にあたるので、(B) が正解。

4. 訳　スキンテックスの製品について考えられないことは何ですか。
   (A) 回答者の大多数がスキンテックスの製品を以前使ったことがある。
   (B) ラジオは最も効果的な広告媒体である。
   (C) テレビは印刷物よりはるかに良い広告媒体である。
   (D) ほとんどの回答者はスキンテックスの製品を再び買うかどうか確信がない。

解答　正解(B) 設問のinferは「推測する」という意味。調査結果の内容と合わない選択肢を選ぶ問題です。広告媒体については調査結果の2番目の質問の回答に書いてあります。最も効果的な広告媒体は、56%のテレビなので、(B)の内容は調査結果と合っていません。(B)が正解。(A)のmajorityは「大多数」という意味。購買客が以前にスキンテックスの製品を使ったことがあるかどうかは、調査結果の最初の質問項目への回答からわかります。(C)のby farは「はるかに」という意味。テレビと雑誌の比較は調査結果の2番目の質問項目への回答からわかります。(D)の今後再びスキンテックスの製品を買うかどうかについては、調査結果の3番目の回答でDefinetely yesが5%、Probably yesが12%しかないことから判断します。

5. 訳　報告書でどのような提案がされていますか。
   (A) テレビCMを廃止する。
   (B) 看板広告にもっとお金をかける。
   (C) 小売価格を値下げすべきである。
   (D) 動物実験を廃止すべきである。

解答　正解(C)　提案については第2段落のwe should seriously consider lowering the price of Skintex® for the time being... から、値下げの提案をしていることがわかります。(C)が正解。retail pricesは「小売価格」、lowerは「下げる」という意味。(A)のabandonは「やめる、廃止する」という意味。第1段落で廃止したほうがいいと提案しているのはラジオCMであり、(A)は間違い。看板広告についても、第1段落に効果的でないと書いてあるので(B)も間違い。動物実験については、第2段落最後の文に「風説を払拭するためにPRにもっとお金を投資したほうがいい」と書いてありますが、実験をやめたほうがいいとは書いていないので(D)も間違いです。

Questions 6-10 refer to the following letter and contract.

The YST Azerbaijan Trading Co.
179, Baschir Safaroglu Street, Baku 370000, Azerbaijan
Tel.: +994-12-975555   Fax: +994-12-975556   contact@ystatco.az

March 11

Mr. Peter Parimeros
1711 W. Cornelia Ave.
Chicago IL 60657

Dear Mr. Parimeros,

We would like to thank you for flying out to Azerbaijan last month and hope that you enjoyed your stay with us here in Baku. It is our great pleasure to offer you the sales position starting April 1.

As we have relatively little time before the starting date of your appointment, I must ask that you contact me now to confirm that you are willing to accept the position as we have to start making arrangements for your visa, accommodation and transportation. Could you fax me a copy of your passport so I can begin to fill out the necessary forms? I will then instruct you on how to apply for a visa at the Azerbaijani Embassy.

In the meantime, please read through the work agreement I have included in this package, and make sure you are clear about each clause. Any revisions to the contract will have to be made quickly.

If you have any questions at all, please do not hesitate to contact me directly.

Regards,

Daisy Zajack

Daisy Zajac
Human Resources
The YST Azerbaijan Trading Co.
zajac@ystatco.az

Peter Parimeros/The YST Azerbaijan Trading Co. Work Agreement

The following is a work agreement (hereafter the Agreement) between Peter Parimeros (hereafter the Employee) and The YST Azerbaijan Trading Co. (hereafter the Employer).

1. Basic Monthly Salary: 14 175 000 manat (USD 1 = AZM4 725)

2. Working Hours: 8 hours/day, Monday-Thursday, Saturday
    i. Regular overtime: 88 540 manat/hour
    ii. Friday, Sunday & holidays: 177 080 manat/hour

3. Vacation/Sick Leave: A total of 15 work days (not including public holidays)

4. Company allowance of AZM472 500 / month. Special allowances granted in the case of overseas travel done on behalf of the company.

5. Travel expenses will be paid in full. This includes the Employee's daily commute to work, business trips, and any other travel done for work purposes. The Employee will also be provided with a round-trip ticket from his country of origin to Azerbaijan.

6. The Employee will be provided medical and dental insurance free of charge.

7. Termination of Contract: The Employee...

文書の訳 （ビジネスレターと契約書）
（本文のみ）

Parimeros様

　先月にはアゼルバイジャンまでわざわざお越しくださり、心からお礼を申し上げます。Bakuでの私たちとの滞在を楽しまれたことを願っております。貴方に4月1日より営業部員としての採用をお知らせできることを大変嬉しく存じております。

　着任日まであまり時間もなく、ビザ、宿泊先、交通機関等の手配の関係もございますので、至急、ポストに就いていただけるかどうかの確認のお返事をいただきたいと存じます。また、必要書類を作成いたしますので、パスポートのコピーをファックスしていただけますでしょうか。事後アゼルバイジャン大使館でのビザの申請方法をご説明させていただきます。

　またこの機に、同封いたしました契約書の内容すべてにお目通しいただき、それぞれの条項についてご確認ください。契約書に要修正箇所があれば、ただちに直さなければなりません。

　ご質問等ございましたら、どうぞご遠慮なく直接私にご連絡ください。
宜しくお願い申し上げます。
Daisy Zajac
人事部

　　　　Peter Parimeros/The YST Azerbaijan Trading Co. 雇用契約書
下記の条項はPeter Parimeros（以下「被雇用者」と呼ぶ）とThe YST Azerbaijan Trading Co.（以下「雇用者」と呼ぶ）との雇用契約（以下「契約」と呼ぶ）内容である。

1. 基本給：月給　14,175,000 manat (USD 1= AZM 4,725)
2. 勤務時間：月曜日〜木曜日及び土曜日　1日8時間勤務
　　　Ⅰ. 平日残業手当　時給88,540 manat
　　　Ⅱ. 金曜日、日曜日及び祝日の手当て　時給 177,080 manat
3. 休暇及び病気休暇：計15日（祝日は含まない）
4. 会社支給諸手当て　毎月AZM 472,500。社代表として海外に出張する際には特別手当を支給。
5. 交通費全額支給。通勤交通費、出張及び商用の移動交通費を含む。被雇用者は自国からアゼルバイジャンまでの往復航空券を支給される。
6. 医科歯科治療に対する医療保険を保険料免除で給付。
7. 契約の解除について：被雇用者は…

6. What is the purpose of the letter?
   (A) To thank someone for their interest in a position
   (B) To notify someone on the success of their candidacy
   (C) To reply to an inquiry from an applicant
   (D) To reject someone's candidacy

7. What is Peter Parimeros expected to do right now?
   (A) Wait for a copy of his contract to arrive
   (B) Start looking for a new job
   (C) Familiarize himself with the company's objectives
   (D) Start assisting in the visa application process

8. According to the contract, what days will the employee have off?
   (A) Fifteen days only
   (B) Saturdays and Sundays
   (C) Fridays and Sundays
   (D) Some public holidays

9. What travel expenses must the employee pay himself?
   (A) Their daily commute
   (B) Private travel done outside of work
   (C) Travel expenses accumulated while on business trips
   (D) Transportation to and from Azerbaijan

10. What is NOT mentioned as one of the benefits the employee is entitled to?
   (A) A company car
   (B) Medical insurauce
   (C) Free passage from his/her home country to Azerbaijan
   (D) AZM472 500 that can be spent freely each month

解答と設問の訳

6. **訳** 手紙の主旨は何ですか。
   (A) ポストに興味を持ってくれたことへの感謝の意を表すこと
   (B) 求職者に採用通知をすること
   (C) 求職者からの問い合わせに対して回答すること
   (D) 求職者への不採用通知をすること

解答 正解(B)　notifyは「通知する、知らせる」、candidacyは「立候補」という意味。the success of their candidacyは「採用されたこと」を表します。手紙の第1段落のIt is our great pleasure to offer you the sales position starting April 1.から仕事のオファーをする手紙だとわかります。(B)が正解。(C)のreplyは「答える」、inquiryは「問い合わせ」、(D)のrejectは「拒絶する」という意味。

7. **訳** ピーター・パリメロスはこれから何をすることになっていますか。
   (A) 契約書のコピーが届くのを待つ
   (B) 新しい仕事を探し始める
   (C) 会社の目標に精通する
   (D) ビザ申請の手続きに協力する

解答 正解(D)　手紙の第2段落の最後の文、I will then instruct you on how to apply for a visa at the Azerbaijani Embassy.にビザ申請手続きについて指示するとあるので、(D)が正解。instructは「指示する」、apply forは「申請する」、(C)のfamiliarizeは「精通させる」、objectiveは「目標」という意味。

8. **訳** 契約によると、社員はいつ休みを取れることになっていますか。
   (A) 15日間のみ
   (B) 土曜日と日曜日
   (C) 金曜日と日曜日
   (D) 祝日

解答 正解(C)　設問のday(s) offは「休日」という意味。契約書の2. Working Hoursに勤務日が書いてあります。その勤務日以外の日が休みということなので、金曜日と日曜日の(C)が正解。

9. **訳** 社員が自分で負担しなければならない交通費はどれですか。
   (A) 通勤交通費
   (B) 仕事以外の個人的な旅行
   (C) 出張の際に使用した交通費総額
   (D) アゼルバイジャンまでの往復交通費

解答 正解(B) 設問のtravel expensesは「交通費」という意味。契約書の5.には、仕事に関係する交通費が支給されると書いてあり、個人的な旅行の交通費までは含まれていません。正解は(B)。(A)のcommuteは「通勤」、(C)のaccumulateは「(少しずつ)ためる」という意味。

10. **訳** 社員がもらえる手当ての中で述べられていないものはどれですか。
    (A) 社用車
    (B) 医療保険
    (C) 自国からアゼルバイジャンまでの渡航費
    (D) 自由使途諸手当て月AZM 472,500

解答 正解(A) 設問のbenefitsは「手当て」、be entitled toは「～の権利がある」という意味。社用車に関しては契約書に書かれていないので、(A)が正解。(B)については契約書の6.に、(C)については契約書の5.に、(D)については契約書の4.に書いてあります。

TOEIC 模擬試験編

A full set of the TOEIC® TEST

200問完全 TOEIC模擬試験

確認事項

- 最終ページにある解答用紙を使ってください。

- リスニング・セクション(PART 1・2・3・4)はCD2を聞いて解答してください(実際のTOEICテストより、本書では若干時間が長くなっています)。

- **リーディング・セクション(PART 5・6・7)の制限時間は75分です。**
  タイマーを使用して、この時間は必ず守ってください。
  理想的な時間配分は 　PART 5 (14分)
  　　　　　　　　　　　PART 6 (6分)
  　　　　　　　　　　　PART 7 (55分) です。

- PART 1, 3, 4は英文を聞く前に、写真や設問に目を通せるかどうかがポイントです。

- PART 5とPART 6の問題は、「知っているか、いないか」の問題です。知らない問題に時間をかけても無駄です。少し考えてわからなかったら素直にあきらめて、次の問題に移ったほうが得策です。

- PART 7の問題は、時間をかければかけるほど正答率が上がります。そのためにも、PART 5とPART 6をいかに速く終わらせるかがポイントになります。

- 解答欄は必ず全部埋めてください。わからない問題でも、解答欄に一応マークしておきましょう。後でまた考えようと思って解答欄を空欄にしておくと、解答欄をずらしてしまう恐れがあります。また、時間が余るということはほとんどないと考えておいていいでしょう。

LISTENING TEST

In the Listening test, you will be asked to demonstrate how well you understand spoken English. The entire Listening test will last approximately 45 minutes. There are four parts, and directions are given for each part. You must mark your answers on the separate answer sheet. Do not write your answers in the test book.

PART 1

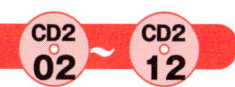

Directions: For each question in this part, you will hear four statements about a picture in your test book. When you hear the statements, you must select the one statement that best describes what you see in the picture. Then find the number of the question on your answer sheet and mark your answer. The statements will not be printed in your test book and will be spoken only one time.

Example

Sample Answer
Ⓐ Ⓑ ● Ⓓ

Statement (C), "They're standing near the table," is the best description of the picture, so you should select answer (C) and mark it on your answer sheet.

1. (CD2 03) Ⓐ Ⓑ Ⓒ Ⓓ

2. (CD2 04) Ⓐ Ⓑ Ⓒ Ⓓ

3. CD2 05 Ⓐ Ⓑ Ⓒ Ⓓ

4. CD2 06 Ⓐ Ⓑ Ⓒ Ⓓ

TOEIC模擬試験　215

5. CD2 07 Ⓐ Ⓑ Ⓒ Ⓓ

6. CD2 08 Ⓐ Ⓑ Ⓒ Ⓓ

7. (CD2 09) Ⓐ Ⓑ Ⓒ Ⓓ

8. (CD2 10) Ⓐ Ⓑ Ⓒ Ⓓ

TOEIC模擬試験　217

9. [CD2 11] Ⓐ Ⓑ Ⓒ Ⓓ

10. [CD2 12] Ⓐ Ⓑ Ⓒ Ⓓ

218

PART 2

Directions: You will hear a question or statement and three responses spoken in English. They will be spoken only one time and will not be printed in your test book. Select the best response to the question or statement and mark the letter (A), (B), or (C) on your answer sheet.

Example

Sample Answer
Ⓐ ● Ⓒ

You will hear: Where is the meeting room?
You will also hear: (A) To meet the new director.
　　　　　　　　　(B) It's the first room on the right.
　　　　　　　　　(C) Yes, at two o'clock.

The best response to the question "Where is the meeting room?" is choice (B), "It's the first room on the right," so (B) is the correct answer. You should mark answer (B) on your answer sheet.

11. Mark your answer on your answer sheet.
12. Mark your answer on your answer sheet.
13. Mark your answer on your answer sheet.
14. Mark your answer on your answer sheet.
15. Mark your answer on your answer sheet.
16. Mark your answer on your answer sheet.
17. Mark your answer on your answer sheet.
18. Mark your answer on your answer sheet.
19. Mark your answer on your answer sheet.

TOEIC模擬試験　**219**

20. (CD2 23) Mark your answer on your answer sheet.
21. (CD2 24) Mark your answer on your answer sheet.
22. (CD2 25) Mark your answer on your answer sheet.
23. (CD2 26) Mark your answer on your answer sheet
24. (CD2 27) Mark your answer on your answer sheet.
25. (CD2 28) Mark your answer on your answer sheet.
26. (CD2 29) Mark your answer on your answer sheet.
27. (CD2 30) Mark your answer on your answer sheet.
28. (CD2 31) Mark your answer on your answer sheet.
29. (CD2 32) Mark your answer on your answer sheet.
30. (CD2 33) Mark your answer on your answer sheet.
31. (CD2 34) Mark your answer on your answer sheet.
32. (CD2 35) Mark your answer on your answer sheet.
33. (CD2 36) Mark your answer on your answer sheet.
34. (CD2 37) Mark your answer on your answer sheet.
35. (CD2 38) Mark your answer on your answer sheet.
36. (CD2 39) Mark your answer on your answer sheet.
37. (CD2 40) Mark your answer on your answer sheet.
38. (CD2 41) Mark your answer on your answer sheet.
39. (CD2 42) Mark your answer on your answer sheet.
40. (CD2 43) Mark your answer on your answer sheet.

PART 3

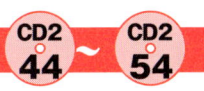

Directions: You will hear some conversations between two people. You will be asked to answer three questions about what the speakers say in each conversation. Select the best response to each question and mark the letter (A), (B), (C), or (D) on your answer sheet. The conversations will be spoken only one time and will not be printed in your test book.

41. How did Michiko feel about her trip to Italy?
    (A) She hated how crowded it was.
    (B) She thought Italy was a very expensive country.
    (C) She loved everything except for the food.
    (D) She particularly liked the Italian cuisine.

42. What is Rick worried about?
    (A) He thinks the trip might be expensive.
    (B) He is not sure if he can eat Italian food everyday.
    (C) He is worried because he cannot speak Italian.
    (D) He is worried about bringing his wife.

43. What does Michiko say about Italian people?
    (A) They are very friendly.
    (B) They may steal something from your baggage.
    (C) They often speak more than one language.
    (D) They always carry a lot of cash.

44. What will happen on September 5?
   (A) Mario will resign from his company.
   (B) Mario will become the head of R&D.
   (C) Mario will lose his job.
   (D) There will be a new subsidiary.

45. Why is Mario concerned?
   (A) He thinks Mr. Carnegie is a poor manager.
   (B) He is worried that he may become unemployed.
   (C) He wants to make sure he has the final say.
   (D) He has never met the head of the department.

46. Why will Mr. Carnegie be in charge?
   (A) He has worked for the company for a long time.
   (B) His department is bigger than the other department.
   (C) He is the one who organized the merger.
   (D) He knows a lot about research and development.

47. What happened last Saturday?
   (A) They went to see a movie.
   (B) They couldn't meet.
   (C) The woman cooked dinner for Rick.
   (D) Rick's mother visited him.

48. What are the speakers doing?
   (A) Rescheduling a business meeting
   (B) Discussing a date to visit the woman's mother
   (C) Discussing their plans for the weekend
   (D) Choosing a movie to watch

49. What have they decided to do?
   (A) Go to the woman's house this weekend
   (B) Have dinner at Rick's
   (C) Meet in Rick's office
   (D) Eat out after seeing a movie

CD2 48

50. What is Ms. Davis doing?
    (A) Applying for a position as a sales representative
    (B) Reporting to the man about his sales target
    (C) Inquiring about early retirement
    (D) Providing information about a position the man has applied for

51. What does the man say about his previous company?
    (A) They made him retire early.
    (B) They provided him with a generous commission.
    (C) Its pension scheme was not adequate.
    (D) They gave him two weeks of paid vacation time.

52. What kinds of incentives are being offered?
    (A) Extra days off and the possibility to travel abroad
    (B) Early retirement schemes for people under the age of 45
    (C) Secretarial services after five months of employment
    (D) Performance bonus payments

CD2 49

53. What are they discussing?
    (A) The exploitation of part-time workers by the company
    (B) Mary's contract of employment
    (C) Working conditions in the office
    (D) A contract related to employment

54. What does Mr. Lambert want Mary to do?
    (A) Agree to the renewal of her contract
    (B) Make some changes to a document
    (C) Draw up a contract for him
    (D) Make copies of the contract

55. When will Mary get back to work?
    (A) Immediately
    (B) From this April
    (C) When the new contract is ready
    (D) When working conditions have improved

56. What is Mark requesting?
(A) An extension of his work contract
(B) That the accounting department be audited
(C) More information about the surprise audit
(D) Permission to submit his report at a later date

57. Why is Ms. Lim reluctant to grant the request?
(A) It is not the first time Mark has made this request.
(B) She is busy dealing with the surprise audit.
(C) The information about the audit should be kept strictly confidential.
(D) She doesn't think Mark is an asset to the company.

58. What has Ms. Lim decided to do?
(A) Prolong Mark's work contract for another ten months
(B) Disclose no information to anyone
(C) Speak to the head of the Accounting Department
(D) Extend the deadline of Mark's report

---

59. What will happen to Frank?
(A) He will get a promotion.
(B) He will be transferred.
(C) He will resign from the company.
(D) He will file for divorce.

60. What kind of position are they discussing?
(A) A posting that will last less than two years
(B) A permanent overseas position
(C) A temporary post as a school teacher
(D) A management position as a postal worker

61. What do they say about Frank's wife?
(A) She is happy about his new post.
(B) She is excited about the transfer.
(C) She would prefer to stay where she is.
(D) She is so upset that she wants a divorce.

62. Where are the speakers?
(A) In the man's office
(B) In Alice's office
(C) In a meeting room
(D) In a factory

63. What do they say about sales volume?
(A) It has dropped sharply.
(B) It has leveled off.
(C) It has increased dramatically.
(D) It has gone up steadily.

64. What happened last week?
(A) Customers started canceling their orders.
(B) The machinery in the factory broke down.
(C) They couldn't keep up with orders.
(D) Production costs saw a sudden increase.

65. What kind of contract are the speakers discussing?
(A) An employee work agreement
(B) One relating to a joint venture
(C) A government supplier contract
(D) A construction contract

66. Who won the contract?
(A) The company that had the leading bid
(B) The speakers' company
(C) Two of the companies won a joint contract.
(D) Government officials

67. Why did that group win the contract?
(A) They seemed least likely to become involved in a scandal.
(B) The president is related to one of the government officials.
(C) They had the leading bid at the start of the negotiations.
(D) Two companies can do a much better job than one company alone.

CD2 54

68. What happened to the meeting?
(A) It was postponed.
(B) They decided to hold it in the greenroom instead.
(C) The meeting time was changed.
(D) The meeting was called off.

69. What was the cause?
(A) There was an explosion at the plant.
(B) Nobody could use the internet to access data.
(C) There was an emergency at the plant.
(D) All the computers were affected by a computer virus.

70. What did Daryl offer to do?
(A) Have her computer seen to
(B) Show her the notes he took during the meeting
(C) Verbally explain the meeting's agenda
(D) Fix her computer himself

PART 4

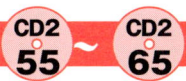

Directions: You will hear some short talks given by a single speaker. You will be asked to answer three questions about what the speaker says in each short talk. Select the best response to each question and mark the letter (A), (B), (C), or (D) on your answer sheet. The talks will be spoken only one time and will not be printed in your test book.

71. What was changed?
    (A) One of the presenters in the afternoon
    (B) The length of the conference
    (C) One of the conference rooms
    (D) The place where refreshments will be served

72. What was the reason for the change?
    (A) The first room was not large enough.
    (B) The original presenter became suddenly ill.
    (C) One of the presenters missed his flight.
    (D) They received many complaints.

73. What is the topic of the presentation being given at 3:00 in the main hall this afternoon?
    (A) Increasing health risks caused by stress from the workplace
    (B) Changing corporate culture
    (C) Ethnicity in the workplace
    (D) Ingrained prejudices

74. Where will Toshiyuki Kaneda be working?
(A) In the south of Europe
(B) The Eastern European Division
(C) The Tokyo Branch
(D) The International Marketing Section

75. What did Toshiyuki Kaneda do in South America?
(A) He worked there for several years.
(B) He turned the company around in that area.
(C) He worked under Mr. Hill.
(D) He studied there as an exchange student.

76. What is the speaker saying about Toshiyuki Kaneda?
(A) This is the first time he has been permanently transferred abroad.
(B) He has a good command of English.
(C) He has no previous experience in marketing.
(D) He has extensive experience in working abroad.

---

77. What problem are they experiencing?
(A) The food has not yet arrived.
(B) There is a poor turnout.
(C) The president's car had a flat tire.
(D) There is not enough food for everyone.

78. What will happen right after lunch?
(A) They will eat some toast.
(B) They will play some games.
(C) They will see a movie.
(D) Some people will make speeches.

79. What will they do after they are broken up into departments?
(A) Propose a toast
(B) Run in a race
(C) Watch a DVD
(D) Show a film

80. What has happened to the price of gas over recent months?
 (A) It has continued to go up.
 (B) It has leveled off.
 (C) It has dropped dramatically.
 (D) It has fluctuated.

81. What is the cause?
 (A) A string of natural disasters
 (B) Consumer preferences towards public transportation
 (C) Problems with the local currency
 (D) Regional instability and logistics problems

82. What companies are most affected?
 (A) Companies in the Middle East
 (B) Construction companies
 (C) Shipping companies
 (D) The US postal service

83. What kind of award is being presented?
 (A) An award presented every year
 (B) An award for salespeople
 (C) An award for lifetime achievement
 (D) An award that recognizes potential

84. Who is eligible to receive the award?
 (A) Only people under the age of 25
 (B) All employees
 (C) Salespeople with over five years' experience
 (D) Employees only years away from retirement

85. What did this year's recipient do to receive it?
 (A) Invented a best-selling product
 (B) Worked for over 25 years with the company
 (C) Was competent in both marketing and sales
 (D) Sold more than any other salesperson this year

86. Who most likely is the speaker?
(A) A departmental supervisor
(B) A buddy of one of the managers
(C) A member of the board
(D) A local fire fighter

87. What is the purpose of the talk?
(A) To praise good performance during the fire drill
(B) To demonstrate the use of fire extinguishers
(C) To show the location of the fire escapes in the building
(D) To explain evacuation procedures

88. What are the listeners advised to do in case of a fire?
(A) Make sure that everyone is in Meeting Room G
(B) Head directly for the escape chute
(C) Gather in front of the elevators
(D) Find their designated "buddies"

89. Who organized this event?
(A) The speaker did.
(B) Jan and Susanna-Lyn, for the most part
(C) Pete and Roxanne did most of the organizing.
(D) Someone from the Personnel Department did.

90. What will the speaker do?
(A) Start working in the Personnel Department
(B) Transfer to an overseas branch office
(C) Retire from the company
(D) Get promoted to company president

91. What does the speaker say about the future?
(A) He wants to run the Personnel Department more efficiently.
(B) He is looking forward to a long vacation with his wife.
(C) He is going to expand the overseas market.
(D) He wants to keep in contact with his ex-coworkers.

92. Who is the talk aimed at?
(A) Employees from Finance Department
(B) Employees from Human Resources
(C) Participants at a conference
(D) New employees

93. Who will explain how to get an ID card?
(A) Barbara Kingston
(B) Erin Monhan
(C) Josh Glazner
(D) Someone from the Finance Department

94. What will Josh Glazner discuss?
(A) Salary
(B) Benefits
(C) Taxation
(D) Company policies

---

95. What is the main topic of the talk?
(A) How to find good but inexpensive hotels
(B) How to travel safely in third-world countries
(C) Traveling without fear of contracting diseases
(D) Purchasing discount airfares

96. What does the speaker suggest travelers do?
(A) Reserve their seats on the plane at least six weeks in advance
(B) Have vaccinations well before departure
(C) Book hotel accommodation online
(D) Carry copies of their passports at all times

97. What kind of information can be obtained by calling the toll-free number?
(A) The availability of bargain tickets to Asia, Africa, and South America
(B) Recommended travel websites
(C) Recommended hotels
(D) A list of required vaccinations for each destination

98. Who is the speaker?
(A) A museum director
(B) A tour guide
(C) A historian
(D) An architect

99. What does "Angkor Wat" mean in Cambodian?
(A) "Great city"
(B) "Angkor Temple"
(C) "King Angkor"
(D) "Angkor Ruins"

100. What does "80 minutes" refer to?
(A) The amount of time a lecture on Angkor Wat will take
(B) The amount of time a tour of the museum will take
(C) The amount of time it will take to arrive at their destination
(D) The amount of time a tour of the complex will take

Stop. This is the end of the Listening test. Turn to Part 5 in your test book.

READING TEST

In the Reading test, you will read a variety of texts and answer several different types of reading comprehension questions. The entire Reading test will last 75 minutes. There are three parts, and directions are given for each part. You are encouraged to answer as many questions as possible within the time allowed.

You must mark your answers on the separate answer sheet. Do not write your answers in the test book.

PART 5

Directions: A word or phrase is missing in each of the sentences below. Four answer choices are given below each sentence. Select the best answer to complete the sentence. Then mark the letter (A), (B), (C), or (D) on your answer sheet.

101. The mayor ------ a plaque to Mr. Eastwood for his commitment to promoting local business.
    (A) presented
    (B) submitted
    (C) allowed
    (D) distributed

102. When a mistake occurs, steps must be taken ------ to ensure that similar mistakes do not occur in future.
    (A) immediate
    (B) immediateness
    (C) immediacy
    (D) immediately

103. Farmers are greatly ------ about the apparent lack of competitiveness of their products in world markets.
    (A) concerned
    (B) encouraged
    (C) suitable
    (D) satisfied

104. The annual fuel bill for the plant has doubled ------ the last three years.
    (A) at
    (B) by
    (C) over
    (D) while

105. Any expense beyond $10,000 must ------ by our headquarters in the U.S.
    (A) approve
    (B) approved
    (C) be approving
    (D) be approved

106. The negotiators are hoping for a ------ in the next round of bilateral trade talks.
    (A) liability
    (B) breakthrough
    (C) confirmation
    (D) reputation

107. Their new range of cosmetics, on ------ they have spent $10 million to develop, will be launched next month.
    (A) who
    (B) whom
    (C) which
    (D) that

108. We have ------ reminded Collins Construction Company of the outstanding amount, but have received no payment to date.
(A) frequently
(B) hardly
(C) practically
(D) significantly

109. I doubt the manager would allow the renewal of the ------ when it runs out next March.
(A) agree
(B) agreeable
(C) agreeably
(D) agreement

110. The increased earnings at Eastern Air were directly ------ to a more efficient management system.
(A) appointed
(B) attributed
(C) caused
(D) resulted

111. ------ advertising is very expensive, it is a relatively economical way of reaching out to a large audience.
(A) Although
(B) Because
(C) However
(D) If

112. ------ parking spaces are reserved for the exclusive use of the president, board members, and upper management.
(A) Assessed
(B) Designated
(C) Dismantled
(D) Enhanced

113. Even though I have no pressing business with Brintex Internatioal at the moment, it is essential I maintain good ------ with them.
    (A) relate
    (B) relatives
    (C) relatively
    (D) relations

114. There is no excuse for arrogant behavior ------ however many contracts an employee may secure.
    (A) due to
    (B) regardless of
    (C) while
    (D) without

115. When an employee joins a large company, he or she is given an ------ card.
    (A) identify
    (B) identity
    (C) identical
    (D) identification

116. ------ in South Africa, many of the diamonds are sent to Amsterdam, where they are sold to international dealers.
    (A) Mine
    (B) Mining
    (C) Mined
    (D) Been mined

117. THK Industries has a number of ------ products, so you can expect to get a high return on your investment.
    (A) innovate
    (B) innovative
    (C) innovation
    (D) innovator

118. Even though the project should have been finished last week, they generously ------ the deadline by another month.
(A) exceeded
(B) excelled
(C) expanded
(D) extended

119. Our profits were at an all-time low, but in a dramatic ------ we finished the year strongly with record-breaking sales.
(A) turnaround
(B) turnout
(C) turnover
(D) turnpike

120. Please get back to us at your earliest ------ regarding your desire to attend the symposium.
(A) convenient
(B) most convenient
(C) conveniently
(D) convenience

121. The government has ------ the first advertising campaign discouraging young people from smoking.
(A) correlated
(B) intended
(C) launched
(D) opened

122. The union will go on strike tomorrow ------ we agree to their demands.
(A) because
(B) if
(C) unless
(D) that

123. The government is trying to encourage more people to set up ------ own companies.
    (A) their
    (B) them
    (C) theirs
    (D) themselves

124. One of our customers canceled a large order, and as a result we couldn't ------ our monthly sales target.
    (A) arrive
    (B) succeed
    (C) keep
    (D) meet

125. Managers should ------ check to see how well company goals are being met at each stage of every project.
    (A) period
    (B) periodic
    (C) periodical
    (D) periodically

126. The successful candidate will be responsible ------ heading up a team to manage all internal personnel disputes.
    (A) at
    (B) by
    (C) for
    (D) in

127. Even in a time of such urgency, it is essential that we follow standard ------ as always.
    (A) consequence
    (B) procedure
    (C) prospect
    (D) response

128. A top corporate executive must have a strong will, a ------ way of speaking, and a great deal of specialized knowledge.
(A) persuade
(B) persuasion
(C) persuasive
(D) persuasively

129. I suggest we have some kind of course ------ in which students fill out a questionnaire after the course is over.
(A) evaluation
(B) implementation
(C) performance
(D) reservation

130. Wilson Domestic Appliances is dedicated to ------ product quality and customer satisfaction.
(A) also
(B) both
(C) either
(D) neither

131. Few drugs on the market have been tested as ------ as this one.
(A) definitely
(B) extensively
(C) positively
(D) rarely

132. The marketing ------ of determining product, price, placement and promotion should not be planned in isolation.
(A) strategies
(B) strategists
(C) strategic
(D) strategically

133. The board ------ voted in favor of laying off a further 15% of the workforce over a three-year period.
    (A) potentially
    (B) relatively
    (C) substantially
    (D) unanimously

134. The enclosed brochures may help you choose an attractive tour and hotel ------ package.
    (A) accommodate
    (B) accommodating
    (C) accommodated
    (D) accommodation

135. It is ------ for all salespeople to attend the progress analysis meeting this Friday.
    (A) require
    (B) favorite
    (C) mandatory
    (D) superior

136. Despite the fact that the equipment seems complicated to many people, it is ------ simple to operate.
    (A) remark
    (B) to remark
    (C) remarkable
    (D) remarkably

137. We are ------ to find the quality of the goods you supplied does not correspond with that of the samples submitted.
    (A) disappointed
    (B) fascinated
    (C) impressed
    (D) pleased

138. Because Mr. Anderson couldn't find a lawyer to take his case, he had no choice but to represent ------ in court.
 (A) he
 (B) his
 (C) him
 (D) himself

139. Ms. Hatch continued to work relentlessly ------ her doctor's disapproval.
 (A) although
 (B) despite
 (C) spite of
 (D) but

140. Before privatization, many nationalized industries were subsidized ------ the government.
 (A) at
 (B) by
 (C) except
 (D) including

PART 6

Directions: Read the texts below. A word or phrase is missing in some of the sentences. Four each empty space in the text, select the best answer to complete the text. Then mark the letter (A), (B), (C), or (D) on your answer sheet.

Questions 141-143 refer to the following e-mail message.

```
To:       sales@comptrain.com
From:     Kristy Abra, Corbett Heavy Industries
Subject:  Inquiry into possible management training
```

Dear Sir or Madam,

I am e-mailing to inquire about your comprehensive North American managerial training program for non-native English speakers.

Although your courses have been highly _____,

141. (A) recommend
(B) to recommend
(C) recommended
(D) recommending

our training division has been severely underfunded for several years. In short, I would like to discuss ways of reducing the overall cost of the program.

242

I am hoping it will be _____ to remove some

142. (A) customary
 (B) economic
 (C) essential
 (D) possible

of the units and reduce the time of the course to one week instead of two. I am also wondering about the feasibility of using a modified course book.

Though I am sure your reputation and your commitment to providing quality educational programs would be somewhat compromised, I would greatly _____

143. (A) accept
 (B) appreciate
 (C) appropriate
 (D) comprehend

your feedback on these ideas.

Sincerely,

Kristy Abra

Questions 144-146 refer to the following article.

The personal computer market _____ to experience difficulty
        144. (A) continuity
             (B) continues
             (C) continuous
             (D) continuously

exciting interest in consumer circles, as the latest models of the most powerful machines are collecting dust in retail outlets across the country. The game industry and internet-based companies do not seem to be suffering, so why are consumers no longer buying the latest state-of-the-art technology?

   The reason is that consumers have become sick of purchasing personal computers only to have to update them or buy a new one not long after. In the past, people would often _____ a new PC
        145. (A) buy
             (B) buying
             (C) bought
             (D) have bought

when their hard drives or other major components broke down, but these days they are more likely to pay for expensive repairs in order to save the money that they would have to spend on a brand-new machine.

   Of course, there are some technology enthusiasts _____ will
        146. (A) what
             (B) who
             (C) which
             (D) where

always buy the latest gadgets, but these groups are gradually decreasing in size. Computer and software companies now have to decide whether they will cut back on research or maintain their funding for the sake of development.

Questions 147-149 refer to the following report.

FOLLOW-UP REPORT REGARDING OLENNICK HOLDINGS' "LOW PRICE SUPA SAVA STORES" CHAIN

Due to the protracted war in the Middle East, the price of oil has increased more than ever before. Unfortunately, the world's other oil producers are unreliable and their prices _____ constantly. As a

147. (A) remain
(B) fluctuate
(C) fall
(D) steady

result, it is inevitable that businesses will be greatly affected by this price rise. Hardest hit will be any industry that relies on the consumption of oil. This includes the plastics industry, which is highly relevant to us at this time.

Olennick Holdings' discount chain, "Low Price Supa Sava Stores," hosts a large variety of very cheap items from Tupperware-like containers to children's toys, and around 70% of these products are made entirely or partially with plastic. With the worsening oil _____,

148. (A) products
(B) spill
(C) field
(D) crisis

we cannot hope to maintain our low fixed prices in these stores, nor can we expect to keep the stores running at a profit for much longer. The situation is so dire that we have come to the conclusion that every one of our "Low Price Supa Sava Stores" must be _____ down with

149. (A) close
(B) closed
(C) closing
(D) closure

the stock relocated immediately to our other retail outlets.

Questions 150-152 refer to the following article.

Ulysses Sheet Metal Inc.
555 E. Lafayette, Detroit, MI 95032
Tel: (734) 281-8399 / Fax: (734) 281-8398 accounts@ulysheetinc.com

November 7

Dear Mr. Pearl,

This is the final _____ regarding payment for your order of July 18
    150. (A) remind
        (B) reminding
        (C) reminder
        (D) reminded

(invoice #234789).

On September 3, you acknowledged receipt of our invoice, yet you have _____ remittance and
151. (A) delayed
    (B) requested
    (C) admitted
    (D) protested

have ignored all of Ulysses Sheet Metal's attempts to contact you in the last month. We have learned through private channels that you are supplying your customers with our parts, presumably those you have neglected to pay us for. This is unacceptable.

If payment cannot be _____ by November 30, I fear that the next
    152. (A) final
        (B) finally
        (C) finalizing
        (D) finalized

letter you receive will be from our attorney.

Sincerely,

Mark Kendrick

Mark Kendrick
Finance and Accounting
Ulysses Sheet Metal Inc.

PART 7

Directions: In this part you will read a selection of texts, such as magazine and newspaper articles, letters and advertisements. Each text is followed by several questions. Select the best answer for each question and mark the letter (A), (B), (C), or (D) on your answer sheet.

Questions 153-154 refer to the following advertisement.

There and Back Travel

We'll take you there and back again with our great specials this month!

SHANGHAI $380
PHUKET $450
LOS ANGELES $560
SYDNEY $590
LONDON $590
PARIS $610
SAO PAULO $1,100
LIMA $1,170

Prices include return airfare for up to one month after departure.

At There and Back Travel we can help you organize your visa as well as take care of your hotel reservations and book you on a variety of group tours. Our friendly staff can coordinate your holiday plans, so all you have to do is step on the plane! Call us now!

There and Back Travel Tel: 20 7216 8800 Fax: 20 7216 8801 tabtravel@tabtravel.com.uk

153. What is being offered?
  (A) Quotes for visa application fees
  (B) Discount airfares
  (C) Discount group tours
  (D) A reduction in hotel rates

154. How long will the offers be available?
  (A) Until the end of the year
  (B) For six months
  (C) Until the end of the month
  (D) Within one month of departure

Questions 155-156 refer to the following letter.

South East Communications Products

16290 Los Gatos Blvd. Suite 3, Los Gatos, CA 95032

Tel: (650) 693-2002 Fax: (650) 693-2003 inquiries@secproducts.com

May 19

Dear valued client,

Thank you for your continued business with South East Communications Products. We are writing to you at this time to inform you of changes to our prices of our fiber-optic products and services. This is partly due to inflation and to reasons outside our control.

There will be an across-the-board 3% increase in the price of fiber-optic cables. Recent studies have been done on cable degradation and industry standards now demand that cables be 2 millimeters thicker than they currently are. The custom-made machines that make the cables must be replaced, and the amount of raw materials that must be used in cable production has also increased. Your cooperation and understanding is much appreciated.

Installation fees will also rise slightly, as previously installed cables will need to be monitored, maintained and possibly replaced with thicker cables. This will not be a percentage increase but a fixed charge on your installation bills.

Please feel free to contact me if you have any questions regarding the price increases.

Sincerely,

Linda Dunn

Sales Division

South East Communications Products

---

155. What are clients being informed of?
(A) The discontinuation of a certain product
(B) Problems with certain services
(C) A new line of communications devices
(D) Changes to the prices of products and services

156. What kind of charge will installation incur?
(A) A charge that fluctuates
(B) A set fee that will not change
(C) A 3% surcharge
(D) Some companies will not be charged for installation.

Questions 157-159 refer to the following e-mail message.

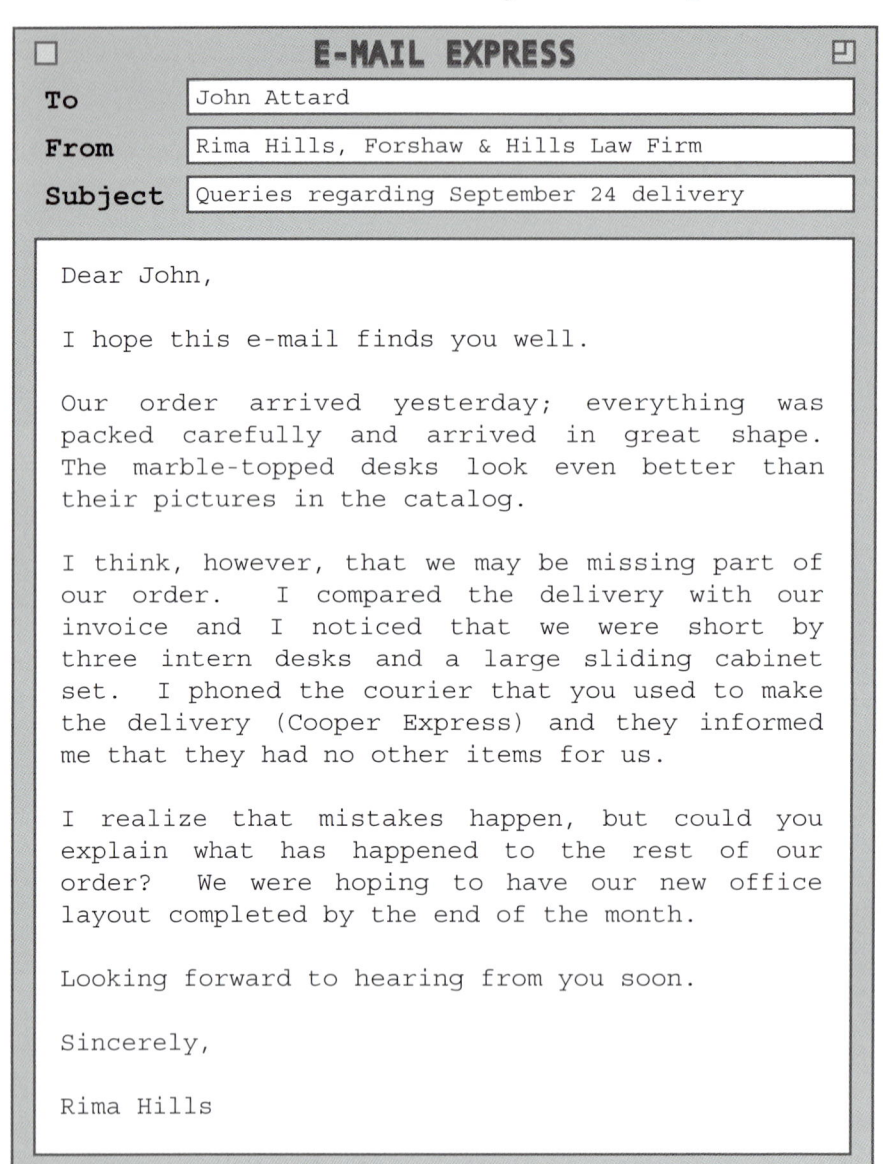

```
┌─────────────────────────────────────────────────────┐
│              E-MAIL EXPRESS                         │
│  To      │ John Attard                            │
│  From    │ Rima Hills, Forshaw & Hills Law Firm   │
│  Subject │ Queries regarding September 24 delivery│
├─────────────────────────────────────────────────────┤
```

Dear John,

I hope this e-mail finds you well.

Our order arrived yesterday; everything was packed carefully and arrived in great shape. The marble-topped desks look even better than their pictures in the catalog.

I think, however, that we may be missing part of our order. I compared the delivery with our invoice and I noticed that we were short by three intern desks and a large sliding cabinet set. I phoned the courier that you used to make the delivery (Cooper Express) and they informed me that they had no other items for us.

I realize that mistakes happen, but could you explain what has happened to the rest of our order? We were hoping to have our new office layout completed by the end of the month.

Looking forward to hearing from you soon.

Sincerely,

Rima Hills

157. What is the purpose of the e-mail?
 (A) To inquire about a line of office furniture
 (B) To report a problem with an order
 (C) To place an additional order
 (D) To cancel the order

158. What problem did Rima Hills experience recently?
 (A) Some of the office furniture in her office was ruined by the recent flood.
 (B) She did not receive her order even after the expected delivery date.
 (C) She received something she had not ordered.
 (D) She did not receive her entire order.

159. What did Rima Hills do before typing this e-mail?
 (A) Contacted several other furniture stores
 (B) Got quotes from several suppliers
 (C) Had her new office layout positioned
 (D) Phoned the courier

Questions 160-162 refer to the following article.

NEW LEGISLATION A STAB IN THE BACK FOR SMALL BUSINESSES

Small business groups have denounced the government's latest proposed economic bills as a stab in the back for small businesses. If the bills make it through the Senate, it will become easier for corporations to claim more tax exemptions, and easier for them to buy out competitors, namely smaller businesses. Big businesses have hailed the bills as putting the economy on the right path, but their small business counterparts claim it could be the start of the eventual demise of all people who own their own businesses.

Much controversy surrounds the bills. The corporations that will benefit the most from them were the biggest contributors to the government's election campaign last July. However during that campaign, the government promised a series of reforms that would benefit small businesses. These bills blatantly fly in the face of such promises. It is for this reason that many small business owners feel deceived and are responding with hostility. In recent weeks, business owners have been taking turns to protest outside parliament house. The protestors have vowed not to leave until the bills have been rejected in the Senate.

The bills passed through the Lower House on February 8, and will go into the Senate on February 11. Deliberations are expected to last for a week, and small business lobbyists are working hard to convince the independent senators not to pass the legislation, but only time will tell what the result will be.

160. How do big businesses feel about the economic bills?
(A) They are completely against the bills.
(B) They have responded negatively.
(C) They welcome the bills.
(D) They have not announced their views yet.

161. What is NOT indicated in the article about small businesses?
(A) They helped the government with their election campaign.
(B) They are engaging in a protest against the government.
(C) They are lobbying in the Senate.
(D) They are bitterly opposed to the economic bills.

162. How are the bills progressing?
(A) They have already been passed.
(B) They will be introduced soon.
(C) They are being debated in the Lower House.
(D) They have been passed in the Lower House only.

Questions 163-165 refer to the following advertisement.

Charbaji Electronic Entertainment Group Inc.

The Charbaji Electronic Entertainment Group Inc. is now looking for qualified full-time salespeople for its offices in Bern and Madrid.

Charbaji is a worldwide multimedia specialist, specializing in the best entertainment India has to offer. We work in providing local communities with the latest Indian chart toppers, as well as their favorite "Bollywood" films on DVD. We also distribute a number of independent film and music releases in markets where no other companies are distributing them. Experience in the multimedia industry and familiarity with Indian culture and language is welcome but not required. Only successful candidates will be contacted for interviews.

Incentives

- A base salary of approx. US$4K/month
- A raise every six months
- Monthly commission, performance bonuses
- Travel allowances
- A nominal living allowance
- Full health care
- Flexible pension scheme

> **Requirements**
> - College diploma in a business field
> - At least three years sales or marketing experience
> - Excellent English skills
> - Conversational Spanish (Madrid office)
> - Conversational German, French, or Italian (Bern office)
>
> Candidates should send their résumés to Charbaji by February 28. Send via e-mail to recruitment@charbaji.in, fax on +91 172 5017855, or by express mail to: **Charbaji Electronic Entertainment Group Inc., SCO 145-146 Sector 27B Chandigarh, 160 022, India.**

163. What is an applicant expected to do?
(A) Devise marketing campaigns in Spain or Switzerland
(B) Sell products to local Indian communities
(C) Co-produce Indian films in Hollywood
(D) Act as an interpreter during negotiations

164. What is NOT mentioned as a requirement?
(A) Experience in the multimedia industry
(B) A business-related degree
(C) A good command of English
(D) Knowledge of another language other than English

165. What fringe benefits can an applicant expect?
(A) A company car to drive around in
(B) Comprehensive housing assistance
(C) Two bonuses a year
(D) Health insurance and a pension plan

Questions 166-168 refer to the following article.

COASTAL TOWN BACK ON ITS FEET

It was only a little over twelve months ago that the town of Rules Beach on the coast of Queensland was struck by disaster. An enormous tropical storm roared through the vicinity, destroying houses, shops, government buildings and worst of all, hotels and resorts. The Rules Beach community was devastated by the loss of 38 lives, and the nearby section of the Great Barrier Reef was also damaged causing waters around Rules Beach to become murky with litter.

However, in the days following the tropical storm, large Brisbane-based corporations held a meeting in the battered town hall and pledged to restore Rules Beach to its former glory, donating a total of 30 million dollars. The next day, small-business owners opened their stores for part of the day, and three days later the Rules Beach Tourist Bureau was providing assistance to visitors to the area. Volunteers, including a large number of pensioners from nearby Baffle Creek, started arriving in buses to clean up the beachfront area. Insurance companies showed their support by processing claims from hotels and resorts quickly, allowing construction to commence. In just four short months, Rules Beach was beginning to look like a town again.

The following summer, the Australian Tourist Commission launched a massive government-subsidized advertising campaign to bring visitors back to Rules Beach. This year, Rules Beach has had many return visitors and profits are comparable to the years before the tropical storm hit. The citizens have done the impossible by reaping success from the seeds of destruction.

166. What happened to the Rules Beach community?
 (A) Many buildings were washed away by the flood.
 (B) The transportation networks were paralyzed by the eruption of a volcano.
 (C) Several buildings were flattened by an earthquake.
 (D) It was hit by violent weather.

167. What did NOT take place right after the disaster hit Rules Beach?
 (A) Volunteers organized a clean-up program.
 (B) Small-business owners launched an advertising campaign to bring visitors back.
 (C) Large businesses contributed a large sum of money.
 (D) The tourist information center reopened.

168. What is the current situation at Rules Beach?
 (A) It has been restored to its original state.
 (B) The citizens are cleaning up the beachfront area.
 (C) Small-business owners have just started to open their stores.
 (D) Volunteers are collecting donations from large businesses.

Questions 169-172 refer to the following memo.

OFFICE MEMORANDUM

DATE: August 1
TO: All staff
FROM: Benton Smith
RE: Changes to company-provided health insurance laws

From August 1 a new law concerning company-provided health insurance has come into effect. Instead of employers having to pay half the insurance fees, they are now only required to pay 30% for employees who have been with the company for less than five years, but 70% for employees who have been with the company for five years or more.

There is a grace period of six months before it becomes compulsory for employees to register using the new system (the changes are not automatic). It is in the best interests of the company that everybody registers for the new health insurance scheme as soon as possible. While employees, especially those who have been working with the company for less than five years, are well within their legal rights to delay their registration; we must make you aware that fines will be incurred for those people who register after February 1. Registrations must be made in person by a company representative, so leaving it until the last day of January will be leaving it too late.

A registration form is stapled to the back of this memo; simply fill it out and return it to your departmental secretary. The secretaries will only be collecting the forms for the next three months, after which it is up to you to personally submit the form to me in the Administration Building. If you have any questions in regard to how to fill out the form, information has been posted on the internet at www.mhw.gov/insurance. All general queries may be forwarded to me. I am available on extension 501 or via e-mail at benton@noisec.com.

169. What is NOT mentioned about the new insurance scheme?
(A) It is mandatory for every employee to join it.
(B) Employees who have been with the company for less than five years will pay 70% of their insurance fees.
(C) Employees who have been with the company for less than five years will pay 30% of their insurance fees.
(D) It becomes effective as of August 1.

170. The word "compulsory" in paragraph 2, line 1, is closest in meaning to
(A) necessary
(B) voluntary
(C) beneficial
(D) desirable

171. When must employees register?
(A) By August 1
(B) By November 1
(C) By the end of the year
(D) By February 1

172. What will happen to those who register after the registration deadline?
(A) They will not be able to join the insurance scheme.
(B) They will be fined.
(C) They will have to forgo 30% of their salaries.
(D) They will have to pay a 30% surcharge.

Questions 173-176 refer to the following report.

COMPARATIVE ASSESSMENT OF TF731J AND TF731K SYNTHETIC FIBERS

The R&D team recently put both the TF731J and TF731K synthetic fibers through a series of rigorous tests and the results are summarized as follows.

TF731K, the newer fiber, is slightly more durable than TF731J. The TF731K was also more resilient in harsh environments including sweltering heat and biting cold. It is also more difficult to cut or tear accidentally. Furthermore, TF731K accepts a number of different dyes and holds color well. Both muted hues and vibrant colors seem to adhere very well to it. After several cycles in a regular washing machine, dyed TF731K was far less likely to run than TF731J.

TF731K however, is slightly more expensive to manufacture. Also, due to its resiliency, it is difficult to cut neatly. Sadly, it will never be suitable for delicate garments, but could be extremely profitable as a material for pants, jackets, and loose-fitting shirts.

Currently we are using TF731J to mass produce a number of garments. This fiber is still better quality than what most other clothing manufactures are using and our profits continue to grow steadily. Under the current circumstances it would be costly and unnecessary to switch to TF731K now, despite its superiority. We should seriously consider switching to TF731K only when it appears our competitors are catching up to us.

173. What is the purpose of this report?
 (A) To evaluate raw materials
 (B) To provide information to customers
 (C) To expose the dangers of certain products
 (D) To discuss the differences between services

174. What is NOT mentioned as a feature of TF731K?
 (A) It is good for use with dyes.
 (B) It is not badly affected after several washes.
 (C) It is not suitable for fine garments.
 (D) It is not suitable for loose-fitting shirts.

175. What suggestion is being made in the report?
 (A) TF731K should be used.
 (B) TF731J should continue to be used.
 (C) The use of TF731J should be abandoned.
 (D) TF731K and TF731J should be used together.

176. What is the rationale behind the suggestion?
 (A) TF731K is by far better than TF731J.
 (B) TF731J is a product of low quality.
 (C) TF731J is still a relatively good product.
 (D) Together they form strong cloth.

Questions 177-180 refer to the following e-mail message.

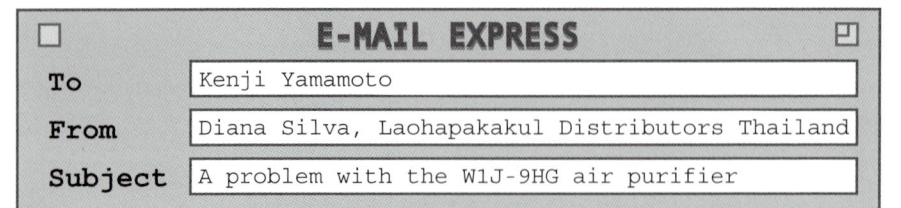

```
┌─────────────────── E-MAIL EXPRESS ───────────────────┐
│ To       │ Kenji Yamamoto                            │
│ From     │ Diana Silva, Laohapakakul Distributors Thailand │
│ Subject  │ A problem with the W1J-9HG air purifier   │
├───────────────────────────────────────────────────────┤
```

Dear Mr. Yamamoto,

I'm e-mailing to inform you of a problem that has come to our attention regarding the W1J-9HG air purifier.

Several retail stores have been returning the air purifiers with complaints that the purifiers are emitting a strange smell. We tested ten of the purifiers in stock by running them for a few hours a day. After just five days, six of them began emitting a damp, pungent odor.

It would appear that the filters on these models are the cause of the problem. They are clogging up quickly, and seem to be forcing dirt particles to re-circulate along with the purified air. We tried replacing the filters, and a chrome filter seems to clear up the problem completely. Of course we're not sure if this is a problem across the board, but we would like your authorization to replace the filters on the purifiers in our warehouse and request that you alter all the purifiers that are sent to Thailand in the future.

We look forward to your speedy reply.

Regards,

Diana Silva

177. What is the purpose of the e-mail?
 (A) To notify a manufacturer of a problem
 (B) To inquire about air purifiers
 (C) To make a business appointment with a client in Thailand
 (D) To discuss some research findings

178. What is reported about the W1J-9HG air purifier?
 (A) It is very popular on the Thai market.
 (B) It would be suitable for release in Thailand.
 (C) Its patents are required for a new product.
 (D) It releases a bad smell after short-term use.

179. The word "authorization" in paragraph 3, line 8, is closest in meaning to
 (A) power
 (B) permission
 (C) assistance
 (D) agreement

180. What is Ms. Silva requesting?
 (A) That use of the patents be approved quickly
 (B) That the purifiers be sent by air
 (C) That future air purifiers be modified
 (D) That Mr. Yamamoto contact the distributor

Questions 181-185 refer to the following letter and résumé.

Roman Weiss – Cover Letter
677 Moultrie Street, San Francisco, CA
Ph: (415) 386 0399 ropiet@hottermail.com

October 1

Tropea Incorporated
54 Hawthorne Street,
San Francisco, CA

Dear Employer,

As media standards and technology are constantly changing, advertising agencies such as yours are in need of creative employees with industry experience.

I have had extensive experience as an office employee, especially in media-related industries, and I am sure I would be a valuable asset by securing new contracts, satisfying the needs of valued customers, assisting in the launch of new campaigns, and improving the marketing tools you currently use. My familiarity with corporate culture in media-related industry will ensure that my transition into your organization will be seamless.

I have university degrees in both economics and marketing, however as my résumé will show I have worked in a creative capacity at other well-known advertising agencies. I am interested in contributing to your organization as a creative consultant.

I am certain you will find me a valuable addition to your team and I thank you in advance for your consideration.

Sincerely,

Roman Weiss

Roman Weiss

Roman Weiss – Résumé
677 Moultrie Street, San Francisco, CA
Ph: (415) 386 0399 ropiet@hottermail.com

PREVIOUS EMPLOYMENT

Creative Consultant, Bay Area Advertising, Berkeley, CA, Aug 02-Present
- Directed campaigns for print, TV, and radio
- Coordinated teams of advertising professionals
- Helped generate millions of dollars in sales

Creative Consultant, Downright Advertising, Oakland, CA, Mar 00-Aug 02
- Devised several successful advertising campaigns
- Worked closely with company client representatives
- Met with local business owners to discuss their needs

Marketing Trainee, Downright Advertising, Oakland, CA, Feb 99-Mar 00
- Worked closely with the Sales Department
- Supervised print media insertions
- Attended conventions and researched industry standards

EDUCATION

Post-graduate Degree in Marketing (Major: Marketing Theory), University of California, Berkeley, CA, Spring 98
Bachelor of Economics (Major: Modern Economics), University of California, Berkeley, CA, Spring 96

INTERESTS

I enjoy water sports, movies, reading, as well as traveling.

NO TEST MATERIAL ON THIS PAGE

181. What is the purpose of this letter?
   (A) To apply for a job position
   (B) To inquire about Tropea Incorporated
   (C) To assist a client with its advertising needs
   (D) To give some advice about advertising

182. What area does Tropea Incorporated specialize in?
   (A) IT
   (B) Publishing
   (C) Mass media
   (D) Advertising

183. What is Roman Weiss's background?
   (A) He has worked as an accountant.
   (B) He switched from marketing to advertising.
   (C) He has been a marketing consultant all his life.
   (D) He has been a student up until now.

184. Which organization does Roman Weiss currently work for?
   (A) Bay Area Advertising
   (B) Downright Advertising
   (C) Tropea Incorporated
   (D) The University of California

185. What did Roman Weiss do at Downright Advertising?
   (A) He ran the Sales Department.
   (B) He was a marketing manager.
   (C) He was a creative consultant for four years.
   (D) He was a marketing trainee.

Questions 186-190 refer to the following two e-mail messages.

E-MAIL EXPRESS

To: inquiries@gizmo.ca
From: Marie Tonet
Subject: Poor Customer Service

Dear Sir or Madam,

I am writing to complain about poor customer service that I endured attempting to utilize your toll-free customer hotline.

On December 21 just before Christmas, I bought a small home theater system from your outlet in Saint Laurent. On Christmas Day we tried to set the theater system up so that we could watch a movie. The display screen and edit menu were responding erratically and after two hours we decided to give up.

On December 27 I called your customer hotline. I was put on hold and made to wait for around twenty minutes before I could finally speak to an operator. When I explained the problem, he responded, "Well, read the manual! Any idiot who can read can fix the problem," and then hung up on me!

I would like to know what kind of training programs you have in place that encourages this kind of behavior. Furthermore, I demand to know what you intend to do about the unprofessional and downright rude way in which I was treated. Do you treat all of your "valued customers" in this manner?

As to our theater system, the problem seems to have fixed itself. I anticipate your speedy reply.

Sincerely,

Marie Tonet

	E-MAIL EXPRESS
To	Marie Tonet
From	Sharon Blanc, After Sales, Gizmo Zap Electronics Corp.
Subject	Re: Poor Customer Service

Dear Ms. Tonet,

Thank you for purchasing a home theater system with us. I am relieved to hear that it is now functioning properly.

First of all, I would like to say how shocked I was to read of your poor treatment at the hands of one of our representatives. There is absolutely no excuse for this kind of behavior, but please allow me the chance to explain as best as I can.

While we pride ourselves on product quality, we typically receive a flood of calls during the days following Christmas. Our regular hotline operators, in whom we invest a great deal of customer service training, are frankly unable to cope. In order to meet our customers' needs in a timely fashion, we hire a number of temporary operators and unfortunately many of them are lacking in the area of customer service. After checking our call logs, it would appear that one such operator took your call on December 27. As the Christmas rush has died down, he is no longer working for us, so we are unable to discipline him. However, I will see to it personally that he never sets foot on these premises again.

I know this may be of little consolation for you now, but I do hope you will accept my actions and on behalf of all the staff here at Gizmo Zap, I would like to offer you our sincerest apologies. In the meantime, should you experience any further difficulty with your home theater system, do not hesitate to contact me directly on 514-933-4033. It is not a toll-free number, but it will ensure that your call is put through immediately.

Yours sincerely,

Sharon Blanc
Manager, After Sales
Gizmo Zap Electronics Corp.

NO TEST MATERIAL ON THIS PAGE

186. Why did Marie Tonet write this e-mail?
(A) To demand monetary compensation
(B) To ask for assistance in using a product
(C) To report poor customer service
(D) To praise a high-quality product

187. What made Marie Tonet call the hotline?
(A) She was overcharged.
(B) The clerk had been rude to her.
(C) She was delighted with her purchase.
(D) She had difficulty using a product.

188. What is the current condition of the product Marie Tonet purchased?
(A) It is making a strange noise.
(B) There is something wrong with the screen.
(C) It is working properly.
(D) It has superb sound-and-picture quality.

189. Who responded to Marie Tonet's e-mail?
(A) A customer service representative
(B) A sales manager
(C) An after-sales manager
(D) A technician

190. What does Sharon Blanc promise Marie Tonet she will do?
(A) Assist her personally if the need should arise
(B) Pass on praise
(C) Grant a sum of money
(D) Fire an employee

Questions 191-195 refer to the following leaflet and e-mail message.

OFFICE INS AND OUTS WHOLESALERS NOVEMBER SPECIALS
Price List: *Copy Equipment and Supplies*

Printers / Printer Related	
D7200 Bubblewet Printer	£24.99
D9000 Bubblewet Printer	£54.99
D9000Z Bubblewet Printer Deluxe	£69.99
Exodus Laser Printer 49J	£89.99
Exodus Laser Printer 100	£109.99
Exodus Laser Printer Professional	£129.99
Ink cartridge, Black (single)	£2.49
Ink cartridge, Black (5-pack) REDUCED! ~~£12.49~~	£9.99
Ink cartridge, Color (single)	£2.99
Ink cartridge, Color (5-pack)	£12.49
Copiers / Copier Related	
Exodus Office Copier, Delta 9	£299.99
Exodus Office Color Copier, Echo 12	£449.99
Exodus Office Color Copier, Romeo 80	£674.99
CP Copy Paper, A4 (standard)	£1.99
CP Copy Paper, A4 (archival)	£2.99
CP Toner (Black)	£9.99
CP Toner (Color)	£14.99

* Available until November 30, while stocks last!

```
┌────────────────────────────────────────────────────┐
│              E-MAIL EXPRESS                        │
│ To       │ Brent Grossworthy              │        │
│ From     │ Toby Peters-Green              │        │
│ Subject  │ November specials pamphlet     │        │
└────────────────────────────────────────────────────┘
```

Hi Brent,

Thanks for getting the leaflet ready so quickly. I really appreciate all the work you've been doing lately.

As to the price listings, there are just a few small things I'd like you to change.

* It's already November 1, so we may as well go ahead and change "NOVEMBER SPECIALS" to "CHRISTMAS SPECIALS."
* Accordingly, let's make the expiry date of the sale Christmas Eve instead of Nov. 30.
* Next to "D7200 Bubblewet Printer," could you write in capitals, "ONLY TWO LEFT!" in bold?
* Individual black ink cartridges are actually £2.99 now, the same price as individual color cartridges.
* I've just got permission to reduce the price of the Exodus Romeo 80 by a further £100.00. Could you change it, underline it, and add a few exclamation marks to the end of the price?
* Finally, you forgot the toner B&W/color two-pack. It's £19.99.

We have to print these off as soon as possible, so after you've made the changes, swing by my desk and if there aren't any problems, I can print them off and have them delivered immediately.

Thanks again,

Toby

191. Why did Toby send the e-mail to Brent?
(A) To ask Brent to make some necessary changes to the list
(B) To inform Brent about the prices of the products
(C) To thank Brent for making the price list
(D) To place an order for one of the printers

192. What is the correct price of a single black ink cartridge?
(A) £ 2.49
(B) £ 2.99
(C) £ 9.99
(D) £ 12.49

193. According to the e-mail, how long will the specials be available for?
(A) One month
(B) Until November 30
(C) Until December 24
(D) Until the end of December

194. What will be written next to "D7200 Bubblewet Printer"?
(A) Only two left
(B) £ 24.99
(C) **ONLY TWO LEFT!**
(D) £ 24.99!!

195. What will Toby do after Brent has done what he asks?
(A) Submit the leaflet to his superior
(B) Send them to a printing company
(C) Evaluate Brent for a second time
(D) Send it on to various customers

Questions 196-200 refer to the following advertisement and e-mail message.

ENERGY-SAVE DOCUMENT MAKER

★ **Works like a regular printer or copier**

★ **Refillable ink cartridges**

★ **Uses up to 70% less electricity than competitors' devices**

★ **Uses an advanced "standby" mode**

★ **Laminates using the latest waxing technology**

★ **Shreds confidential and sensitive documents**

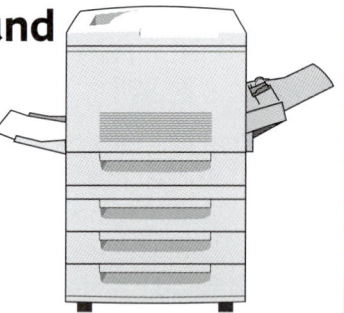

AVAILABLE FROM ALL GOOD OFFICE SUPPLIES STORES

CLICK HERE TO ORDER   MORE INFORMATION

Energy-Save™ Toll-free Number: 0055-197-197
save@energy-save.com

E-MAIL EXPRESS

To	save@energy-save.com
From	Lance Tugby, Office Review Monthly
Subject	The Energy-Save Document Maker

Dear Energy-Save,

I am a product review columnist for Boston's Office Review Monthly, a business journal that specializes in reviewing office equipment new on the market.

We saw your online advertisement for the "Energy-Save Document Maker" and would like to review it for our August edition. For this purpose, we are wondering if you have a demonstration model that we would be able to "road test" for a short period of time.

In addition, we are going to need some more information if you wish for us to elaborate on the claims in your advertisement. For example, "Refillable ink cartridges" sounds like a very messy process. Could you provide us with a demonstration or some promotional material, or even some samples? We would be most appreciative.

You also claim that it uses up to 70% less electricity than competitors' "devices," but this is hard to believe. Shredders alone are notorious for using up a lot of power. Can you provide us with the scientific evidence to back this claim?

If you could gather this information for us, I am confident we can write a fair and objective review. If possible, I would also like to interview your company's CEO or perhaps a developer who has worked closely on the Energy-Save Document Maker project.

I am looking forward to hearing from you soon. If you have any questions about the magazine or my review column, I would be happy to answer them for you.

Regards,

Lance Tugby

NO TEST MATERIAL ON THIS PAGE

196. Where does this advertisement appear?
(A) On TV
(B) In print
(C) The Internet
(D) On a hand-delivered flyer

197. What is being emphasized in the advertisement?
(A) The amount of money that can be saved
(B) The ecological benefits
(C) The prestige from owning such a product
(D) The shredding function

198. What does Lance Tugby want to do with the product?
(A) Write a review on it
(B) Get some samples before purchasing it
(C) Place a large order
(D) See a demonstration

199. What does Lance Tugby need?
(A) Detailed information
(B) A quote
(C) A price list
(D) A basic summary

200. What is Lance Tugby's final request?
(A) That the product be more environmentally friendly
(B) That he get a discount
(C) That several units be delivered at once
(D) That he be allowed to interview someone

Stop! This is the end of the test. If you finish before time is called, you may go back to Part 5, 6, and 7 and check your work.

TOEIC 模擬試験
解答と解説

PART 1

＊スクリプト及びスクリプトの訳&解答

1.
(A) The cars are stopping at the intersection.
(B) The building is being renovated.
(C) There's bumper-to-bumper traffic.
(D) There's a large statue inside the building.

> 訳　(A) 交差点に車が止まっている。
> **(B) 建物は改修中だ。**
> (C) 車が数珠つながりになって渋滞している。
> (D) 建物の中に大きな像がある。

正解(B)　renovate は「修繕する、改修する」という意味。改修中の建物があるので、(B)が正解。(A)はintersection「交差点」が聞き取れれば間違いだとわかります。(C)のbumper-to-bumper trafficは「数珠つながりになっている渋滞」のこと。渋滞の写真ではないので違います。(D)はstatue「像」が建物の中と言っていますが、写真では外にあります。

2.
(A) A man is walking across the street.
(B) A man is riding on a horse.
(C) People are getting on the bus.
(D) A statue is located behind the building.

> 訳　**(A) 男性は道路を横断中だ。**
> (B) 男性が馬に乗っている。
> (C) 人々はバスに乗るところだ。
> (D) 建物の後ろに像が立っている。

正解(A)　walk across the street「道路を横断する」から、正解は(A)。馬に乗った人の像は見えますが、本物の人ではないので(B)は間違い。バスに乗り込んでいる人の姿は見えないので(C)も間違い。(D)のbehindは「～の後ろに」という意味。像は建物の前にあるので(D)も間違い。

3.
(A) The room has an ocean view.
(B) A maid is making the bed.
(C) The room is being cleaned.
(D) The room is ready for use.

284

訳 (A) 部屋から海が見える。
(B) メイドがベッドメイキングをしている。
(C) 部屋は清掃中だ。
(D) 部屋の準備は整っている。

正解(D)　ベッドメイキングが終わった客室の写真なので、ready for use「使用できるよう準備ができている」と言っている(D)が正解。(A)はocean viewが間違い。メイドの姿は見えないので(B)も間違い。(C)のis being cleanedは「現在清掃中」という意味。掃除が終わった後の写真なので間違い。

4. (A) She's selling soft drinks at a stand.
(B) She's drinking a can of Coke.
(C) The vending machine is out of order.
(D) She's getting a drink.

訳 (A) 彼女は屋台でソフトドリンクを売っている。
(B) 彼女は缶コーラを飲んでいる。
(C) 自動販売機は故障中だ。
(D) 彼女は飲み物を買うところだ。

正解　(D)　自動販売機から飲み物を買おうとしている女性の写真。get a drinkから、(D)が正解。(A)はselling、(B)はdrinkingが間違いだとわかります。(C)はvending machine「自動販売機」を使ったひっかけの選択肢。out of orderは「故障している」という意味。写真の女性は飲み物を買おうとしているので、自動販売機は故障していないと判断します。

5. (A) The house has been repainted.
(B) The man is carrying a ladder.
(C) The man is painting the house.
(D) The house is being demolished.

訳 (A) 家のペンキが塗り替えられた。
(B) 男性ははしごをかついでいる。
(C) 男性は家のペンキを塗っている。
(D) 家は解体中だ。

正解(C)　ペンキを塗っている男性の写真なので、painting the houseから、(C)が正解。(A)のhas been repaintedはペンキの塗り替えが完了したことを表すので間違い。(B)のladderは「はしご」という意味。写真の男性は、はしごをかついでいないので間違い。(D)のdemolishは「解体する」という意味。解体中の家の写真ではないので間違い。

6.
(A) She's playing in an orchestra.
(B) She's playing a musical instrument.
(C) The performance has finished.
(D) She's performing on the stage.

訳　(A) 彼女はオーケストラで演奏している。
(B) 彼女は楽器を演奏している。
(C) 公演が終わった。
(D) 彼女はステージで公演中だ。

正解(B)　musical instrumentは「楽器」のこと。楽器を演奏している女性の写真なので、(B)が正解。(A)はorchestraが聞き取れれば間違いだとわかります。公演を終えた後の写真ではないので(C)も間違い。(D)のperforming on the stage「ステージで公演中」と言っているのも間違い。

7.
(A) Most of the people have already left the office.
(B) They're having a meeting.
(C) The computers have been turned off.
(D) Many people are working at computer terminals.

訳　(A) ほとんどの人がオフィスを出てしまっている。
(B) 彼らはミーティング中だ。
(C) コンピュータの電源は切ってある。
(D) たくさんの人がコンピュータの端末を使って仕事をしている。

正解(D)　コンピュータを使っている人がたくさん見える写真なので、working at computer terminalsと言っている(D)が正解。(A)のhave left the officeは「オフィスを出てしまって今はいない」という意味。オフィスには人がたくさんいるので間違い。ミーティング中の写真ではないので(B)も間違い。(C)のturn offは「電源を切る」という意味。コンピュータを使っている人がいるので電源は切られていません。

8.
(A) People are enjoying leisurely walks in the park.
(B) The truck is parked on the street.
(C) The three men are wearing suits.
(D) No automobiles are allowed on the street.

訳　(A) 公園でゆっくりと散歩を楽しんでいる人がいる。
(B) トラックが路上駐車している。
(C) 男性は3人ともスーツを着ている。
(D) この通りは自動車進入禁止だ。

正解(C)　写真の3人の男性は皆スーツを着ているので、(C)が正解。(A)はwalksを使ったひっかけの選択肢。parkが聞き取れれば間違いだとわかります。トラックは見えますが駐車しているわけではないので(B)も間違い。(D)のallowは「許可する」という意味。写真には自動車が写っているので、no automobiles are allowed「自動車進入禁止」は間違いだとわかります。

9.
(A) She's using a photocopier.
(B) The copy machine is being repaired.
(C) She's sending a fax.
(D) She's copying a file onto a blank CD-ROM.

訳　(A) 彼女はコピー機でコピーをとっている。
(B) コピー機は修理中だ。
(C) 彼女はファックスを送っている。
(D) 彼女は空のCD-ROMにファイルをコピーしている。

正解(A)　コピー機を使っている女性の写真なので、(A)が正解。(B)はcopy machineを使ったひっかけの選択肢。repairedが聞き取れれば間違いだとわかります。ファックスを送っているわけではないので(C)も間違い。(D)はcopyingを使ったひっかけの選択肢。

10.
(A) She's preparing a meal.
(B) She's setting the table.
(C) Cups have been placed on the table.
(D) She's serving drinks on a plane.

> 訳
> (A) 彼女は食事の支度中だ。
> (B) 彼女はテーブルに食器を並べている。
> **(C) テーブルの上にカップが置かれている。**
> (D) 彼女は機内で飲み物を配っている。

正解(C)　テーブルの上にカップが置いてあるので、(C)が正解。ここでのplaceは「～を置く」という意味。(A)のprepare a mealは「食事の用意をする」という意味。食事の支度をしているわけではないので間違い。(B)はtableを使ったひっかけの選択肢。set the tableは「テーブルに食器を並べる」という意味。(D)はon a plane「機内で」が間違いだとわかります。serveは「（食べ物や飲み物などを）出す」という意味。

PART 2

*スクリプト及びスクリプトの訳&解答

11. M: When was the marketing seminar held last year?
W: (A) In Atlanta.
　(B) It was a two-day seminar.
　(C) The same time as this year.

訳　M: 去年のマーケティングセミナーはいつ開かれましたか。
W: (A) アトランタでした。
　(B) 2日間のセミナーでした。
　(C) 今年と同じ時期でした。

正解(C)　whenで始めて、去年セミナーが行われたのはいつかを尋ねている疑問文。今年と同じ時期と答えている(C)が正解。(A)は場所について答えた文、(B)はセミナーの期間を答えた文なので、間違い。

12. M: Why are you under so much stress at the moment?
W: (A) Actually, I'm stressed out.
　(B) I'm really enjoying work these days.
　(C) I've been working long hours to meet my monthly sales quota.

訳　M: なんで今そんなにストレス抱えちゃってるわけ？
W: (A) 実はストレスで参っているのよ。
　(B) 最近仕事が楽しくってしょうがないの。
　(C) 今月の売上げノルマ達成のために長時間労働してるからよ。

正解(C)　whyで始めて、ストレスを抱えている理由を尋ねている疑問文。長時間勤務のためと答えている(C)が正解。quotaは「ノルマ」という意味。meetはここでは「(要求・期待など)を満たす、～に応じる」という意味。(A)はstressedを使ったひっかけの選択肢。(B)は仕事を楽しんでいると言っており、質問の答えとしては意味が通りません。

13. M: Have we run out of copy paper?
W: (A) No, I didn't buy any paper this morning.
　(B) Yes, I'll go and get some from the stockroom.
　(C) Yes, we're running out of time.

🈩 M: コピー用紙を切らしてしまったのかな。
W: (A) いいえ、今朝は紙を買いませんでした。
　　(B) ええ、倉庫に取りに行ってきます。
　　(C) ええ、そろそろ時間です。

正解(B)　質問にあるrun out ofは「〜を切らす」という意味。コピー用紙が切れてしまったのかと尋ねている疑問文。倉庫に取りに行ってくると言っている(B)が正解。(A)はpaperを使ったひっかけの選択肢。紙を買ったかという質問に対する答えであり、本設問の質問の答えにはなっていません。(C)はrun out ofを使ったひっかけの選択肢。

14. M: Didn't you get my fax?
W: **(A) No, the paper got stuck and the machine jammed.**
　　(B) Yes, I faxed it this morning.
　　(C) It's a well-known fact.

CD2 17

🈩 M: 私が送ったファックスを受け取らなかったのかい。
W: **(A) はい、ファックス機が紙詰まりで作動しなくなってしまったのです。**
　　(B) はい、今朝ファックスを送りました。
　　(C) それはよく知られている事実です。

正解(A)　ファックスを受け取らなかったのかと質問している否定疑問文。受け取れなかった理由を言っている(A)が正解。否定疑問文の受け答えにも注意。受け取らなかったのでnoという答えになります。(B)はfaxedを使ったひっかけの選択肢。(C)はfaxに発音が似ているfactを使ったひっかけの選択肢。

15. M: How long has your property been on the market?
W: **(A) It's been more than six months now.**
　　(B) I'm not in marketing anymore.
　　(C) In two years.

CD2 18

🈩 M: あなたの家を売りに出してからどれくらい経ちますか。
W: **(A) 半年以上経ちます。**
　　(B) 私はもうマーケティング部で働いていません。
　　(C) 2年後です。

正解(A)　how longで期間を尋ねている疑問文。6ヶ月以上と期間について答えている(A)が正解。ここで使われているpropertyは「土地、家屋」という意味。(B)はmarketingを使ったひっかけの選択肢。(C)のin two yearsは「2年後」という意味で、期間を表しているのではないので間違い。

16. **CD2 19**
M: Is Ms. Thompson still in charge of the Sales Department?
W: **(A) No, she's been promoted to vice president.**
　　(B) No, sales have dropped by five percent this month.
　　(C) No, it was delivered free of charge.

訳　M: トンプソンさんはまだ営業部の管理職でいらっしゃるのですか。
W: **(A) いいえ、彼女は副社長に昇進しました。**
　　(B) いいえ、今月売上げが5％落ちました。
　　(C) いいえ、その配送代は無料でした。

正解(A)　トンプソン氏がまだ営業部の管理職かどうかを尋ねている疑問文。彼女のポストについて説明している(A)が正解。(B)はsales、(C)はchargeを使ったひっかけの選択肢。(C)のfree of chargeは「無料で」という意味。

17. **CD2 20**
M: Why don't we organize a going-away party for Ms. Song?
W: (A) Because she wasn't happy with her salary.
　　(B) That's a good idea.
　　(C) Yes, it was a great party.

訳　M: ソンさんの送別会をやらない？
W: (A) 彼女は給料に満足していなかったからよ。
　　(B) それはいいアイディアね。
　　(C) それは素晴らしいパーティーだったわ。

正解(B)　Why don't we~? で始めて、提案をする文。提案に賛成している(B)が正解。organizeは「企画・準備する」という意味。(A)は彼女が辞めた理由を説明している文。(C)はpartyを使ったひっかけの選択肢。

18. **CD2 21**
M: This is your first visit to Vancouver, isn't it?
W: **(A) No, I've been here before.**
　　(B) Yes, I just got back from the bank.
　　(C) Yes, I've lived here all my life.

> 訳
> M: バンクーバーにいらっしゃったのは今回が初めてですよね。
> W: **(A) いいえ、以前来たことがあります。**
> 　　(B) はい、たった今銀行から戻りました。
> 　　(C) はい、生まれてからずっとここに住んでいます。

正解(A)　バンクーバーを訪ねたのは初めてかどうかを確認している付加疑問文。have been hereは「ここに来たことがある」という意味。(A)が正解。(B)はVancouverと発音が似ているbankを使ったひっかけの選択肢。(C)はどれくらい当地に住んでいるかを言っている文なので間違い。

19.
M: When will Mr. Harris be available?
W: (A) Yes, we'd like to know his availability.
　　(B) He dropped by my office yesterday.
　　(C) He'll be free in about half an hour.

> 訳
> M: ハリスさんにお目にかかれるのはいつ頃になりますか。
> W: (A) はい、彼の予定を聞かせてください。
> 　　(B) 彼は昨日私のオフィスに立ち寄りました。
> 　　**(C) あと30分ほどで彼も時間が空きますよ。**

正解(C)　whenで始めて、ハリス氏にいつ会えるかを尋ねている疑問文。willを聞き逃さないこと。in about half an hour「約30分後に」と、先(未来)の時間を答えている(C)が正解。(A)はavailabilityを使ったひっかけの選択肢。(B)はyesterdayと過去のことについて言っているので間違い。drop byは「～に立ち寄る」という意味。

20.
M: How's the MBC project going?
W: (A) No, they haven't made next year's sales projections yet.
　　(B) I'm afraid we're behind schedule.
　　(C) I'm going downtown to the city hall.

> 訳
> M: MBCプロジェクトの進捗状況はどうなっていますか。
> W: (A) いいえ、まだ来年の売上げ予測を立てていません。
> 　　**(B) あいにく予定より遅れています。**
> 　　(C) これから市庁舎に行くため街に出るところです。

正解(B)　howで始めて、プロジェクトの進捗状況を尋ねている疑問文。behind schedule「予定より遅れている」と答えている(B)が正解。(A)はprojections「予測、見積もり」、(C)はgoingを使ったひっかけの選択肢。

21. M: Don't you need to be in Chicago by 3:30?
W: **(A) No, the client canceled the meeting.**
(B) Yes, I need some time to think.
(C) I haven't been to Chicago for many years.

> 訳　M: 3時半までにシカゴに行くんじゃなかったのかい。
> W: **(A) いいえ、クライアントとのミーティングが中止になったのよ。**
> (B) ええ、少し考える時間が必要ね。
> (C) 私は何年もシカゴに行っていないわ。

正解(A)　3時半にシカゴでアポイントがあったのではないかと確認している否定疑問文。ミーティングが中止になって行く必要がなくなったと説明している(A)が正解。(B)はneed、(C)はChicagoを使ったひっかけの選択肢。have been toは「〜に行ったことがある」という意味。

22. M: Where will you be staying in Milan?
W: (A) For five days.
(B) At a friend's place.
(C) On business.

> 訳　M: ミラノではどこに泊まる予定ですか。
> W: (A) 5日間です。
> **(B) 友人宅です。**
> (C) 商用です。

正解(B)　whereで始めて、ミラノでの滞在先を尋ねている疑問文。友人宅に泊まると答えている(B) が正解。(A)は滞在期間、(C)は滞在目的を答えた文。

23. M: How about going to a Thai restaurant tonight?
W: **(A) Sounds good to me.**
(B) I've never been to Thailand.
(C) It's just around the corner.

> 訳　M: 今晩タイ料理のお店に行こうか。
> W: **(A) それはいいわね。**
> (B) 私はタイには行ったことないのよ。
> (C) 角を曲がった所にあるわよ。

TOEIC模擬試験の解答と解説

正解(A)　How about～?で始めて、食事に誘っている文。誘いに応じている(A)が正解。(B)はThailandを使ったひっかけの選択肢。(C)は場所を説明している文なので間違い。just around the cornerは「角を曲がった所に」という意味。

24.
M: Mr. Stone hasn't looked through the contract yet, has he?
W: **(A) No, he said he needs another day or so to read it all.**
　　(B) No, I've lost contact with him.
　　(C) Yes, he's been looking for it all morning.

> 訳　M: ストーンさんはまだ契約書に目を通していないですよね。
> W: **(A) はい、全部目を通すのにもう一両日ほど欲しいと言っていました。**
> 　　(B) いいえ、私はもう彼とは連絡をとっていません。
> 　　(C) はい、彼は午前中ずっとそれを探しています。

正解(A)　ストーン氏が契約書をまだ読んでいないことを確認している付加疑問文。もう1日～2日かかりそうだと答えている(A)が正解。(B)はcontractと発音が似たcontact、(C)はlookingを使ったひっかけの選択肢。

25.
M: What brings you to Sydney this time?
W: (A) I went to university there.
　　(B) I'm here for a publishers' convention.
　　(C) It's my favorite European country.

> 訳　M: 今回シドニーには来られたのはどのような御用で。
> W: (A) 私はシドニーの大学に行きました。
> 　　**(B) 出版社の会議に出席するためです。**
> 　　(C) ヨーロッパで大好きな国なのです。

正解(B)　bringは「～に連れてくる」という意味。直訳すると「何があなたをシドニーに連れてきているのか」と、シドニーに来た目的や理由を尋ねている疑問文。会議のためと言っている(B)が正解。(A)は過去のことを述べているので間違い。シドニーはヨーロッパではないので(C)も間違い。

26.
W: Who will take over Ms. Fisher's job after she retires?
M: **(A) I heard Mr. Williams will be the most likely candidate.**
　　(B) She's leaving the company at the end of March.
　　(C) She retired at the age of 55.

> W: フィッシャーさんの退職後は誰が仕事を引き継ぐのですか。
> M: **(A) 最有力候補はウイリアムズさんだと聞いています。**
>   (B) 彼女は3月末で会社を辞めます。
>   (C) 彼女は55歳で退職しました。

正解(A) whoで始めて、フィッシャー氏の仕事を引き継ぐ人を尋ねている疑問文。take overは「～を引き継ぐ」という意味。最有力候補について言っている(A)が正解。(B)は退職予定日を答えた文。(C)はretiredを使ったひっかけの選択肢。

27.
W: Are there any tickets left for the Sunday matinee?
M: (A) We've only got two seats left in economy.
  (B) No, they're not for sale.
  (C) No, they were sold out months ago.

> W: 日曜日の昼の公演なんですが、チケットはまだありますか。
> M: (A) エコノミークラスなら2席だけ空いています。
>   (B) いいえ、それらは非売品です。
>   **(C) いいえ、何ヶ月も前に売り切れました。**

正解(C) チケットが残っているかどうかを尋ねている疑問文。matineeは演劇や音楽会などの昼の公演のこと。sold out「売り切れだ」と答えている(C)が正解。(A)は飛行機の残席について述べている文なので間違い。(B)のfor saleは「売り物の」という意味。「まだありますか。」と尋ねているのに「非売品です。」では答えになっていません。

28.
W: Do you want to eat out tonight or would you rather have dinner at home?
M: (A) I don't particularly like spicy food.
  (B) I'd prefer to stay at home.
  (C) I'll be out of my office for a couple of hours.

> W: 今夜は食事、外でどう？ それとも家で食べたい？
> M: (A) 辛い料理はあまり好きじゃないんだ。
>   **(B) 家で食べたいよ。**
>   (C) 2、3時間オフィスを空けます。

TOEIC模擬試験の解答と解説

正解(B) eat outかhave dinner at homeのどちらかを選ぶ選択疑問文。stay at homeと言っている(B)が正解。(A)は食べ物の好みについて述べた文。(C)はoutを使ったひっかけの選択肢。a couple ofは「2、3の」という意味。

29. CD2 32

W: When is Ms. Ryder's flight due from Toronto?
M: **(A) It should arrive at 9:30.**
   (B) She left at 7:00.
   (C) It was a bumpy flight.

> 訳　W: ライダーさんが乗ったトロントからの便はいつ到着予定ですか。
> M: **(A) 9時半に到着予定です。**
>   (B) 彼女は7時に発ちました。
>   (C) 飛行中かなり揺れました。

正解(A) dueは「到着予定で」という意味。whenで始めて、フライトの到着予定時刻を尋ねている疑問文。到着時刻について述べている(A)が正解。(B)は彼女が出発した時刻、(C)はフライト中のことを述べた文なので間違い。

30. CD2 33

W: Would you like me to book a hotel for you?
M: **(A) No, I'll take care of it myself.**
   (B) Yes, I'd like to book a table for four people for 7:00 tonight.
   (C) I'm sorry, we're fully booked.

> 訳　W: あなたの代わりにホテルを予約しておきましょうか。
> M: **(A) 大丈夫。自分でやります。**
>   (B) はい、今晩7時に4人でテーブルを予約したいのですが。
>   (C) 申し訳ございませんが、満室です。

正解(A) Would you like me to~? は「~しましょうか。」という申し出の文。自分ですると言って断っている(A)が正解。(B)も(C)もbookを使ったひっかけの選択肢。(B)はレストランの予約をとっている内容の文。(C)はホテル側が満室だと言っている文。

31. CD2 34

W: Why did you decline the job offer?
M: (A) Because they offered me a good salary with incredible benefits.
   (B) I'd already accepted another job offer.
   (C) I was made redundant.

> 訳　W: どうしてその仕事のオファーを断ってしまったの？
> 　　M: (A) 信じられないぐらい素晴らしい手当てが付いて、お給料も良かったからさ。
> 　　**(B) すでに他の仕事のオファーを引き受けていたからね。**
> 　　(C) 僕は解雇されたんだ。

正解(B)　whyで始めて、仕事の誘いを断った理由を尋ねている疑問文。declineは「（丁寧に）断る」という意味。すでに他の仕事に決めていたと答えている(B)が正解。(A)は仕事を選んだ理由を言っている文、(C)のmake redundantは「（余剰人員として）解雇する」という意味。「解雇された」では、質問の答えとして意味が通りません。

32. W: Can you help me with this software or should I ask somebody else?
M: **(A) Ask David. He's an expert.**
　　(B) Thank you for helping me.
　　(C) Yes, I'd like you to help me.

> 訳　W: このソフトについて教えてほしいんだけど、でも誰か他の人に聞いたほうがいいかしら。
> 　　M: **(A) デイビッドに聞くといいよ。彼は専門家だから。**
> 　　(B) 手伝ってくれてありがとう。
> 　　(C) はい、あなたに手伝っていただきたいのです。

正解(A)　ソフトの使い方で困っていて、助けてくれる人はyouかsomebody elseかと尋ねている選択疑問文。Davidに聞いたほうがいいと答えている(A)が正解。(B)は手伝ってもらった後にお礼を言っている文。(C)は手伝ってほしいと頼んでいる文。

33. W: Didn't Mr. Hoe leave his telephone number?
M: **(A) No, he only left his name.**
　　(B) He left around half past three.
　　(C) You'd better call him now.

> 訳　W: ホーさんは電話番号を残していっていないんですか。
> 　　M: **(A) はい、彼は名前しか残していかなかったんです。**
> 　　(B) 彼は3時半頃出ました。
> 　　(C) 彼には今電話したほうがいいですよ。

正解(A) ホー氏が電話番号を残さなかったのかと尋ねている否定疑問文。名前しか残していかなかったと答えている(A)が正解。(B)はleaveの過去形left、(C)はtelephoneからの連想で、callを使ったひっかけの選択肢。「You'd better + 動詞の原形」は強制のニュアンスを含んで「～したほうがいい」という意味の文。

34. W: Where's the closest stop for the downtown shuttle bus?
M: **(A) If you go out of the door, you'll find it to your left.**
(B) It runs every half hour.
(C) The next bus leaves at 2:30.

訳　W: ダウンタウン行きシャトルバスの最寄りのバス停はどこですか。
M: **(A) 玄関を出て、左のほうにありますよ。**
(B) 30分おきに走っています。
(C) 次のバスの出発は2時半です。

正解(A)　whereで始めて、最寄りのバス停を尋ねている疑問文。場所を説明している(A)が正解。(B)はバスの運行頻度を答えている文。(C)は次のバスの時間を答えている文。

35. W: Who's copying the annual report?
M: (A) The copier is in the next room.
(B) The clerk is making ten copies.
(C) The report is due on Monday.

訳　W: 年次報告書のコピーは誰がとってくれていますか。
M: (A) コピー機は隣の部屋にあります。
(B) 事務の者が、10部コピーしているところです。
(C) 報告書の締め切りは月曜日です。

正解(B)　whoで始めて、コピーをとっている人を尋ねている疑問文。事務の者と答えている(B)が正解。(A)はcopier、(C)はreportを使ったひっかけの選択肢。

36. W: I believe you're meeting with Mr. Wagner at half past twelve.
M: (A) Yes, our meeting was very productive.
(B) No, I got here around noon.
(C) Yes, we're discussing our advertising campaign over lunch.

> W: たしか12時半にワグナーさんとのミーティングの予定でしたよね。
> M: (A) はい、ミーティングはたいへん実りの多いものでした。
>   (B) いいえ、正午頃ここに着きました。
>   **(C) はい、昼食をとりながら広告キャンペーンについて話し合う予定になっています。**

正解(C) ワグナー氏との約束の時間を確認している陳述文。現在進行形を使ったyou're meetingは予定を表します。話し合う話題についての情報を加えて答えている(C)が正解。meet withはミーティングで人と会うときに使います。(A)はmeeting、(B)は時間を使ったひっかけの選択肢。

37.
W: Where did you park your car?
M: **(A) Oh, I didn't drive here.**
   (B) I took a walk in the park.
   (C) We're out of gas.

> W: あなたは車をどこに停めたのですか。
> M: **(A) えっ、ここには車では来てませんが。**
>   (B) 公園を散歩しました。
>   (C) ガス欠です。

正解(A) whereで始めて、車を駐車した場所を尋ねている疑問文。車で来なかったと述べている(A)が正解。(B)はparkを使ったひっかけの選択肢。take a walkは「散歩する」という意味。(C)のout of gasは「ガス欠」という意味。ガス欠では質問の答えにならないので間違い。

38.
W: I think the sales quotas are just too high.
M: **(A) Yes, the salespeople don't think they are realistic.**
   (B) Yes, they're on sale this week.
   (C) No, he no longer works in the Sales Department.

> W: 売上げノルマがちょっと高すぎるように思うのですが。
> M: **(A) はい、営業部員は現実的な数字ではないと考えています。**
>   (B) はい、それらは今週のセール品です。
>   (C) いいえ、彼はもう営業部では仕事をしていません。

正解(A) 売上げノルマについて意見を述べている陳述文。同じようにノルマについて述べている(A)が正解。(B)はsale、(C)はsales departmentを使ったひっかけの選択肢。no longerは「もはや〜(で)ない」という意味。

39.

W: What do you think I should wear for the interview?
M: (A) You shouldn't be late for an interview.
　(B) I don't think that's a good idea.
　(C) A dark blue suit would make you look professional.

> 訳　W: 面接にはどんなものを着ていくといいかしら。
> M: (A) 面接には遅刻なんかしたらだめだよ。
> 　(B) それはあまり良いアイディアじゃないと思うよ。
> 　(C) 紺のスーツを着るとプロフェッショナルに見えるんじゃないかな。

正解(C)　shouldを使って面接に着て行く服のアドバイスを求めている文。紺のスーツがいいとアドバイスをしている(C)が正解。(A)はshouldn'tを使ったひっかけの選択肢。何がいいかと尋ねられて、「それは良くないです」では答えとして意味が通らないので(B)も間違い。

40.

W: Mike is coming back from his vacation next week.
M: (A) He's not planning on going on vacation this year.
　(B) Yes, he'll be back on Wednesday.
　(C) Yes, he's traveling to Canada.

> 訳　W: マイクは来週には休暇から戻ってくることになっているのよね。
> M: (A) 彼は年内は休暇を取る予定はありません。
> 　(B) はい、彼は水曜日には戻ります。
> 　(C) はい、彼はカナダへ旅行に行きます。

正解(B)　マイクが休暇から来週戻る予定だと言っている陳述文。より具体的な情報として、水曜日に戻ると言っている(B)が正解。(A)はvacationを使ったひっかけの選択肢。マイクが休暇から戻ってくる話をしているのに、「彼は今年休暇を取らない」では、答えとして意味が通りません。(C)は休暇の行き先を述べた文で、間違い。

PART 3

*スクリプト及びスクリプトの訳/設問の訳&解答

Questions 41 through 43 refer to the following conversation.

CD2 45

M: I'm thinking of going to Italy for my next vacation. Didn't you go there last year, Michiko?
W: Yeah. You should definitely check it out. It's pretty crowded wherever you go, but it's worth it just to taste the food!
M: I'm a little worried that I won't have enough cash. My wife keeps saying that I don't speak any Italian either.
W: Don't worry, Rick. Staying for a week or two won't break your budget. Oh, and there are plenty of bilingual people there, so you can tell her to relax.

訳
M: 次の休暇はイタリアに行こうかと思っているんだけど、そういえば美智子、君は去年イタリアに行ったんじゃなかったっけ。
W: ええ、絶対行ってきたほうがいいわよ。どこに行っても結構混んでるけど、料理を味わってくるだけでも、行く価値があると思うわ。
M: 予算が足りるかどうかちょっと心配だけどね。妻には僕がイタリア語がまるでだめだとずっと言われっぱなしだしね。
W: 心配ないわよ、リック。1、2週間ぐらいの滞在だったらそれほど財布もいたまないでしょう。それに外国語を話せるイタリア人も多いから、奥さんに心配しないでと言ってあげたら。

41. **訳** 美智子のイタリア旅行の感想はどうでしたか。
(A) すごく混雑しているのが嫌だった。
(B) イタリアは非常に物価が高い国だと思った。
(C) 食事以外すべて気に入った。
(D) 特に料理が気に入った。

正解(D) It's pretty crowded wherever you go, but it's worth it just to taste the food! から、特に料理が素晴らしいと褒めているので、(D)が正解。particularlyは「特に」、cuisineは「料理」、(C)のexcept forは「〜以外」という意味。

42. 🈩 リックは何を心配していますか。
(A) 旅行にはお金がたくさんかかるかもしれないと思っている。
(B) 毎日イタリア料理を食べ続けられたものか自信がない。
(C) イタリア語が話せないことを心配している。
(D) 妻を連れて行くことに不安を感じている。

正解(A)　I'm a little worried that I won't have enough cash.から旅の予算について心配しているのがわかるので、(A)が正解。

43. 🈩 美智子はイタリア人についてどう言っていますか。
(A) イタリア人は親しみやすい人たちだ。
(B) イタリア人に手荷物の中身をすられるかもしれない。
(C) イタリア人には外国語を話せる人が多い。
(D) イタリア人はいつも多額の現金を持ち歩いている。

正解(C)　there are plenty of bilingual people thereから、イタリア語以外の言葉を話せる人が多いと言っています。正解は(C)。more thanは厳密にいうと、「～以上」ではなく、「～より多い」という意味。more than oneは「複数」を意味します。

Questions 44 through 46 refer to the following conversation.

W: I have something important to tell you, Mario. As of September 5, we're merging to form a subsidiary with the Research and Development Department.
M: Who's going to be in charge? Should I be worried about keeping my job?
W: Mr. Carnegie will be head of department as he has seniority, but there's no need to worry. I'll still have the final say in our section. You'll hang on to your job for now.
M: That's all well and good, but we're much bigger than R&D. As the manager, shouldn't you be the one in charge?

🔊 W: マリオ、大事な話があるのです。9月5日から、私たちの部署と研究開発部門が合併して、子会社を設立することになったのです。
M: 誰が所轄長になるのですか。私が会社を辞めなければならなくなるようなこともあるのでしょうか。
W: 年功序列でカーネギー氏が部長になりますが、心配は要りません。この課での最終決定権はまだ私にありますから。さしあたって今の仕事に就いていられますよ。
M: それなら安心ですが、私たちの部署のほうが研究開発部門よりずっと大きい組織なのですから、責任者にはあなたが就任するべきではないでしょうか。

44. 🔊 9月5日に何が起こりますか。
(A) マリオが退職する。
(B) マリオが研究開発部門のトップになる。
(C) マリオが失業する。
(D) 新しく子会社が設立される。

正解(D) As of September 5, we're merging to form a subsidiary with the Research and Development Department.から、研究開発部門と合併して子会社が設立されることがわかります。(D)が正解。 as ofは法律や契約などで効力を発する起点として「(日にち)より」という意味。mergeは「合併する」、subsidiaryは「子会社」、(A)のresignは「退職する」という意味。

45. 🔊 マリオが気掛かりになっているのはどうしてですか。
(A) カーネギー氏には所轄長としての資質が欠けていると思っているから。
(B) 失業するのではないかという不安があるから。
(C) 彼が最終決定権を持てるのか確認したいから。
(D) 部署のトップとは全く面識がないから。

正解(B) 設問のconcernedは「〜を心配している」という意味。Should I be worried about keeping my job? から仕事を続けられるかどうか心配していることがわかるので、(B)が正解。(C)のthe final sayは「最終決定権」という意味。

46.

🈞 カーネギー氏が責任者になるのはどのようなことからですか。
(A) 勤続年数が長いから。
(B) 彼の部署は他の部署より規模が大きいから。
(C) 彼は合併を仕切った人物だから。
(D) 彼は研究開発について熟知しているから。

正解(A)　Mr. Carnegie will be head of department as he has seniorityから、カーネギー氏の勤続年数が長いからだとわかるので、(A)が正解。seniorityは「年功(序列)」という意味。

Questions 47 through 49 refer to the following conversation.

CD2 47

W: I'm sorry I couldn't make it on Saturday, Rick. My mother called me at the last minute; you know how it is. I hope you weren't too disappointed.
M: No, no, I understand... Do you think we can get together this weekend?
W: This weekend? Um, sure. But why don't we skip the movies this time? What would you say to a home-cooked meal?
M: Wow, sounds perfect. What time should I stop by?

🈞 W: リック、土曜日は会えなくてごめんなさい。直前に母から電話があって……。あとはだいたいわかるでしょ。ああ、がっかりさせてしまったんじゃないかしら。
M: 大丈夫だよ。今週末は会えそうかい。
W: 今週ね。そうね……、でも映画はやめて、私の家で私の手料理なんてどうかしら。
M: それはいいね。何時に行ったらいい？

47.

🈞 先週の土曜日にどんなことが起こりましたか。
(A) 彼らは映画を観に行った。
(B) 彼らは会えなかった。
(C) 女性がリックのために夕食を作った。
(D) リックの母親がリックに会い来た。

正解(B)　I'm sorry I couldn't make it on Saturday, Rick.と言って女性が土曜日にリックに会えなかったことを謝っているので、(B)が正解。make itは「間に合う、行ける」という意味。

48. 🈪 ふたりは何をしていますか。
(A) ビジネスミーティングの日程の変更をしている
(B) 女性の母親に会いに行く日取りを話し合っている
(C) 週末の予定を話し合っている
(D) 観に行く映画を選んでいる

正解(C) リックがDo you think we can get together this weekend? と尋ねて週末の予定についての話題になっているので、(C)が正解。

49. 🈪 ふたりは何をすることに決めましたか。
(A) 今週末女性の家に行く
(B) リックの家で夕食をとる
(C) リックのオフィスで会う
(D) 映画を観た後外で食事をする

正解(A) 女性がBut why don't we skip the movies this time? What would you say to a home-cooked meal?と、映画ではなく女性の家で手料理をふるまうことを提案し、リックがsounds perfectと答えているので、正解は(A)。Why don't we 〜？ も What would you say to〜? も提案するときの表現です。

Questions 50 through 52　refer to the following conversation.

W: If your application is successful, you can expect to benefit from our comprehensive pension scheme. It's state-of-the-art; no other company has one like it.
M: That's good. My previous company's retirement package was terrible. By the way, how many paid holidays will I be entitled to in a year?
W: You'll receive up to two weeks of paid vacation time, but if you beat your individual sales target by more than 10%, you can take an extra five days off. If your sales team tops its annual group target, you'll also be eligible for company-sponsored trips overseas.
M: That sounds wonderful, Ms. Davis. I hope I have what it takes.

> 訳
> W: 採用後には、企業年金基金に加入できます。最新の制度です。これほど恵まれた制度は他の企業にはありませんよ。
> M: それは嬉しいです。前の会社の退職金制度はお粗末なものでしたから。ところで、有給休暇は年に何日いただけますか。
> W: 有給休暇は2週間まで取れますが、個人の売上目標10%超を達成できたら、さらに別途5日間の休暇が取れます。所属チームが年間グループ目標を達成したら、会社の経費で海外旅行にも行かせてもらえますよ。
> M: それはすごいですね、デイビスさん。目標達成のために私も尽力したいと思います。

50.
> 訳 デイビス氏は何をしていますか。
> (A) 営業部員のポストに応募している
> (B) 売上げ目標を男性に報告している
> (C) 早期退職について問い合わせている
> **(D) 男性が応募したポストについての情報を提供している**

正解 (D)　採用が決まったら年金制度に加入できると言ったデイビス氏の最初のセリフから、女性が面接官、男性が求職者であると判断できます。その後デイビス氏は、有給休暇や目標達成後得られる特典についての説明をしているので、正解は(D)。

51.
> 訳 男性は前の職場についてどのように言っていますか。
> (A) 早期退職させられた。
> (B) 高い歩合をくれた。
> **(C) 十分な年金制度はなかった。**
> (D) 2週間の有給休暇をくれた。

正解 (C)　男性は前の職場の年金制度について、My previous company's retirement package was terrible.と言っています。pension schemeは「年金制度」、adequateは「十分な」という意味。正解は(C)。(A)のmakeは使役動詞「〜させる」、(B)のgenerousは「気前のよい」、commissionは「歩合」という意味。

52.
> 訳 どんな報奨がオファーされていますか。
> **(A) 特別休暇と海外旅行に行けるチャンス**
> (B) 45歳未満の社員を対象とする早期退職制度
> (C) 勤務を始めて5ヶ月後に秘書をつけてもらえること
> (D) 報奨金の支払い

正解(A) デイビス氏の2番目のせりふで、売上げ目標に達したときなどに得られる特別休暇や海外旅行のチャンスについて説明しているので、正解は(A)。(B)のearly retirement schemesは「早期退職制度」という意味。

Questions 53 through 55 refer to the following conversation.

M: Mary, I went over the contract you drew up for me and for the most part it's just what I'm after. If possible though, I'd like to talk to you about making a few changes.
W: Just tell me what needs doing and I'll get on it right away, Mr. Lambert.
M: All right, well the first half is great, but I'm going to need to ask you to go over the section titled "Other Conditions of Employment." There are a few loopholes there that could be exploited. I've gone over it all in red pen.
W: I'll get to work on it right away and I'll e-mail you if I have any questions.

訳 M: メアリー、君が作成してくれた契約書に目を通したよ。ほとんどの部分は私がそうしてほしいと思っていた通りのものだったけれど、できればいくつか変更したい点があるので、話をしたいのだが。
W: どこをどうすればよいのかおっしゃっていただければ、すぐにとりかかりますよ、ランバートさん。
M: ありがとう。契約書の前半はこれでいいんだが、「雇用に関する他の条件」の項目を再度見直してもらいたいんだ。悪用されかねない抜け穴がいくつかあるからね。気になるところはすべて赤で印をつけておいたよ。
W: すぐ修正にとりかかります。わからない箇所が出てきましたらメールいたします。

53. **訳** 彼らは何について話していますか。
(A) 会社がパート社員を公平に扱わないこと
(B) メアリーの雇用契約
(C) 社内の労働条件
(D) 雇用に関する契約

正解(D) ランバート氏の最初のせりふで契約書について触れ、2番目のせりふで"Other Conditions of Employment"の箇所について言及しているので、雇用に関する契約について話していることがわかります。正解は(D)。(A)のexploitationは「搾取」という意味。

54. 🔈 ランバート氏はメアリーに何をしてもらいたいと思っていますか。
(A) 契約の更新に同意すること
(B) 文書に変更を加えること
(C) 彼のために契約書を作成すること
(D) 契約書のコピーをとること

正解(B)　ランバート氏の最初のせりふで契約書の変更箇所について話したいと言い、2番目のせりふで具体的内容を説明しています。正解は(B)。(A)のrenewalは「更新」、(C)のdraw upは「(文書を)作成する」という意味。

55. 🔈 メアリーはいつまた仕事にとりかかるつもりでいますか。
(A) すぐに
(B) 今年の4月から
(C) 新しい契約書が準備でき次第
(D) 労働条件が改善されてから

正解(A)　メアリーが最後にI'll get to work on it right awayと言っているので、すぐに仕事にとりかかることがわかります。right awayもimmediatelyも「すぐに」という意味。正解は(A)。get toは「～することができる」、work onは「～に取り組む」、(D)のimproveは「改善する」という意味。

Questions 56 through 58 refer to the following conversation.

CD2 50

M: Ms. Lim, do you think it would be possible for me to get an extension on the report?
W: Mark, isn't this the second time you've asked for an extension for this report? It should have been done by the tenth!
M: Sorry, Ms. Lim, but I've been working non-stop since the surprise audit last week.
W: Yes, no one could have predicted that. All right, I'll give you ten days from the original deadline to get it done.

M: リムさん、報告書の提出期限を延ばしていただくことは可能でしょうか。
W: マーク、この報告書の提出期限を延ばしてほしいというのは今回で2度目じゃなかったかしら。10日までに仕上げるはずのものだったんですよ。
M: 申し訳ございませんが、リムさん、先週突然監査が入ってから休暇返上で勤務しているものですから。
W: そうね、監査が入るなんて誰も予想できませんでしたからね。わかりました。提出期限を10日延ばしてあげましょう。

56. 訳 マークは何を要請していますか。
(A) 彼の雇用契約の延長
(B) 経理部の監査
(C) 突然の監査についてのさらに詳しい情報
(D) 報告書の提出を後日に延ばしてもらう許可

正解(D) マークの最初のせりふのdo you think it would be possible for me to get an extension on the report? から、報告書の提出期限の延長を頼んでいることがわかるので、(D)が正解。extensionは「延長」、permissionは「許可」、submitは「提出する」、(B)のauditは「会計検査、(会計を)検査する」という意味。

57. 訳 リム氏がその要請の許可を躊躇しているのはなぜですか。
(A) マークがこの要請をしてきたのはこれが最初ではないから。
(B) 彼女は突然の監査の対応に追われて忙しいから。
(C) 監査に関することは機密情報だから。
(D) 彼女はマークがこの会社に必要な人材だとは思っていないから。

正解(A) 設問のreluctantは「気が進まない」、grantは「(要求などを)聞き入れる」という意味。リム氏の最初のせりふで、期限延長の要請は今回が初めてではなく、10日までに仕上げるはずのものだったとマークに言っているので、正解は(A)。(B)のdeal withは「〜に対処する」、(C)のconfidentialは「機密の」、(D)のassetは「役に立つもの、財産」という意味。

58. 🔖 リム氏はどうすることに決めましたか。
(A) マークの雇用契約をあと10ヶ月延ばす
(B) 誰にも情報を教えない
(C) 経理部長と話をする
(D) マークの報告書の締め切りを延ばす

正解(D)　リム氏は最後にI'll give you ten days from the original deadline to get it done.と言って最終的に期限の延期に同意したので、正解は(D)。extendは「(期間を)延ばす」、(A)のprolongは「延期する」、(B)のdiscloseは「暴露する、発表する」という意味。

Questions 59 through 61　refer to the following conversation.

CD2 51

W: Did you hear about Frank? What a lucky guy!
M: About the transfer? Yeah, I'll bet he's happy about that. He's wanted that post since he joined the company.
W: What about his family? I heard his wife likes living here and doesn't want to move... The kids are already at school.
M: The post is only for 20 months. They'll either move with him or live apart. Either way it's temporary, so it's no big deal.

🔖 W: フランクのこと、聞いた？　なんて運がいいのかしら。
M: 異動のことだろ。ほんと、さぞかし喜んでいることだろうなあ。入社以来ずっと望んでいたポストだからね。
W: ご家族はどうなのかしら。フランクの奥さんはここでの生活が気に入っていて、引越ししたくないと言ってるって聞いたわ。お子さんたちも学校に通っているし。
M: 駐在期間はほんの1年8ヶ月だからね。家族がフランクと引っ越すか、それとも別々に暮らすかだね。どちらにしても、期間限定なんだし、たいした問題でもないさ。

59. 🔖 フランクはどうなるのですか。
(A) 昇進する。
(B) 異動する。
(C) 退社する。
(D) 離婚の申し立てをする。

正解(B)　女性のDid you hear about Frank?という質問に男性がAbout the transfer?と答えているので、フランクが異動することがわかります。(B)

310

が正解。(A)のget a promotionは「昇進する」、(B)のbe transferredは「異動する、転勤する」、(C)のresignは「退職する」、(D)のfileは「(書類や証書などを)正式に提出する」という意味。

60. 🈩 話題にのぼっているポストはどのようなものですか。
(A) 2年未満で任期が終了するポスト
(B) 長期海外駐在勤務
(C) 学校教諭としての臨時ポスト
(D) 郵便局の管理職

正解(A)　ポストに関してはThe post is only for 20 months.と言っているので、長期間の駐在ではないことがわかります。less thanは「～未満」という意味。正解は(A)。(C)のtemporaryは「臨時の」という意味。

61. 🈩 彼らはフランクの妻についてどのように言っていますか。
(A) フランクが新しいポストに就いたことを喜んでいる。
(B) 異動をたいへん喜んでいる。
(C) 今住んでいる所にとどまることを望んでいる。
(D) 彼女は非常に取り乱していて離婚を望んでいる。

正解(C)　I heard his wife likes living here and doesn't want to move…から、フランクの妻は今住んでいる所から離れたくないと思っていることがわかります。正解は(C)。「would prefer + to + 動詞の原形」は「(2つの選択肢の中で)～のほうがしたい」という意味を表す表現。(D)のupsetは「取り乱している、不快に感じている、むっとしている」という意味。

Questions 62 through 64 refer to the following conversation.

M: Hi Alice, thanks for stopping by. I'm sorry we had to meet in my office; all the meeting rooms were taken. What do you have to report?
W: To put it simply, sales volume has increased steadily over the last twelve months, but no changes have been made to the production line in that time.
M: And how have you been coping since then? Have you been able to fill all our orders?
W: We failed to meet an order for the first time last week. That's why I asked to meet with you today.

> M: アリス、寄ってくれてありがとう。僕のオフィスで会うことになってしまって申し訳ない。会議室がみな埋まっていたから。僕に何を報告したいのかな？
> W: 簡単に申し上げますと、販売総数がここ12ヶ月の間着実に増え続けてきたにもかかわらず、この間生産ラインには何一つ改善が加えられてこなかったのです。
> M: で、それからどう対処してきたの？ すべての注文に応じてこられたのかい？
> W: 先週ついに注文に応じることができなくなりました。ですから今日お目にかかりたいとお願い申し上げた次第なのです。

62.
> 会話の場所はどこですか。
> **(A) 男性のオフィス**
> (B) アリスのオフィス
> (C) 会議室
> (D) 工場

正解(A) 男性が最初にアリスに向かってthanks for stopping by. I'm sorry we had to meet in my office.と言っているので、男性のオフィスで話をしていることがわかります。(A)が正解。stop byは「立ち寄る」という意味。

63.
> 販売総数についてどのように話していますか。
> (A) 急に落ち込んだ。
> (B) 横ばい状態になった。
> (C) 劇的に増えた。
> **(D) 安定して増えてきた。**

正解(D) アリスのせりふのsales volume has increased steadily over the last twelve monthsから、販売総数が安定して増加してきたことがわかるので、(D)が正解。sales volumeは「販売総数」、steadilyは「着実に」、(B)のlevel offは「横ばい状態になる」という意味。

64.
> 先週どんなことが起こりましたか。
> (A) 顧客が注文を取り消し始めた。
> (B) 工場の機械が故障した。
> **(C) 注文に追いつけなくなった。**
> (D) 生産コストが突然上昇した。

正解(C)　We failed to meet an order for the first time last week.から、先週初めて注文に応じられなくなったことがわかるので、(C)が正解。keep upwithは「〜に遅れないようにする」、(B)のbreak downは「故障する」という意味。

Questions 65 through 67 refer to the following conversation.

CD2
53

M: How did the negotiations for the construction bid go today? You were gone longer than usual this time.
W: Yes, you won't believe it. The government has put us in charge of the project!
M: Wow, that's incredible. I know the company with the leading bid had to pull out because of a scandal, but there were one or two other companies I didn't think we could beat.
W: That scandal was bad publicity for everyone. I think the government officials checked each company's track record and found ours to be the cleanest.

訳
M: 今日の建設事業の入札交渉はどうでしたか。今回はいつもより時間がかかりましたね。
W: 聞いてください、信じられないことが起こりました。私たちが政府からプロジェクトを任されたんです！
M: それはすごい！　入札確実と思われていた会社がスキャンダルで手を引かなければならない事態になったということは知っていたが、他にも、うちの会社じゃ太刀打ちできないと思っていた企業が1、2社ありましたからね。
W: あのスキャンダルでどの会社も信用失墜といったところでした。おそらく政府の役人は各社のこれまでの業績を洗いざらい調べたうえで、うちの会社が一番クリーンだということがわかったのでしょう。

65.　訳　話し手はどのような契約についての話をしているのですか。
(A) 社員の雇用契約
(B) ジョイントベンチャーに関する契約
(C) 政府の納入業者となる契約
(D) 建設工事の契約

正解(D)　最初に男性が尋ねたHow did the negotiations for the construction bid go today?という質問から、建設工事の契約だとわかります。(D)が正解。bidは「入札」、(C)のsupplierは「納入業者」という意味。

TOEIC模擬試験の解答と解説　313

66.

訳 契約が取れたのはどの企業ですか。
(A) 入札確実と思われていた会社
(B) 話し手の会社
(C) 2社が共同で契約を取った。
(D) 政府の役人

正解(B)　女性がThe government has put us in charge of the project!と言って契約が取れたことを報告しているので、(B)が正解。

67.

訳 その企業が契約を取れたのはどのような理由からですか。
(A) スキャンダルとは最も縁のない企業と判断されたから。
(B) 社長が政府の役人の1人と親戚関係にあったから。
(C) 彼らが交渉の最初の段階から入札順で首位に立っていたから。
(D) 2社のほうが1社だけよりももっと良い仕事ができるから。

正解(A)　最後に女性が、(the government) found ours to be the cleanestと言って、自分たちの会社がスキャンダルに巻き込まれていないことが決定要因だったと言っています。least likely toは「最も〜しそうにない」という意味。involved in〜は「〜に巻き込まれている」という意味。(A)が正解。(B)のbe related toは「〜と親戚関係にある」という意味。

Questions 68 through 70 refer to the following conversation.

CD2
54

W: Daryl, I just went to the greenroom, but there was nobody there. What's going on?
M: Didn't you get the memo I e-mailed everyone? The meeting was canceled because of the emergency at the plant.
W: There's something wrong with my e-mail lately and I haven't been receiving things on time. Could you tell me verbally if there are any more changes to the meeting schedule?
M: Sure, I can do that. I don't mind calling the guys in IT and getting them to have a look at your computer if you think it would help.

訳 W: ダリル、たった今グリーンルームに行ってきたんだけど、誰もいなかったわよ。どうなってるの？
M: 皆にメールを送ったのですが、受け取っていらっしゃらなかったのですか。工場で緊急事態が起こったためにミーティングは中止になったのです。
W: 最近メールの調子がおかしくて、すぐにメールを受け取れないのよ。

ミーティングのスケジュールに変更があったら口頭で伝えてもらえないかしら。
M: わかりました。あるいはもし必要であれば、IT担当に電話してコンピュータを見てくれるよう手配しましょうか。

68. 訳 ミーティングはどうなったのですか。
(A) 延期になった。
(B) 代わりにグリーンルームで開かれることに決まった。
(C) ミーティングの時間が変更になった。
(D) ミーティングは中止された。

正解(D) The meeting was canceled because of the emergency at the plant. から、ミーティングは中止になったことがわかります。call offは「中止する」という意味。(D)が正解。(A)のpostponeは「延期する」という意味。

69. 訳 その原因は何でしたか。
(A) 工場で爆発があった。
(B) 誰もインターネットを使えずデータにアクセスできなかった。
(C) 工場で緊急事態が起こった。
(D) コンピュータがみなウィルスに感染してしまった。

正解(C) because of the emergency at the plantから工場の緊急事態が原因だとわかるので、(C)が正解。(A)のexplosionは「爆発」、(D)のaffectは「影響を及ぼす」という意味。

70. 訳 ダリルはどんなことを申し出ましたか。
(A) 彼女のコンピュータを見てもらうようにすること
(B) ミーティング中に取ったメモを彼女に見せること
(C) ミーティングの議事を口頭で説明すること
(D) 彼女のコンピュータを彼が修理すること

正解(A) I don't mind...getting them to have a look at your computerから、ダリルはIT担当に女性のコンピュータを見てもらうようにすると申し出ていることがわかります。正解は(A)。getは「人に〜させる」という使役動詞。選択肢に使われているhaveも使役動詞。see toは「〜の世話をする、引き受ける」、(C)のverballyは「口頭で」、agendaは「議事」、(D)のfixは「修理する」という意味。

TOEIC模擬試験の解答と解説　315

PART 4

＊スクリプト及びスクリプトの訳/設問の訳＆解答

Questions 71 through 73 refer to the following announcement.

CD2 56

Good morning, everybody. I'm Frank Perez and I've been in charge of coordinating this year's annual corporate cultural awareness forum. I'd just like to make a quick announcement regarding the third day's proceedings. Dr. Wendell Ho, who was scheduled to make a presentation at 3:00 on "Issues Related to Ethnicity in the Workplace," will unfortunately not be able to speak this afternoon. Dr. Ho was rushed to hospital yesterday complaining of chest pains, and while it does not appear to be serious, he is being kept under observation until further notice. Instead Yujiro Itoh, who gave yesterday's excellent lecture on "Ingrained Prejudices," will be repeating his presentation in the main hall for those who missed it. Assuming that Dr. Ho is released from hospital soon, we're hoping to squeeze his presentation in on the fifth day. I'm sure that those of you who saw his presentation last year will agree that a lecture by Dr. Ho is one not to be missed. I hope you enjoy the day's proceedings and for those of you who caught Dr. Itoh's lecture yesterday, I encourage you to see it again or to gather in the foyer instead for light refreshments. Thank you.

訳 皆様、おはようございます。毎年恒例の企業文化意識フォーラムを担当致しております、フランク・ペレズです。本フォーラム3日目のプログラムに関しまして急ぎご連絡することがございます。本日3時よりの講演「職場における民族意識に関する問題」を予定されておりましたウェンデル・ホー博士ですが、残念ながら本日午後のご講演をいただくことができなくなってしまいました。昨日博士は胸の痛みを訴え、病院に運ばれました。病状は深刻なものではないようですが、さらに詳しいことがわかるまで引続き経過観察中とのことです。ホー博士に代わりまして、昨日「根深き偏見」について素晴らしい講演をしていただいた伊藤裕次郎博士に、昨日ご来場いただけなかった方々のためにも、メインホールで再度講演していただきます。ホー博士はまもなく退院されることと思いますので、ホー博士の講演は5日目にあらためて予定を入れさせていただきたく存じます。昨年のホー博士の講演をお聴きになられた方々には、博士の講演は絶対に聴き逃せないものということには異存ないことと思います。本日のプログラムを皆様がお楽しみになられますよう祈念しております。また昨日伊藤博士の講演にいらっしゃった方々にも、本

日再度お聴きになられることをお勧めする次第ですが、ロビーに軽食もご用意させていただきましたので、こちらにもどうぞお集まりください。ありがとうございました。

71. 訳 何が変更になりましたか。
(A) **午後の講演者の1人**
(B) 講演会の所要時間
(C) 講演会場の1つ
(D) 軽食を出す場所

正解(A)　Dr. Wendell Ho...will unfortunately not be able to speak this afternoon.から、ホー博士が講演できないことを伝えているので、正解は(A)。(D)のrefreshmentsは「軽食」という意味。

72. 訳 変更の理由は何でしたか。
(A) 当初の部屋があまり広くなかった。
(B) **予定していた講演者が突然具合が悪くなった。**
(C) 講演者の1人が飛行機に乗り遅れた。
(D) 多くの苦情が出た。

正解(B)　Dr. Ho was rushed to hospital yesterday...kept under observation until further notice.から、ホー博士が突然病気になり病院に運ばれたことがわかります。正解は(B)。(D)のcomplaintsは「苦情・クレーム」という意味。

73. 訳 今日の午後メインホールで3時から予定されている講演の演題は何ですか。
(A) 職場でのストレスによる健康被害の増大
(B) 変化する企業文化
(C) 職場における民族意識
(D) **根深い偏見**

正解(D)　Instead Yujiro Itoh, who gave yesterday's excellent lecture on "Ingrained Prejudices," will be repeating his presentation in the main hall...から、ホー博士の代わりに伊藤博士が"Ingrained Prejudices"というタイトルで発表することがわかります。正解は(D)。(C)はホー博士の講演のタイトル。

Questions 74 through 76 refer to the following speech.

Everyone, I'd like you to meet Toshiyuki Kaneda. He'll be working in our International Marketing Section from today. As you all know, he'll be taking over from Brad who transferred to our Eastern European Division last month. Toshi has a lot of experience in marketing and comes highly recommended from Mr. Hill at our Tokyo branch. According to Mr. Hill, Toshi helped to revive sales in South America, an area we thought we had lost to the competition. This is his first permanent overseas assignment and Toshi tells me that his English is a little rusty, so I hope you'll give him the support and understanding he needs for the first couple of months. Also, he just flew to L.A. this morning and he's still suffering from jet lag, so go easy on him. I know we have a lot of work piled up, but we shouldn't overburden Toshi while he's still learning the ropes. Make sure you all say hello and introduce yourself to him sometime today.

訳 皆さん、本日より我々海外マーケティング課に配属となりました金田俊之さんを紹介します。ご存知のように、彼は先月東ヨーロッパに転勤になったブラッド君の仕事を引き継ぐことになっています。トシはマーケティング経験が豊富で、これは東京支社のヒル氏からも太鼓判を押されています。ヒル氏によると、我々が撤退も覚悟していた南米での売上げ回復に、トシが大きな役割を果たしたということです。トシにとっては長期の海外勤務は今回が初めてで、トシ本人も英語が少々さびついているとのことですから、はじめの数ヶ月間はそのへんご理解いただきながら彼をサポートしてくれるよう、私からもお願いします。また、今朝ロスに到着したばかりでまだ時差ぼけも残っているでしょうから、くれぐれもお手柔らかにお願いします。皆さん仕事が山積みになっていることは私も承知していますが、トシが仕事に慣れるまではあまり負担をかけすぎないよう配慮してあげてください。今日にも皆さん各自、彼に挨拶して自己紹介をしておいてください。

74. 訳 金田俊之氏はどこで働く予定ですか。
 (A) 南ヨーロッパ
 (B) 東ヨーロッパ地区
 (C) 東京支社
 (D) 海外マーケティング課

正解(D)　金田俊之氏の名前を紹介した後に、He'll be working in our International Marketing Section from today.と言っているので、(D)が正解。

75. 🔊 金田俊之氏は南米で何をしてきましたか。
(A) そこで数年間勤務した。
(B) その地域で会社の業績を好転させた。
(C) ヒル氏の下で働いた。
(D) 交換留学生としてそこで勉強した。

正解 (B)　According to Mr. Hill, Toshi helped to revive sales in South Americaから、南米での売上げを回復させたことがわかります。reviveは「復興する」、turn aroundは「～を好転させる」という意味。(B)が正解。今回のロス勤務をhis first permanent overseas assignmentと話し手は紹介していて、南米には長くいなかったことがわかるので(A)は間違い。ヒル氏は東京支社に勤務しているので(C)も間違い。

76. 🔊 金田俊之氏について話し手は何と言っていますか。
(A) 海外に長期転勤になったのは今回が初めてだ。
(B) 英語を使いこなせる。
(C) マーケティングの経験がない。
(D) 海外勤務の幅広い経験がある。

正解 (A)　This is his first permanent overseas assignmentから、今回が初めての長期海外勤務だとわかるので、正解は(A)。permanentlyはtemporarily「一時的に」と対照的に使われていて、「長期に」という意味を表しています。(B)の英語力についてはToshi tells me that his English is a little rustyとあまりうまくないと言っているので、(B)は間違い。have a good command of Englishは「英語を使いこなせる力を持っている」、rustyは「さびついた」という意味。(C)のマーケティング経験についてはToshi has a lot of experience in marketingと言って経験が豊富だと言っています。(D)のextensive experienceは「幅広い経験」という意味。

Questions 77 through 79 refer to the following announcement.

Hi everyone, it's great to see that so many of you could make it to this year's company picnic. Um, I'm sure you're wondering where all the food is. Well, I just got a call from the caterer and it seems that their delivery van had a flat tire on their way to the park. It shouldn't take them much longer to get it fixed and I'm sure they'll be here soon. In the meantime, let me tell you the schedule for today. As soon as the caterer arrives, we'll have some lunch, and then right after that we'll all get together for a toast and a few speeches. Don't worry; nothing too boring. After our stomachs have settled, we'll break up into our departments and make teams for the company relay. Of course there are prizes on offer such as movie tickets, restaurant vouchers, CDs, and food prizes as well. One lucky person will go away with a brand-new DVD player, so make sure you don't get too drunk and do your best to win! Thanks everybody, hopefully the caterer's van will be here soon.

> **訳** 皆さん、こんにちは。多くの皆さんに本年のピクニックに参加していただけたことを大変嬉しく思います。おそらく皆さんは料理はどこだと怪訝に思っていらっしゃることでしょう。実は今しがたケータリングサービスから、料理を運搬中のバンが公園に向かう途中パンクした模様との電話連絡を受けました。修理にはそれほど時間もかからないでしょうから、もうまもなく到着するはずです。料理を待っている間に、本日の予定について申し上げます。ケータリングサービスが到着次第昼食となります。その後すぐに乾杯とスピーチを予定しております。退屈なスピーチではありませんのでご心配なく。お腹が落ち着いたところで、部署ごとに分かれてチームをつくり、リレーを行います。もちろん、映画の招待券、レストランの無料招待券やCD、それに食品などの賞品も用意しております。ラッキーな1名の方には新品のDVDプレーヤーも当たりますから、皆さんあまりお酒を飲み過ぎないで、優勝を目指して頑張ってください。ありがとうございました。さあ、ケータリングサービスもまもなく到着するでしょう。

77. **訳** どんな問題が起こっていますか。
   (A) 料理がまだ到着していない。
   (B) 参加者が少ない。
   (C) 社長の車がパンクした。
   (D) 全員にいき渡るだけの十分な料理がない。

正解(A) it seems that their delivery van had a flat tire on their way to the park...I'm sure they'll be here soon.から、料理を運んでいるバンがパンクして料理が会場に届いていないことがわかります。have a flat tireは「パンクする」という意味。(A)が正解。(B)のturnoutは「出席者数」という意味。パンクしたのは料理を運んでいるケータリングサービスのバンなので(C)も間違い。

78. 🗾 昼食直後にはどんなことが行われますか。
(A) トーストを食べる。
(B) ゲームをする。
(C) 映画を観る。
(D) 何人かがスピーチをする。

正解(D) 昼食後については we'll all get together for a toast and a few speechesから、乾杯とスピーチが予定されていることがわかります。toastは「乾杯、乾杯の挨拶」という意味。(D)が正解。(A)はtoastを使ったひっかけの選択肢。

79. 🗾 部署ごとに分かれて何をするのですか。
(A) 乾杯する
(B) レースで走る
(C) DVDを観る
(D) 映画を上映する

正解(B) we'll break up into our departments and make teams for the company relayから、部署ごとに分かれてリレーをすることがわかるので、(B)が正解。(A)のpropose a toast は「乾杯する」という意味。

Questions 80 through 82 refer to the following report.

Fuel prices have risen for the eighth consecutive week amid fears that a leveling off is nowhere in sight. The week ending March 9 had fuel prices at 3 dollars 20 cents a gallon, almost double what it was the same time two years ago. The price hikes can of course be attributed to the current instability in the Middle East, along with logistics problems facing oil pumps here and in South America. With prices soaring, more and more people are turning to alternative forms of transport such as trains, buses, and bicycles. While the average Joe may be getting in shape, it still spells bad news for the thousands of businesses that require fuel to keep them running. Hardest hit has been the construction industry, followed by shipping companies. Even shares in the US Postal Service have dropped, which, according to experts, is also due to the increase in fuel costs. In the coming months we can expect to see a continued increase and we may very well see four dollars a gallon being the norm by the end of the year.

訳　ガソリンの高騰はとどまる気配を全く見せず、不安が増大するなか、8週連続して上昇しました。3月9日の週にはガソリンの値段は1ガロン3ドル20セント、一昨年の同時期のほぼ2倍となりました。この価格上昇は、国内と南米の原油ポンプ設備運用上の問題に加え、必定的に中東の政情不安が原因となっています。この原油価格の急騰に伴い、電車、バス、自転車等の交通手段に切り替える人が増加しています。一般市民には健康的効果が期待できるでしょうが、ビジネス存続維持にガソリンは不可欠、何千もの企業にとっては悪いニュースです。最も深刻な影響を受けたのは建設業界、その次に運送会社です。米国郵政公社の株価も下がりましたが、専門筋ではこれもガソリン値上げによるものとコメントしています。今後しばらくはこの上昇傾向が続くと予想され、年末までには1ガロン4ドルが相場となってしまう可能性もあります。

80.　訳　最近ガソリンの値段はどうなっていますか。
(A) 上昇し続けた。
(B) 横ばいになった。
(C) 劇的に下がった。
(D) 変動した。

正解(A)　Fuel prices have risen for the eighth consecutive weekから、ガソリンの価格は上昇傾向にあることがわかります。fuelは「ガソリン」を意味しています。(A)が正解。(B)のlevel offは「横ばいになる」、(D)のfluctuateは「変動する」という意味。

81.　訳　原因は何ですか。
(A) 立て続けに起こった天災
(B) 利用者が公共交通機関のほうを好んでいること
(C) 現地通貨の問題
(D) 地域の政情不安と設備運用上の問題

正解(D)　ニュース報道前半のThe price hikes can of course be attributed to ...in South America.から、国内と南米の原油ポンプ設備運用上の問題と中東の政情不安が原因だとわかります。logisticsとは、物資の効率的な総合管理を行うシステムをいいます。A is attributed to Bは「A(結果)の原因はB」という意味。(D)が正解。(A)のnatural disasters は「天災」、(C)のlocal currencyは「現地通貨」という意味。

82.
訳　最も影響を受けているのはどんな企業ですか。
(A) 中東の企業
(B) 建設業者
(C) 運送会社
(D) 米国郵政公社

正解(B)　設問のaffectは「影響を及ぼす」という意味。Hardest hit has been the construction industry, followed by shipping companies.から、最も深刻な影響を受けたのは建設業界だとわかります。(B)が正解。A followed by B は「Aの次にB」の意味。最も影響を受けたのは建設業者、2番目は運送会社と理解できます。

Questions 83 through 85 refer to the following speech.

CD2 60

At this time we would like to present the "Rising Star" award. To be eligible for this award, contenders must first be under the age of 25, and second, have done something to grab the attention of the managers in their section. Now this award is not presented every year, only when a suitable candidate or candidates exist. In fact, we have not presented the award for the last four years. This year, however, we could not help but present it to the young and talented Glen Thorpe. Glen joined the company a little over two years ago, and in that time he's done a lot to strengthen our position in the local market. He devised the basis of two marketing strategies that have done remarkably well, and already he has a reputation for being a good salesperson and a careful business planner. For the last five months, Glen has been in charge of his first major client and the feedback we've received from them has been excellent. There's no doubt in my mind that Glen Thorpe is the rightful recipient of this year's Rising Star award. Congratulations Glen!

訳　ではここで、「ライジングスター（将来の有望株）」賞を贈呈したいと思います。この賞の受賞資格は、第一に年齢が25歳未満であり、第二に所属課長に認められた業績をあげたことです。この賞は必ずしも毎年贈呈されるわけではなく、賞にふさわしい候補者がいる場合にのみ贈呈されるものです。実際、ここ4年間は受賞該当者がおりませんでしたが、本年は、若く有能なグレン・ソープ君に贈呈することとなりました次第です。グレン君は入社してわずか2年余ですが、その間、国内市場における我が社の地位を確固たるものにするべく、大きな貢献を果たしてくれました。彼は2つのマーケティング戦略を立ち上げ、そしてまた非常にすば

らしい結果を出しました。彼はすでに有能なセールスマンかつ緻密なビジネスプランナーとして、高い評価を得ています。ここ5ヶ月の間に彼は初めて大きなクライアントを担当したのですが、彼らからの反応も上々です。グレン・ソープ君が今年のライジングスター受賞者としてまさにふさわしい人物だということは間違いありません。おめでとう、グレン君！

83. 🔖 どのような賞が贈呈されようとしていますか。
(A) 毎年贈呈される賞
(B) 営業部員を対象にした賞
(C) 生涯の業績に対する賞
(D) 将来の可能性を認めた賞

正解(D) スピーチの最初に"Rising Star" awardは25歳未満で業績をあげた社員に贈られる賞と説明しているので、将来の活躍を期待できる社員に贈られるとわかります。(D)が正解。recognizeは「評価する」、potentialは「潜在能力」という意味。

84. 🔖 どのような人にこの賞の受賞資格がありますか。
(A) 25歳未満の人のみ
(B) 全社員
(C) 5年超の経験のある営業部員
(D) あと数年で退職予定の社員

正解(A) 設問のbe eligible forは「〜の資格がある」という意味。資格についてはスピーチの最初に述べています。contenders must first be under the age of 25から、(A)が正解。contenderは「コンテストなどの参加者」という意味。

85. 🔖 今年の受賞者はどのような功績により受賞することになりましたか。
(A) 発案した製品がベストセラーとなった
(B) 25年超の勤務実績がある
(C) マーケティングと営業両面で能力を発揮した
(D) 今年どの営業部員よりも大きな売上げをあげた

正解(C) 設問のrecipientは「受賞者」という意味。今年の受賞者のGlen Thorpeについては、スピーチ後半のHe devised the basis of two marketing strategies...a good salesperson and a careful business planner.から、マーケ

ティングと営業の面での業績が評価されたとわかるので、(C) が正解。competentは「能力のある」という意味。(A)のinventは「発案・発明する」という意味。

Questions 86 through 88 refer to the following talk.

As you know, upper management is concerned about our poor performance during last week's fire drill. In fact, they asked us to revise our evacuation procedure completely. Before, we were using the "buddy system," which meant you had to stay with a designated co-worker at all times. The problem we had last week was that several people spent too long looking for their "buddies," and as a result we were the last group to arrive. Instead of the buddy system, I'm going to choose some people to be drill officers. These people will make sure that everybody in their section is ready to evacuate. When the alarm sounds, all of you should stop what you're doing and leave everything on your desk. Do not bring anything with you. We will assemble in front of the elevators on this floor, not the lobby, and from there take the stairs unless the fire is concentrated in that area. If that happens, we will assemble in Meeting Room G, where there is an escape chute. I would appreciate it if everyone could remember the new procedure as soon as possible.

訳 ご存知のように、先週の避難訓練の際、我々の避難行動に問題があった点について、上級管理職は憂慮しています。実を言いますと、避難訓練の手順を全面的に変更するよう要請されました。以前は指定された同僚といつも行動を共にするという「バディーシステム」を採用していました。先週の訓練の際に、何人かの社員が自分のバディーを探すのに時間がかかり、その結果私たちのグループの避難が一番最後になってしまったことが問題となりました。このバディーシステムに代わるものとして、避難訓練時の指揮官数名の選任を考えています。この指揮官は、自分の課の全員が避難する準備ができたかどうかを確認します。非常ベルが鳴りましたら、皆さんはやりかけの仕事を中断し、デスクの上はすべてそのままにしておいてください。何も持ち出さないように。そしてロビーではなく、この階のエレベーターの前に集まります。火のまわりがその付近に集中していなければ、そこから階段を使って降りていきます。付近に火が集中していたら、避難シュートが装備されている会議室Gに集まります。できるだけ早くこの新しい手順を覚えてほしいと思います。

86. 🈡 話をしている人として考えられるのは誰ですか。
(A) 部署の管理者
(B) 課長のバディー
(C) 取締役
(D) 地元の消防士

正解(A) 設問のmost likelyは「おそらく」という意味。避難訓練の手順の説明や、先週の避難訓練の問題点を話しているので、(A)が正解。fire drillは「避難訓練」という意味。

87. 🈡 話の主旨は何ですか。
(A) 避難訓練の行動の手際の良さを褒めること
(B) 消火器の使用方法を実演すること
(C) 建物の非常階段の場所を教えること
(D) 避難の手順を説明すること

正解(D) 避難の手順を「バディーシステム」から新しい手順に変更したことを説明しているので、(D)が正解。evacuation proceduresは「避難の手順」、(A)のpraiseは「賞賛する」、(B)のfire extinguisherは「消火器」、(C)のfire escapesは「非常階段」という意味。

88. 🈡 聞き手は火災の際どうするように言われていますか。
(A) 会議室Gに皆集まっているかどうか確認する
(B) 避難シュートに直行する
(C) エレベーターの前に集合する
(D) 指定された「バディー」を探す

正解(C) 設問のin case of a fireは「火災の場合」という意味。火災が起きたらWe will assemble in front of the elevators on this floor, not the lobby, and from there take the stairsと、エレベーターの前に集まり、階段を利用して避難すると言っています。assembleは「集まる」という意味。(C)が正解。避難シュートが備えられている会議室Gに集まるのはエレベーター付近に火が集中している場合のみなので、(A)、(B)どちらも間違い。(D)は以前の避難方法なので間違い。designateは「指定・指名する」という意味。

Questions 89 through 91 refer to the following speech.

Over the years, the people in this room have become my nearest and dearest friends, and it has been wonderful listening to you all reminisce about my time at the company. I really must thank Jan and Susanna-Lyn in Personnel for organizing the party tonight; and to Pete and Roxanne, thanks guys, I know you helped out too. First, I'd like to thank my family for their support over the years, and of course none of it would have been possible without my beautiful wife Alice. I hope you won't get sick of me being around the house all day! Next, to my co-workers, I sincerely hope that my retirement doesn't end our friendships. I'm really going to miss all the little chats in the coffee lounge, drinks after work, and of course the drama that goes on in the office. Be sure to keep in touch; I'm hoping to see you for lunch, or even golf if any of you have the time. Let me finish this speech by simply saying thank you. This was a wonderful night that I'll never forget.

訳 長年にわたり、この部屋の皆さんが私にとって最も親しく大切な友人となりました。職場での私との思い出話を、本当に楽しく聞かせてもらいました。今晩のパーティーを企画してくれました人事部のジャンとスザンナ・リンにまずは心よりお礼申し上げなければなりません。ピートとロクサーンも手伝ってくれたのですよね。どうもありがとう。何より、これまでずっと私を支えてくれた家族にお礼を言いたいと思います。私の美しい妻アリスがいなかったら、今の私はなかったことでしょう。これからは1日中顔を合わせることになるけれど、アリス、どうか私を嫌わないでおくれね。次に、同僚の皆さん、退職しても友情が変わらないことを願っています。休憩室でのおしゃべりや仕事帰りに飲みに行ったこと、それにもちろん、オフィスで繰り広げられたさまざまな出来事を、私はとても懐かしく思うことでしょう。これからも連絡をとり合いましょう。ランチを共にしたり、皆さんの時間が許すならゴルフもご一緒したいと思っています。最後に、お礼と感謝の気持ちを述べさせていただいて、私の挨拶を終わりたいと思います。この素晴らしい晩のことを、私は決して忘れないでしょう。

89. **訳** この行事を企画したのは誰ですか。
(A) 話し手が企画した。
(B) 大方はジャンとスザンナ・リンの企画
(C) ピートとロクサーンが企画のほとんどを担当した。
(D) 人事部の社員の1人が行った。

正解(B)　設問のorganizeは「企画・準備する」という意味。スピーチの前半のI really must thank Jan and Susanna-Lyn in Personnel for organizing the party tonight; and to Pete and Roxanne, thanks guys, I know you helped out too.から、企画の大部分はJanとSusanna-Lynが担当し、彼らを手伝ったのがPeteとRoxanneだとわかります。(B)が正解。

90.　🈳　話し手はこれからどうするのですか。
　　(A) 人事部で働き始める
　　(B) 海外支社に転勤する
　　(C) 定年退職する
　　(D) 昇進して社長になる

正解(C)　I sincerely hope that my retirement doesn't end our friendships.から、話し手は退職することがわかります。(C)が正解。

91.　🈳　話し手は将来について何と言っていますか。
　　(A) もっと効率的に人事部を管理したいと思っている。
　　(B) 妻と過ごす長期休暇を心待ちにしている。
　　(C) 海外市場を拡大したいと思っている。
　　(D) 元の同僚たちとこれからも連絡をとり続けたいと思っている。

正解(D)　Be sure to keep in touchと元同僚に言っているので、(D)が正解。keep in touchもkeep in contact with～も「連絡をとる」という意味。ex-coworkersのex-は「元の」という意を表す。(A)のefficientlyは「効率的に」、(B)のlook forward toは「～を楽しみにして待つ」、(C)のexpandは「拡大する」という意味。

Questions 92 through 94　refer to the following talk.

CD2
63

Good morning everyone, I'm Barbara Kingston and I'll be taking you for the first part of the orientation. Please open your booklet to page 2, where you'll find the schedule for today's program. As you can see, I'm presenting the first item and in a minute I'll be providing you with general information, some information about basic company policies, and practical information about on-site facilities. I'll also be providing you with information about the Human Resources Department where I work, including how to get your company ID card. At 9:30 Erin Monhan from the Finance Department will be coming in to tell you all about your salary. There are several forms that need to be filled out, so it's imperative that you listen carefully. She'll also cover taxation issues, and the various ways your salary can be made available to you. From 10:00 right up until 12:30, my co-worker Josh Glazner will be joining you to discuss all the benefits you're entitled to. He'll explain in depth everything from health insurance to sick leave. Finally, all of the presenters will come together in the last ten minutes for a quick Q&A session.

> 訳 皆さん、おはようございます。私は、本日のオリエンテーションの最初のパートを担当いたしますバーバラ・キングストンと申します。さて、小冊子の2ページを開いてください。そこに本日のプログラムが載っています。ご覧になればおわかりになると思いますが、まず最初の項目にあります、一般的な情報、社内の基本的な方針、現場の施設について、実際的な情報をこれから私がお伝えいたします。さらに会社のIDカードの受け取り手続きを含め、私どもの人事部関連の情報をお知らせいたします。9時半になりましたら財務部のエリン・モンハンより直々に、給与に関することをお話しいたします。何枚かの用紙に記入していただくことがありますので、必ずよく話を聞いておいてください。エリンは税制に関する問題についてもお話しする予定です。皆さんのお給料がどこからどのように出ているかについてもご説明いたします。10時から12時半までは、私ども人事部のジョシュ・グラズナーが加わり、皆さんが受ける各種福利厚生給付等について話してくれます。健康保険から病欠のことまで詳しく説明してくれます。最後にプレゼンター全員が一同に集まり、最後の10分間を質疑応答に当てます。

92. 訳 誰に向かって話をしているのですか。
(A) 財務部の社員
(B) 人事部の社員
(C) 会議の出席者
(D) 新入社員

正解(D) 設問のaim atは「~に向ける」という意味。聞き手が誰かを尋ねています。I'll be taking you for the first part of the orientation.で始まり、会社のさまざまな情報を伝えると言っているので、新入社員に話していると考えられます。正解は(D)。(B)のHuman Resourcesは「人事部」、(C)のparticipantは「出席者、参加者」という意味。

93. 訳 IDカードの取得方法について説明するのは誰ですか。
    (A) バーバラ・キングストン
    (B) エリン・モンハン
    (C) ジョシュ・グラズナー
    (D) 財務部の社員

    正解(A)　IDカードについては、I'll also be providing you with information...including how to get your company ID card.から、話し手(= Barbara Kingston)が説明するとわかります。正解は(A)。

94. 訳 ジョシュ・グラズナーは何について話をしますか。
    (A) 給与
    (B) 手当て
    (C) 税制
    (D) 会社の方針

    正解(B)　Josh Glazner will be joining you to discuss all the benefits you're entitled to.から、Josh Glaznerは手当てについて話すことがわかります。正解は(B)。benefitsは年金や保険など、給付以外の福利厚生給付等のことをいいます。

Questions 95 through 97 refer to the following radio broadcast.

Hello to all of you in radio land! Welcome to Sunday Travel. Today's program is all about vaccinations, a topic important to all travelers but especially you adventurous types planning on visiting Asia, Africa and South America. Now it's important to note that most vaccines are not effective immediately and take days, sometimes weeks, to start working. Some vaccines even require a series of injections, so if possible, get your vaccinations done four to six weeks before you depart. What a lot of people forget is that some vaccines become ineffective over time. That means the ones you had as a child may not be protecting you now. Be sure to see a doctor about whether or not you need any of these routine vaccinations, as many of the diseases you no longer worry about are still rampant throughout the world! Your guidebook should list the vaccinations for your destination. Information is also available by calling toll-free 008-097-097.

🈩 こんにちは、ラジオをお聴きの皆さん！　サンデー・トラベルにようこそ。本日番組では、予防接種について取り上げます。本日のトピックはすべての旅行者の方に重要な、特に冒険好きでアジア、アフリカ、南米などに旅行する計画を立てている方々にはたいへん重要なお話です。ワクチンについてとりわけ注意しておかなければならないのは、そのほとんどはすぐに効果が出るわけではなく、効き始めるまでに数日、時には数週間かかるということです。ワクチンの中には複数回にわたって連続して接種しなければならないものもあります。ですから、できるなら、出発の最低4週間から6週間前までに予防接種を済ませておきたいものです。ワクチンは時間の経過により効能がなくなってくるものもありますが、このことを失念している方も多いので、注意してください。子供の頃に接種したワクチンが今でも皆さんを守ってはくれるとは限りません。規定の予防接種が必要かどうかは医師に相談してください。私たちがもはや心配無用と思っている病気の中には、世界でいまだ蔓延しているものもあるのです。ガイドブックに、旅行先によって必要な予防接種について載っているはずです。この情報はフリーダイヤル008-097-097でも聞くことができます。

95. 🈩 この話のテーマは何ですか。
(A) 良いホテルで料金もリーズナブルなところを見つけるには
(B) 第3世界の国々を安全に旅行するには
(C) 伝染病の心配をしないで旅行するには
(D) 割引航空券を購入するには

正解(C)　最初にToday's program is all about vaccinationsと言って予防接種のトピックだと紹介し、その後 a topic important to all travelersと言って、旅行者に向けた予防接種について話すことがわかります。(C)が正解。vaccinationは「予防接種」、contractは「感染する」、diseaseは「病気」という意味。

96. 🈩 話し手は旅行者にどのようなことを勧めていますか。
(A) 少なくとも6週間前に飛行機の席を予約すること
(B) 出発前十分余裕をみて予防接種を受けること
(C) インターネットでホテルの予約をすること
(D) パスポートのコピーをいつも持ち歩くこと

正解(B)　so if possible, get your vaccinations done four to six weeks before you departと言って出発前に十分余裕をみて予防接種をするように勧めているので、(B)が正解。(A)のin advanceは「前もって」、(C)のhotel accommodationは「ホテルの宿泊」という意味。

97.　🈁　フリーダイヤルに電話するとどのような情報が得られますか。
　　(A) アジア、アフリカ、南米の格安航空券の入手可能性
　　(B) お勧めの旅行サイト
　　(C) お勧めのホテル
　　(D) それぞれの目的地に必要な予防接種のリスト

正解(D)　設問のobtainは「手に入れる」、toll-free numberは「フリーダイヤル」という意味。トークの最後に、旅行先によって必要な予防接種については、ガイドブックにも書いてあるが、フリーダイヤルでも情報が聞けると言っています。(D)が正解。(A)のavailabilityは「(入手の)可能性」という意味。

Questions 98 through 100　refer to the following talk.

CD2 65

Ladies and gentlemen, welcome aboard the tour bus for the Angkor Wat ruins. My name is Charya Sokha; allow me to extend a warm welcome to you all. In around twenty minutes we'll be hitting the outskirts of Siam Reap, after which we'll be following the picturesque Tonle Sap River before we turn off the main road and head for the temple complex. Our destination is of course the famous Angkor Wat ruins, an area with well over 1,000 years of history. Angkor Wat in Cambodian simply means "Angkor Temple;" "Angkor" is actually in reference to the outlying region, which was once a great city. Construction of Angkor Wat began in 879 but was not completed until 312 years later in 1191. I'll be presenting you with more information once we get closer to the temple itself. We'll be reaching Angkor Wat in approximately 80 minutes. When we arrive, you'll be split into smaller groups and taken around the complex. In the meantime, please relax and enjoy the beautiful Cambodian landscape.

🈁　皆様、この度はアンコールワット遺跡ツアーバスをご利用いただき、誠にありがとうございます。私はCharya Sokhaと申します。皆様ようこそいらっしゃいました。このバスは約20分後にSiam Reap郊外に到着し、その後、絵のような美しさをたたえるTonle Sap川沿いを走り、幹線道路を降りて寺院に向かいます。私たちの目的地はもちろん、優に

1000年以上の歴史を誇るアンコールワット遺跡です。アンコールワットとは、カンボジア語で「アンコール寺院」という意味ですが、実際この「アンコール」とは、かつて大きな都市が存在した、人里離れた地域一帯を指します。アンコールワットの建設は879年に始まり、312年後の1191年にようやく完成しました。寺院近くまで参りましたところであらためてさらに詳しい情報をお伝えいたします。アンコールワットにはあと1時間20分ほどで到着いたします。到着しましたら、少人数のグループに分かれていただき、寺院の中をご覧いただきます。それまではのんびりと美しいカンボジアの風景をお楽しみください。

98. 訳 話し手はどんな人ですか。
(A) 博物館館長
(B) ツアーガイド
(C) 歴史家
(D) 建築家

正解(B)　はじめにwelcome aboard the tour bus for the Angkor Wat ruinsと言って、その後地理的な説明やアンコールワットの情報を伝えているので、(B)が正解。

99. 訳 「アンコールワット」はカンボジア語で何という意味ですか。
(A) 偉大な都市
(B) アンコール寺院
(C) アンコール王
(D) アンコール遺跡

正解(B)　Angkor Wat in Cambodian simply means "Angkor Temple,"から、「アンコール寺院」という意味だとわかります。(B)が正解。

100. 訳 文中の 80分とは何を指していますか。
(A) アンコールワットについて説明するのにかかる時間
(B) 博物館の館内ツアーの所要時間
(C) 目的地に到着するまでの時間
(D) 建物の見学の所要時間

正解(C)　設問のrefer toは「～を指す、言及する」という意味。We'll be reaching Angkor Wat in approximately 80 minutes.から、80分はアンコールワットに到着するまでの時間だとわかります。(C)が正解。destinationは「目的地」、(D)のcomplexは「(建物などの)集合体」という意味。

TOEIC模擬試験の解答と解説　**333**

PART 5

*解答&設問の訳

101. 正解(A)【語彙の問題】
plaque「記念の額」を目的語にして文脈が合うのは、**(A) present**「**贈呈する**」。(B) submit「提出する」、(C) allow「許可する」、(D) distribute「配布する」という意味。

> 訳　市長は、地元ビジネスの振興に熱心に取り組んだことに対してイーストウッド氏に記念の額を贈呈した。

102. 正解(D)【品詞の問題】
動詞takenを修飾する副詞が必要。**(D) immediately**「**すぐに**」が正解。(A) immediate「即座の、直接の」は形容詞、(B)と(C)は名詞。

> 訳　ミスが起きたら、同じようなミスが今後2度と起こらないようすぐに手を打つべきだ。

103. 正解(A)【語彙の問題】
lack of competitiveness「競争力の欠如」と文脈が合うのは、**(A) concerned**「**心配している**」。be concerned aboutと覚えましょう。(B) encourage「励ます、促す」、(C) (be) suitable (for)で「〜にふさわしい」、(D) (be) satisfied (with)で「〜に満足している」という意味。

> 訳　農家の人々は、世界市場において彼らの農産物に明らかに競争力が欠如していることを大変憂慮している。

104. 正解(C)【前置詞の問題】
空欄の後に年数が続いているので、「〜の間」という意味をもつ前置詞**(C) over**「**〜の間**」が正解。

> 訳　工場の年間消費燃料費は、ここ3年間で2倍にもなった。

105. 正解(D)【動詞の形の問題】
主語expense「費用」と動詞approve「承認する」の意味関係を見ます。「費用は承認される」と受動態が必要なので、**(D) be approved**「**承認される**」が正解。

> 訳　10,000ドルを超す費用については、どんなものでもアメリカ本社の承認を得なければならない。

106. 正解(B)【語彙の問題】
２国間の貿易交渉で、hope for「～が得られるように望む」で文脈が合うのは、**(B) breakthrough「進展」**。(A) liability「責任・債務」、(C) confirmation「確認」、(D) reputation「評判」という意味。

> 訳　交渉にあたる者たちは次回の二国間貿易交渉での進展を望んでいる。

107. 正解(C)【関係代名詞の問題】
先行詞range「品揃え」は物を表す名詞。前置詞onの後には目的格の関係代名詞が続くので、**(C) which**が正解。前置詞の後に関係代名詞thatは使えないので(D)は間違い。

> 訳　開発に1,000万ドルかけた化粧品の新作シリーズが、来月発売される。

108. 正解(A)【語彙の問題】
reminded「思い出させる」を修飾する副詞として文脈が合うのは、**(A) frequently「頻繁に」**。(B) hardlyは「（程度を表して）ほとんど～ない」、(C) practically「ほとんど」、(D) significantly「著しく」という意味。

> 訳　我々はコリンズ建設に対し、未払金について何度も督促したが、今日になっても全く払われずにいる。

109. 正解(D)【品詞の問題】
定冠詞theの後には名詞が続きます。**(D) agreement「契約」**が正解。(A) agree「同意する」は動詞、(B) agreeable「（条件などが）好ましい」は形容詞、(C)は副詞。

> 訳　来年3月の契約期限切れの際に、部長が契約更新に同意するとは私には思えない。

110. 正解(B)【語彙の問題】
「increased earningsはmore efficient management systemによってもたらされた」という文にするのが自然。**(B) attributed「もたらされた」**が正解。A is attributed to Bは「AはBによってもたらされた」という意味を表す文。(C) cause「～を引き起こす」を使う場合には、後にbyが必要なので(C)は間違い。なお、causeは通常あまり良くないことを引き起こすという文意

で使われます。(A) appoint「任命する」、(D) resultは、result fromなら「〜に起因する」、result inなら「結果として〜になる」という意味になります。

> 訳 イースタン・エアーの増収は、直接的には管理システムの効率化がもたらしたものだ。

111. **正解(A)【接続詞の問題】**
主節と従属節の意味関係で判断します。従属節は「広告は非常にお金がかかる」、主節は「多くの人にメッセージを届けるのには比較的経済的な方法だ」という意味。したがって、逆接の意味をもつ**(A) although「〜だけれども」**が正解。(C)のhoweverは意味こそ似ていますが、接続詞ではなく副詞なので、この文では不適切。(B) becauseは原因・理由を、(D) ifは仮定を表すときに使います。

> 訳 広告は非常に費用がかかるけれども、多くの人々にメッセージを届けるには比較的経済的な方法だ。

112. **正解(B)【語彙の問題】**
parking spacesを修飾する単語として文脈が合うのは、**(B) designated「指定された」**。(A) assess「評価する」、(C) dismantle「解体する」、(D) enhance「(質・能力などを) 高める」という意味。

> 訳 指定駐車場は社長、役員、上級管理職専用だ。

113. **正解(D)【品詞の問題】**
動詞maintainの目的語になる名詞が必要。**(D) relations「関係」**が正解。(A) relate「関連づける」は動詞。(B) relatives「親戚」は名詞ですが、これでは文の意味が通りません。(C) relatively「比較的」は副詞。

> 訳 現在のところ、Brintex International社とは急を要する仕事をしているわけではないが、彼らと良好な関係を維持することは必至なのだ。

114. **正解(B)【前置詞句の問題】**
空欄の前は「傲慢な態度が許される言い訳にはならない」、空欄の後は「どんなに多くの契約を取ろうとも」という意味。howeverは「いかに〜であろうとも」の意。文脈に合うのは、**(B) regardless of「〜に関係なく」**。(A) due to「〜のために」、(C) while「〜の間」、(D) without「〜なしに」という意味。

> 訳　社員がどんなに多くの契約を取ってこようが、傲慢な態度が許される言い訳にはならない。

115. 正解(D)【品詞の問題】
空欄は名詞の前にあるので形容詞を選びたくなりますが、(C) identical「同一の」では意味が通りません。identification card「身分証明書」にするのが適当。**(D) identification「身元確認」**が正解。(A) identify「同一人物だと確認する」は動詞、(B) identity「アイデンティティー」は名詞。

> 訳　大企業に入社すれば、社員には身分証明書が与えられる。

116. 正解(C)【分詞構文の問題】
mineは「(鉱石などを) 採掘する」という意味。この文のmineは「ダイヤモンドは採掘される」と受け身の意味で使われているので、過去分詞が必要。**(C) mined「採掘されて」**が正解。

> 訳　ダイヤモンドの多くは南アフリカで採掘され、アムステルダムに輸送されて、海外のディーラーに取引される。

117. 正解(B)【品詞の問題】
名詞productsの前には形容詞がきます。**(B) innovative「革新的な」**が正解。(A) innovate「革新する」は動詞、(C) innovation「革新」、(D) innovator「革新者」はどちらも名詞。

> 訳　THK工業は革新的な製品を数種有しているので、投資すれば高い利益が期待できる。

118. 正解(D)【語彙の問題】
deadline「締め切り」を目的語にして文脈に合うのは、**(D) extend「延長する、延ばす」**。(A) exceed「～を超える」、(B) excel「(他より)まさる」、(C) expand「拡大する」という意味。

> 訳　プロジェクトは先週終えていなければならなかったのだが、彼らは寛大にも期限を1ヶ月延ばしてくれた。

119. 正解(A)【語彙の問題】
all-time lowからrecord-breaking salesに変わったことを表す単語は、**(A) turnaround「(良い方向への)転換」**。(B) turnout「出席者、人出」、(C) turnover「離職(率)」 (D) turnpike「有料道路」という意味。

TOEIC模擬試験の解答と解説　337

> 我が社の収益は過去最低だったが、劇的な変化を遂げ記録的な売上げを達成し、好調の中に1年を終えることができた。

120. 正解(D)【品詞の問題】
形容詞earliestの後にくるのは名詞。**(D) convenience**「**都合**」が正解。(A) convenient「都合がよい」は形容詞。(B)はconvenientの最上級、(C) conveniently「都合よく」は副詞。

> シンポジウムへの出席ご希望の旨を、ご都合の許す限り至急に私どもまでご連絡ください。

121. 正解(C)【語彙の問題】
advertising campaign「広告キャンペーン」を目的語にして文脈が合うのは、**(C) launched**「**始めた**」。(A) correlate「相互に関連させる」、(B) intend「〜するつもりである」という意味。discourgeは「〜をやめるように説得する」という意味。

> 政府は、若者に禁煙を説く初の広告キャンペーンを始めた。

122. 正解(C)【接続詞の問題】
接続詞の問題は主節と従属節の意味関係を見ます。主節は「組合が明日ストに入るだろう」、従属節は「我々が彼らの要求に同意する」という意味。文脈が合うのは、**(C) unless**「**〜しない限り**」。(A) because「〜なので」は原因・理由を表すとき、(B) if「もし〜ならば」は仮定を表すときに使います。

> 組合は明日、我々が彼らの要求に同意しない限り、ストに突入するだろう。

123. 正解(A)【代名詞の問題】
「彼ら自身の会社」というとき、ownの前には所有格がきます。**(A) their**が正解。

> 政府はより多くの人が自ら起業するよう奨励している。

124. 正解(D)【語彙の問題】
sales target「売上目標」を目的語にして文脈が合うのは、**(D) meet**「**（要求・期待などを）満たす**」。(A) arrive「到着する」、(B) succeed「成功する」、(C) keep「保持する」という意味。

> 訳　顧客の1人が大口の注文を取り消した結果、我々は今月の売上目標を達成できなかった。

125.　正解(D)【品詞の問題】

動詞checkの前にきて、動詞を修飾するのは副詞。**(D) periodically**「定期的に」が正解。(A) period「期間」は名詞、(B) periodic「周期的な、定期の」は形容詞、(C) periodicalには「定期刊行の、定期刊行物」と形容詞と名詞の両方の意味があります。

> 訳　マネージャーは、すべてのプロジェクトの各段階で、会社の目標をどれぐらい達成しているか定期的に確認したほうがよい。

126.　正解(C)【前置詞の問題】

ペアで使う前置詞を問う問題です。be responsible forで「～の責任である、～を担当している」という意味。**(C) for**が正解。

> 訳　採用された者は、社内人事に関するあらゆるもめごとを調整するチームの統率の任務に就くことになります。

127.　正解(B)【語彙の問題】

動詞follow「従う」の目的語として文脈が合うのは、**(B) procedure**「手順、順序」。(A) consequence「結果」、(C) prospect「見込み」、(D) response「反応」という意味。

> 訳　そのような緊急の場合でも、いつものように通常の手順を踏むことが肝要です。

128.　正解(C)【品詞の問題】

名詞wayの前にあるので形容詞が必要。**(C) persuasive**「説得力のある」が正解。(A) persuade「説得する」は動詞。(B) persuasion「説得」は名詞。(D) persuasively「説得力をもって」は副詞。

> 訳　トップ企業の重役には、強固な意志と説得力ある話し方、それに相当の専門知識が必須だ。

129.　正解(A)【語彙の問題】

空欄に入る単語について、in which以下に「学生がコース終了後アンケートを記入する」と説明されています。fill out a questionnaireは「アンケートに記入する」という意味。文脈から、**(A) evaluation**「評価」が正解。

(B) implementation「実行」、(C) performance「成績、実績」、(D) reservation「予約」という意味。

> **訳** コース終了後、学生にアンケートに記入してもらうなどの方法でコース評価をするものが必要だと私は思います。

130. 正解(B) 【接続詞の問題】
andとペアで使う **(B) both**「**両方とも**」が正解。both A and Bで「AもBもどちらも」という意味。either A or B「AかBかどちらか」、neither A nor B「AでもBでもない」の表現もあわせて覚えておきましょう。

> **訳** ウィルソン家電は、製品の品質と顧客満足に誠心誠意取り組んでおります。

131. 正解(B) 【語彙の問題】
動詞testedを修飾する副詞として文脈に合うのは、**(B) extensively**「**大規模に**」。(A) definitely「確かに、全く」、(C) positively「前向きに」、(D) rarely「めったに〜しない」という意味。

> **訳** 市販薬の中で、この薬ほど大規模な治験が行われたものはあまりない。

132. 正解(A) 【品詞の問題】
空欄部分はこの文の主語にあたるので、名詞が必要。(A)も(B)も名詞ですが、文脈から、**(A) strategies**「**戦略**」が正解。(B) strategists「戦略家」、(C) strategic「戦略上の」は形容詞、(D) strategically「戦略上」は副詞。

> **訳** 製品、価格、場所、販売促進決定のマーケティング戦略においては、それぞれを個別に計画すべきではない。

133. 正解(D) 【語彙の問題】
動詞voted「投票した」を修飾する副詞として文脈が合うのは、**(D) unanimously**「**全員一致で**」。(A) potentially「潜在的に」、(B) relatively「比較的」、(C) substantially「かなり」という意味。

> **訳** 役員会では、3年間で社員をさらに15％解雇することに、全員一致の賛成をみた。

134. 正解(D) 【品詞の問題】

文脈から「ホテルの宿泊」とするのが適切。名詞の**(D) accommodation**「**宿泊**」が正解。(A) accommodate 「(人)を収容できる」は動詞。(B) accommodating「融通のきく」は形容詞。(C) はaccommodateの過去・過去分詞。

> 訳　同封いたしましたパンフレットで、魅力的なツアーとホテルの宿泊がセットになったパック旅行をお選びになれます。

135. 正解(C) 【語彙の問題】

「営業部員が出席するのは…だ」という文脈に合うのは、**(C) mandatory**「**強制の、義務の**」。(A) require 「要求する」、(B) favorite 「お気に入りの」、(D) superior「優れた」という意味。

> 訳　今週金曜日に行われる経過分析ミーティングには、全営業部員が強制的に出席することになっている。

136. 正解(D) 【品詞の問題】

形容詞simpleの前にきて、形容詞を修飾するのは副詞。**(D) remarkably**「**非常に**」が正解。(A) remark 「発言(する)」には動詞と名詞の両方の意味があります。(C) remarkable「目立った、すぐれた」は形容詞。

> 訳　その装置はたいていの人には複雑そうに見えるのだが、操作方法はいたって簡単だ。

137. 正解(A) 【語彙の問題】

後半の文の意味から否定的な感情を表す形容詞がくるのが自然なので、**(A) disappointed**「**がっかりした**」が正解。correspond withは「～と一致している」、(B) fascinated「魅せられた」、(C) impressed「感心した」、(D) pleased「嬉しい」という意味。

> 訳　あなたが送ってきた商品の質は、サンプルとしていただいた商品の質とは違っているので、がっかりですよ。

138. 正解(D) 【代名詞の問題】

空欄は動詞represent「弁護する」の目的語。文脈から主語と目的語は同一人物なので、**(D) himself**が正解。

> 訳　アンダーソン氏は、彼の訴訟を引き受けてくれる弁護士が見つからなかったため、法廷では自分で自分の弁護をせざるを得なかった。

139.　正解(B)【前置詞の問題】

文脈上逆接の意味を表す単語が必要。正解は**(B) despite**「**〜にもかかわらず**」。(A) althoughは接続詞なので、後に節が続かなければなりません。(C)はin spite of という使い方をします。butの後にも節が続かなければならないので(D)も間違い。

> 訳　ハッチ氏は医者が止めるにもかかわらず、休みなく働き続けた。

140.　正解(B)【前置詞の問題】

文脈から受動態の文に使われる**(B) by**「**〜によって**」が必要。(C) except「〜以外」、(D) including「〜を含めて」という意味。

> 訳　民営化以前は、多くの国営事業が政府から補助金を支給されていた。

PART 6

*文書の訳&解答

Questions 141-143 （メール文書長文穴埋め問題）

文書の訳

宛　先：	sales@comptrain.com
送信者：	Kristy Abra, Corbett Heavy Industries
件　名：	管理職研修に関する問い合わせ

拝啓
　英語を母国語としない者を対象とした総合北米管理職研修プログラムについてお尋ねしたくメールを差し上げました。
　貴社のコースは非常に評判が高いのですが、弊社の研修部においてはここ数年予算不足が非常に深刻化しております。つきましては、率直に申し上げて、研修全体のコストを下げていただくことが可能かどうか御相談させていただきたく思っております。
　いくつかのユニットを省き、全体の研修期間を現状の2週間から1週間に短縮し、さらに使用テキストを一部変更していただけるかどうか、ご意見をうかがいたいのです。
　貴社の高い評判と質の高い教育プログラム提供に取り組んでいらっしゃることは重々承知致しておりますが、些か御相談させていただけましたらと存じます。この件につきまして貴社のご意向をお聞かせいただけましたら幸いです。
敬具
Kristy Abra

141.　正解(C)　【動詞の形の問題】
主語coursesと動詞recommend「推薦する」の意味関係を考えると、「コースが推薦されている」と受動態が必要。空欄には過去分詞が入ります。したがって、**(C) recommended**「推薦される」が正解。

142.　正解(D)　【語彙の問題】
後半で自分の提案を述べているので、「～が可能なことを望んでいる」という意味にすると文脈に合います。**(D) possible**「可能な」が正解。(A) customaryは「習慣的な」、(B) economicは「経済の」、(C) essentialは「不可欠な」という意味。

143. 正解(B) 【語彙の問題】

your feedbackを目的語にして文脈が合う動詞が必要。「あなたの意見が聞きたい」という依頼の文にするには、「~してくれたら大変有難い」という表現を使います。**(B) appreciate**「**感謝する**」が正解。(A) acceptは「受け入れる」、(C) appropriateは「適切な」、(D) comprehendは「理解する」という意味。

Questions 144-146 （記事長文穴埋め問題）

文書の訳

> 　最新モデルが全国の販売代理店でほこりをかぶっている状態のなか、PC市場は、消費者の関心をいかに引き止めていくかに腐心している。ゲーム業界やインターネット関連企業はさほど苦境に立っているようでもないのだが、消費者が最新のテクノロジーにもはや購買意欲を示さなくなってしまったのは、どうしたことなのか。
> 　それは、消費者がPCを新しく購入しても、その後すぐにもアップデートが必要になったり、再び新製品に買い換えなければならなくなるといった状況に辟易してきたからだ。かつてはハードドライブほか主要部品が壊れた際には、新しいPCを購入していたものだが、最近では、高い修理代を払い、最新のPC購入に充てる費用を抑える傾向にある。
> 　もちろん最新機器の購入に意欲的なテクノロジーマニアは依然存在するが、その数は徐々に減少しつつある。コンピュータやソフト関連企業は、今や研究費削減かあるいは今後の市場成長のために開発資金維持でゆくのか、という決断を迫られている。

144. 正解(B) 【品詞の問題】

動詞が見当たらない文なので、空欄には動詞が入ります。**(B) continues**「**続く**」が正解。(A) continuity「継続性」は名詞、(C) continuous「継続した」は形容詞、(D) continuously「絶えず」は副詞。

145. 正解(A) 【動詞の形の問題】

助動詞wouldの後には動詞の原形が続くので、**(A) buy**「**購入する**」が正解。この文のwouldは過去の習慣を表しています。

146. 正解(B) 【関係代名詞の問題】

先行詞enthusiastsは「熱狂者、マニア」という人を表す単語。空欄の後には動詞が続いているので、主格の関係代名詞**(B) who**が正解。

Questions 147-149 （報告書長文穴埋め問題）

> **文書の訳**
>
> **Olennick Holdings'のLow Price Supa Sava Stores チェーンに関する追跡レポート**
>
> 中東における戦争長期化により、原油価格はこれまでになく高騰した。残念ながら他国の原油生産者を頼ることもできず、価格は間断なく変動し続けている。この価格高騰によって、企業が大きな打撃を受けるのは避けられない。最も被害が深刻なのは、石油原料に依存している産業である。その中のプラスチック産業は、今日の我々の生活に密接に関わっている。
>
> Olennick Holdings'のディスカウントチェーンLow Price Supa Sava Storesでは、タッパーウェアのような容器から子供用玩具まで、幅広い廉価商品を取り扱っている。これらの製品の約70％は、全部ないし一部がプラスチックで作られている。石油危機がさらに深刻化するなか、我々がこれらのチェーン店で均一低価格を維持することは絶望的であり、また店の営業を続けても利益をあげていくことはもはや期待できない。事態は非常に逼迫しており、我々はLow Price Supa Sava Storesにおける在庫を至急他小売店に移譲し、全店閉鎖という結論に達した。

147.　正解(B) 【語彙の問題】
「他国の原油生産者をあてにできない」と文脈を合わせるには、「価格が変動する」という意味にしなければなりません。**(B) fluctuate**「変動する」が正解。(A) remainは「（～のままの）状態でいる」、(C) fallは「下がる、落ちる」、(D) steadyは「安定した、安定する」という意味。

148.　正解 (D) 【語彙の問題】
報告書全体に石油にまつわる状況が深刻であることが書いてあるので、**(D) crisis**「危機」が正解。(A)(oil) productsは「石油製品」、(B) (oil) spillは「石油流出」、(C) (oil) fieldは「油田」という意味。

149.　正解(B) 【品詞の問題】
助動詞の後には動詞が必要。「店は閉められる」と受動態が必要なので、**(B) closed**「閉められる」が正解。(D) closureは「閉鎖、閉店」という意味の名詞。

Questions 150-152

文書の訳 （本文のみ）

> パール殿
> 　これは7月18日付けの注文の支払いに関する最終督促状です（インボイス番号234789）。
> 　9月3日にインボイスを受領したとご連絡をしていただきましたが、その後御社は支払いを遅らせ、ここ1ヶ月弊社からの連絡をすべて無視していらっしゃいます。個人的なルートで、代金未払いになっていると思われる弊社の部品を御社の取引先に販売しているということを耳にしました。これは容認できることではありません。
> 　11月30日までに支払いがされなければ、残念ですが、次回は弊社の顧問弁護士から連絡させていただくことになります。
> 敬具
> マーク・ケンドリック
> 財務・経理
> ユリシーズシートメタル株式会社

150. 正解（C）【品詞の問題】

形容詞finalの後に続くのは名詞なので、**(C) reminder「督促状」**が正解。(A) remindは「〜を思い出させる、気づかせる、念を押す」という意味。

151. 正解（A）【語彙の問題】

空所が入っている節の最初にyet（「けれども、しかし」）があるので、前の節と逆接的な意味を表す内容だとわかります。前の節は「インボイスを受領した」という意味。yetで始まる節の後半部分は「ユリシーズシートメタルからの連絡をすべて無視している」という意味なので、空所には「代金を支払っていない」という意味を表す単語が必要だとわかります。remittanceは「送金」という意味。**(A) delayed「遅らせた」**が正解。(B) requestは「要請する」、(C) admitは「〜ということを(事実であると)認める」、(D) protestは「〜に抗議する」という意味。

152. 正解（D）【品詞及び動詞の形の問題】

助動詞cannotに続くのは動詞。受動態か能動態かを判別するために、主語と動詞の意味関係を確認します。この文は「支払いは」が主語なので、動詞を「完了される」と受動態（「be動詞＋過去分詞」）にする必要がある。**(D) finalized**が正解。

PART 7

＊文書文書の訳と設問の訳＆解答

Questions 153-154 （広告長文読解問題）

文書の訳

> **There and Back Travel**
> 今月特別価格でお客様を旅にお連れいたします！
> 上海＄380
> プーケット＄450
> ロサンゼルス＄560
> シドニー＄590
> ロンドン＄590
> パリ＄610
> サンパウロ＄1,100
> リマ＄1,170
> 　料金には、出発後1ヶ月間まで有効な復路航空券が含まれております。
> 　当There and Back Travelでは、ホテルや各種団体旅行の御予約だけでなく、お客様のビザの申請のお手伝いもいたしております。スタッフが親身になってお客様の休暇プランをお作りいたしますので、お客様はあとは飛行機に乗られるだけです！　今すぐお電話ください！
> There and Back Travel Tel:20 7216 8800 Fax: 20 7216 8801 tabtravel@tabtravel.com.uk

153. 🔖 特別に提供しているというのは何ですか。
(A) ビザの申請手続き料金の見積もり
(B) 割引航空券
(C) 割引団体ツアー
(D) ホテルの宿泊代の割引

正解(B)　会社名から旅行代理店の広告だとわかります。広告の最初にWe'll take you there and back again with our great specials this month!と書いてあり、その下に都市名と値段が書いてあるので、割引航空券の広告だとわかります。(B)が正解。ビザの申請、ホテルや団体旅行の予約についても広告で触れていますが、今回特別に提供しているものではないので(A)、(B)、(D)それぞれ間違い。(A)のquoteは「見積もり」、feeは「料金」、(D)のreductionは「割引、削減、減少」、hotel ratesは「宿泊料金」という意味。

TOEIC模擬試験の解答と解説　347

154.

訳 特別料金の有効期間はどれくらいですか。
(A) 年末まで
(B) 6ヶ月間
(C) 今月末まで
(D) 出発後1ヶ月以内

正解(C)　with our great specials this monthから、今月だけの期間限定だとわかります。正解は(C)。(D)のwithinは「〜以内」という意味。within one month of departure「出発後1ヶ月以内」なのは、料金に含まれている復路航空券の有効期限であって、特別料金の有効期間ではないことに注意。

Questions 155-156　(手紙長文読解問題)

文書の訳　(本文のみ)

お客様各位

　平素は弊社South East Communications Productsに御高配賜り有り難く厚く御礼申し上げます。この度弊社の光ファイバー製品価格及びサービス料金が変更になりましたことをお知らせいたします。物価上昇その他やむを得ぬ諸事情のため、値上げさせていただくこととなりました次第でございます。

　今後光ファイバーケーブルにつきましては、一律3％値上げさせていただきます。最近のケーブル劣化に関する研究を受け、業界の基準として、現在使用しているものより2ミリ太い仕様が求められています。ケーブル生産に使用します特注機械の交換も余儀なくされ、生産原料も増量の事態となりました。貴社におかれましては何卒ご理解とご協力いただけますよう、宜しくお願い申し上げます。

　設置費用もわずかながらではございますが、値上げをさせていただくこととなっております。既設のケーブルのモニタリング、メンテナンス及び太型ケーブルへの交換の必要性から生じるものです。設置料につきましては、数量パーセンテージによる値上げではなく、一律定額料金にて頂戴することになります。

　当諸値上げにつきましてご質問等ございます折には、ご遠慮なくご連絡くださいますようお願い申し上げます。

敬具
Linda Dunn
営業部
South East Communications Products

155. 🈳 顧客は何についてのお知らせを受けているのですか。
(A) ある製品の製造中止
(B) あるサービスに関する問題
(C) 通信機器の新製品
(D) 製品価格とサービス料の変更

正解(D) 第1段落のWe are writing to you at this time to inform you of changes to our prices of our fiber-optic products and services.から、製品価格とサービス料の変更を知らせるためだとわかります。(D)が正解。(A)のdiscontinuationは「中止・停止」、(C)のdeviceは「機器・装置」という意味。

156. 🈳 設置費用の料金体系はどのようなものですか。
(A) 変動料金
(B) 一定料金
(C) 3%の追加料金
(D) 設置料金を請求されない会社も出てくる。

正解(B) 設問のinstallationは「設置」、incurは「(費用などが)かかる」という意味。第3段落のa fixed charge on your installation billsから、設置料は一定料金だとわかります。(B)が正解。fixedもsetも「一定の、固定の」という意味。set feeで「一定料金」ということ。(A)のfluctuateは「変動する」、(C)のsurchargeは「追加料金」という意味。

Questions 157-159 （メール長文読解問題）

文書の訳

宛　先：John Attard
送信者：Rima Hills, Forshaw & Hills 法律事務所
件　名：9月24日の納品についての問い合わせ

John
　お元気のことと思います。
　昨日注文の品が届きました。すべて丁寧に包装され完璧な状態で届きました。大理石の机はカタログの写真よりも実物のほうがずっとよく見えます。
　ただ、注文しました家具の一部が未だ届いていないようです。送り状と配達された家具を確認してみたところ、インターンデスク3点とラージサイズのスライド式キャビネットが1点不足しておりました。貴殿が平素配送手配を行っている配送業者（クーパーエクスプレス）に電話しましたが、当方宛の品物は他には預かってはいないとのことです。
　間違いは致し方ないとしても、残りの注文品がどうなってしまったのか、ご説

明いただけましたら幸いです。今月末までに新しいオフィスのレイアウトを終わらせられればと思っております。
　至急ご連絡いただけますようお待ち申し上げております。
敬具
Rima Hills

157. 🈶 このメールの主旨は何ですか。
(A) オフィス家具のラインアップについて問い合わせること
(B) 注文品の問題点を報告すること
(C) 追加注文すること
(D) 注文をキャンセルすること

正解(B)　件名にqueries「問い合わせ」と書いてあることに注意。第3段落のwe may be missing part of our orderから、注文した家具がすべて届いていないことがわかり、第4段落で説明を求めているので、正解は(B)。(A)のinquire aboutは「~について問い合わせる」(C)のplace an orderは「注文する」という意味。

158. 🈶 リマ・ヒルズのところでは最近どんな問題が起きたのですか。
(A) 彼女のオフィスにある家具の一部が最近起こった洪水で台無しになった。
(B) 予定の納期を過ぎても注文の品を受け取れなかった。
(C) 注文していない品物が届いた。
(D) 注文した品物全部を受け取ったわけではなかった。

正解(D)　第3段落から、注文の品を全部受け取っていないことが問題だとわかるので、(D)が正解。entireは「全部の」、(A)のruinは「台無しにする」、floodは「洪水」、(B)のdelivery dateは「納期」という意味。

159. 🈶 リマ・ヒルズはこのメールを打つ前に何をしましたか。
(A) 他の家具店何軒かに連絡した
(B) いくつかの業者から見積もりをもらった
(C) オフィスのレイアウトを変えてもらった
(D) 配送業者に電話をした

正解(D) 第3段落のI phoned the courier that you used to make the deliveryから、配送業者に電話したことがわかります。courierは「配送業者・宅配業者」という意味。正解は(D)。(B)のquotesは「見積もり」、supplierは「業者」という意味。

Questions 160-162 （記事長文読解問題）

文書の訳

> **新法は中小企業への背信**
> 　中小企業団体は、最近政府が提出した経済法案に対し、中小企業に対する裏切りだと非難した。本法案が上院を通過すれば、法人が免税措置を受けやすくなる分、競合する中小企業の買収も容易になるという。大企業は、経済は然るべき方向に向かっていると、これらの法案を歓迎するが、中小企業は滅亡への一端にもなりかねないと主張する。
> 　これら法案をめぐっては、大きな議論に揺れている。当法案により最も利益を得るのは、昨年7月の政府選挙戦にあたり膨大な寄付をしてきた大企業だ。しかしながら、選挙運動期間中政府は、中小企業に有利な一連の改革案を公約として掲げていた。今回の法案は、この政府の公約に真っ向から反するものである。このため多くの中小企業事業主は、裏切られたとの感を抱き、敵意を顕わにしている。ここ数週間、彼らは議事場の外で交代で抗議運動を繰り広げている。抗議運動の参加者たちは、法案が上院で否決されるまではその場を去らないと宣言している。
> 　法案は2月8日に下院を通過し、2月11日に上院に提出される予定だ。審議には1週間かかると予想されており、零細企業の陳情者らは法案通過を阻止しようと無党派議員の説得に必死だが、結果は最後まで予断を許さない。

160. 　**訳** 大企業はこの経済法案についてどう考えていますか。
(A) 真っ向から反対している。
(B) 否定的な反応をしている。
(C) 法案を歓迎している。
(D) 彼らの見解はまだ発表していない。

正解(C) 第1段落のBig businesses have hailed the billsから、大企業は法案を歓迎していることがわかります。hailは「歓迎する」、billは「法案」という意味。(C)が正解。(A)のagainstは「～に反対して」、(D)のviewは「見方、考え方」という意味。

161. 🔖 中小企業に関して記事で指摘されていないことは何ですか。
(A) 選挙運動で政府の支援をした。
(B) 政府に対し抗議活動をしている。
(C) 上院で陳情を行っている。
(D) 経済法案に激しく抗議している。

正解(A) 第2段落の最初から、政府の選挙運動を支援したのは中小企業ではなく大企業だとわかるので、(A)が正解。(B)と(D)については第2段落後半に、(C)については第3段落に書いてあります。(B)のengage in a protestは「抗議活動に参加する」、(D)のbe opposed toは「～に反対している」という意味。

162. 🔖 法案はどのような段階にきていますか。
(A) すでに可決された。
(B) まもなく議会に提出される。
(C) 下院で審議中だ。
(D) 下院のみ通過している。

正解(D) 設問のprogressは動詞で「(ある段階へ)進む」という意味。法案に関しては第3段落のThe bills passed through the Lower House on February 8, and will go into the Senate on February 11.から、下院のみで可決されたことがわかります。(D)が正解。(A)のpassは「可決する」、(B)のintroduceは「(法案などを)提出する」という意味。

Questions 163-165 (広告長文読解問題)

文書の訳

> **Charbaji Electronic Entertainment Group Inc.**
> 　Charbaji Electronic Entertainment Group Inc.では、ベルンとマドリードそれぞれのオフィスにて勤務可能な営業部員の正社員を募集しています。
> 　Charbaji社は世界的なマルチメディア専門会社で、インド発の最高級エンターテイメントを専門に扱っています。地元のコミュニティーに、いわゆるBollywood (編注：BombayとHollywoodからつくられた造語) と呼ばれている大人気のインド大衆映画DVDのほか、インドの最新チャートトップランキングミュージックも配給しています。また、他社では取り扱いのない自主製作映画や音楽も取りあげています。マルチメディア産業における業務経験があり、インド文化や言語に精通している方を歓迎しますが、これらは必須条件ではありません。書類選考を通過した方にのみ面接の通知をいたします。

インセンティブ
- 基本給　月収約4,000米ドル
- 半年毎に昇給
- 月毎歩合制、成績に応じボーナス支給
- 交通費全額支給
- 生活費一部支給
- 健康保険
- 各種年金制度

資格条件
- ビジネス分野の学位
- 3年以上の営業ないしマーケティング経験
- 高度な英語力
- 日常会話程度のスペイン語（マドリードオフィス勤務の場合）
- 日常会話程度のドイツ語、フランス語あるいはイタリア語（ベルンオフィス勤務の場合）

応募者は履歴書を2月28日までにCharbaji社宛お送りください。メールはrecruitment@charbaji.inへ、ファックスは+91 172 5017855へ、また速達郵便の宛先はCharbaji Electronic Entertainment Group Inc., SCO 145-146 Sector 27B Chandigarh, 160 022, Indiaまで。

163. 訳　採用後応募者は何をすることになっていますか。
(A) スペインまたはスイスでマーケティングキャンペーンを考案する
(B) 地元のインド人コミュニティーに商品を販売する
(C) ハリウッドでインド映画を共同プロデュースする
(D) 交渉の通訳をする

正解(B)　第1段落のlooking for qualified full-time salespeopleから、営業部員を求めていることがわかり、具体的な内容については、第2段落に映画や音楽を地元のインド人コミュニティーに販売することだと書いてあります。正解は(B)。(A)のdeviseは「（方法などを）考案する」という意味。

164. 訳　次の中で資格条件に入っていないものはどれですか。
(A) マルチメディア業界の経験
(B) ビジネス関連の学位
(C) 高い英語力
(D) 英語以外の外国語の知識

正解(A) 第2段落で、マルチメディア業界の経験については welcome but not required とあるので、必須ではないことがわかります。正解は(A)。(B)、(C)、(D)についてはすべて Requirements の箇所に書かれています。(C)の command は「言葉を自由に使える力」、(D)の other than は「～の他に」という意味。

165. 🗐 応募者には（採用後）どのような手当て等が見込まれますか。
(A) 移動に使う会社の車
(B) 住宅全般費用補助手当
(C) 年2回のボーナス
(D) 健康保険と年金制度

正解(D) 設問の fringe benefits は「付加給付（本給以外の有給休暇・保険給付・年金など）」という意味。Incentives「やる気を起こさせるもの」の箇所を見ます。Full health care と Flexible pension scheme と書いてあるので、(D)が正解。(A)と(B)についての記述はありません。ボーナスについては、performance bonuses と書いてあるので、成績によって支給されることがわかります。年2回あるのは昇給です。したがって、(C)は間違い。

Questions 166-168 （記事長文読解問題）

文書の訳

海岸地域の復興

クィーンズランドの海岸沿いのルールズビーチが災害に襲われたのは、1年余り前のことでした。巨大な熱帯低気圧による嵐がこの付近を襲い、住宅、商店、政府関係建物、そしてホテルやリゾート地までも破壊するという最悪の事態に見舞われました。ルールズビーチの住民は38人の命が失われたことに大きなショックを受けました。さらに近くに位置するグレートバリアリーフでの被害で、ルールズビーチ付近の海水はごみに汚されてしまったのです。

しかしこの嵐の直後に、ブリスベーンを本拠とする大企業が、破壊された町庁舎でミーティングを開き、総額3千万ドルを寄付して、ルールズビーチを元の輝かしい姿に復興させることを誓ったのです。その翌日には中小企業の事業主たちが一部時間短縮ながら営業を再開、その3日後には、ルールズビーチ観光局が現地を訪れる人たちへの応対を開始しました。バスで駆けつけたボランティアが海岸地域の清掃を始めましたが、その中には、近隣のバッフルクリークから来た年金生活者も数多く見られました。保険会社も、ホテルやリゾート地が早く再建に取りかかれるよう、損害保険金請求手続きを迅速に処理することでサポートしました。そしてわずか4ヶ月後には、ルールズビーチは以前の様相を取り戻し始め

たのです。
　翌夏、オーストラリア観光協会はルールズビーチに観光客を呼び戻すため、政府援助による大規模な広告キャンペーンを始めました。今年に入ってルールズビーチには多くの観光客が戻り、嵐の被害に遭う以前にも匹敵するほどの利益をあげています。市民は「破壊」という種から「成功」という実りを収穫するという、奇跡にも近いことを成し遂げたのです。

166. 🔰 ルールズビーチのコミュニティーに何が起こりましたか。
(A) 多くの建物が洪水で流された。
(B) 火山爆発によって交通網が麻痺した。
(C) いくつかの建物が地震で倒された。
(D) 暴風雨に襲われた。

正解(D)　第1段落のAn enormous tropical storm roared through the vicinity, destroying houses…から熱帯低気圧による嵐に襲われたとわかるので、(D)が正解。(A)のfloodは「洪水」、(B)のeruptionは「爆発」、volcanoは「火山」、paralyzeは「〜を麻痺させる」、(C)のflattenは「倒す」という意味。

167. 🔰 ルールズビーチが災害に襲われた<u>直後に起こらなかった</u>ことは何ですか。
(A) ボランティアが清掃キャンペーンを組織した。
(B) 中小企業の事業主が観光客を呼び戻すために広告キャンペーンを始めた。
(C) 大企業が多額のお金を寄付した。
(D) 観光局が再開した。

正解(B)　(A)、(C)、(D)は災害直後に起こったことで、第2段落に書いてあります。広告キャンペーンを始めたのは中小企業の事業主ではなく、オーストラリア観光協会だと第3段落に書いてあるので、(B)が正解。(A)のorganizeは「組織する」、(B)のlaunchは「始める」、(C)のcontributeは「(金品などを)寄付する」という意味。

168. 🔰 ルールズビーチは現在どのような状況にありますか。
(A) 以前の状態に復興した。
(B) 市民が海岸地域を清掃している。
(C) 中小企業の事業主が店の営業を始めたばかり。
(D) ボランティアが大企業からの寄付を募っている。

正解(A)　設問のcurrentは「現在の」という意味。第3段落に観光客も戻り、利益も災害前と匹敵するほどだと書いてあるので、(A)が正解。restoreは「復興する、復旧する」という意味。(B)と(C)は災害直後のこと。(D)のdonationは「寄付(金)」という意味。

Questions 169-172　（社内文書長文読解問題）

文書の訳

社内文書
日　付：　8月1日
宛　先：　全スタッフ
送信者：　Benton Smith
件　名：　企業負担の健康保険法の変更

　8月1日より企業負担による健康保険に関する新しい法律が施行されます。従来雇用主は保険料の半額を負担していましたが、今後、この企業負担は、勤続5年未満の従業員に対しては保険料の30％、一方勤続5年以上の従業員に対しては70％ということになります。
　従業員が新制度に登録することが義務づけられるまでには、6ヶ月間の猶予期間があります（自動的に変更されるものではありません）。会社としては、できるだけ早く全社員の方々に新保険制度への登録をしていただきたいと考えていますが、社員の方々、とりわけ勤続5年未満の社員については、登録を延期することも法律上権利として認められています。ただし、2月1日以降の登録には登録遅延金が科せられることになっておりますので、ご了承ください。登録手続きは、社の担当者が代理で行うことになっていますので、1月末日まで延期してしまうと手続きが間に合わなくなります。
　登録用紙はこのメモの裏に留めてあります。用紙に必要事項を記入し、所属部署の秘書にお渡しください。秘書による用紙回収は向こう3ヶ月間のみですが、それ以降は、各自で管理棟の私のところまで用紙を提出していただくことになりますので、いずれか皆さんのほうで決めてください。用紙の記入方法に関してご質問がございましたら、www.mhw.gov/insuranceに情報が載っておりますのでご覧ください。なお一般的事項に関する問い合わせはすべて私宛にお願いいたします。私への連絡方法ですが、内線501番にお電話いただくか、benton@noisec.comにメールをお送りください。

169.　🈳　新しい保険制度について述べていないものはどれですか。
　　　(A) すべての社員が加入することが義務づけられている。
　　　(B) 勤続年数が5年未満の社員は保険料の70％を払う。
　　　(C) 勤続年数が5年未満の社員は保険料の30％を払う。
　　　(D) 8月1日から効力を発する。

正解(C) 新しい保険制度になって会社の負担割合が変わることに注意しましょう。第1段落に勤続年数5年未満の社員に対して会社が払う保険料割合は30%と書いてあります。社員の立場から考えると70%払うことになるので、(B)の内容は正しく、(C)は内容と違っています。したがって、(C)が正解。(A)は第2段落の最初の文に書いてあります。compulsoryもmandatoryも「義務的な」という意味。(D)は第1段落の最初に書いてあります。come into effectもbecome effectiveも「効力を発する」、as ofは「(日時)から」という意味。

170. 🈁 第2段落の1行目にあるcompulsoryに最も近い意味は
(A) **必要な**
(B) 自ら進んで
(C) 有益な、ためになる
(D) 望ましい

正解(A) compulsoryは「強制の、義務的な」という意味。意味が似ているのは(A) necessary「必要な」。

171. 🈁 社員はいつまでに登録しなければならないのですか。
(A) 8月1日まで
(B) 11月1日まで
(C) 年末まで
(D) **2月1日まで**

正解(D) 第2段落の最初の文に、8月1日から新しい保険法が施行されるが、社員が登録を義務づけられるまでには6ヶ月間の猶予期間があると書いてあるので、2月1日が登録締切日。(D)が正解。grace periodは「(実施・執行までの)猶予期間」という意味。

172. 🈁 登録締切日以降に登録した人はどうなりますか。
(A) 保険に加入できなくなる。
(B) **登録遅延金が科せられる。**
(C) 30%の減給になる。
(D) 30%の割増料金を払う。

正解(B) 第2段落のfines will be incurred for those people who register after February 1から、2月1日以降に登録すると遅延金が科せられることがわかります。正解は(B)。fineは「罰金(を科す)」、incurは「(負債などを)負う」、(A)のinsurance schemeは「保険制度」、(C)のforgoは「〜なしで済ませる」、(D)のsurchargeは「割増料金、追加料金」という意味。

TOEIC模擬試験の解答と解説 **357**

Questions 173-176 （報告書長文読解問題）

文書の訳

合成繊維TF731JとTF731Kの比較評価

先日研究開発部門において、合成繊維TF731JとTF731Kに一連の精密テストを実施した。以下がその結果の要旨である。

新繊維TF731KはTF731Jに比べわずかながらも丈夫で、うだるような猛暑や身を切るような極寒といった厳しい環境に対する耐久性にも優れ、切裂事故の可能性も低い。さらにTF731Kは多様な染色法が可能で、色持ちもよい。抑えた色、鮮やかな色どちらの発色性にも問題がなく、家庭用洗濯機により複数回洗濯した場合にも、TF731KはTF731Jに比べ、色落ちの可能性が非常に低い。

しかしながら、製造コスト面では、TF731Kのほうが若干割高である。また、堅牢であるがゆえに裁断が難しく、エレガントな服の素材としては不向きであることは否めない。ただし、パンツ、ジャケット、ルーズシャツ等のアイテムには、有益な繊維といえる。

現在TF731Jを使用した衣料品を大量生産中だが、この繊維も他のほとんどの衣料品メーカーが使用している合成繊維よりは優れた品質を持っていることから、利益も安定した伸びを示している。現状においては、TF731Kのほうが高品質とはいえ、今すぐTF731Kに変えるということはコスト面でも難しく、必要性はないと結論づけられよう。TF731Kへの移行は、今後もし競合他社の脅威に直面するようなことになった場合に、あらためて熟考検討すべきだろう。

---

173. 🔖 この報告書の主旨は何ですか。
(A) 原材料を評価すること
(B) 顧客に情報を提供すること
(C) 特定の製品の危険性を暴露すること
(D) サービスの違いについて説明すること

正解(A) タイトルのCOMPARATIVE ASSESSMENT「比較評価」から、2つの合成繊維を比較評価する内容だとわかります。evaluateは「評価する」という意味。(A)が正解。(B)のexposeは「(罪や悪事などを)暴露する、あばく」という意味。

174. 🔖 TF731Kの特徴として述べられていないものは何ですか。
(A) 染料になじみやすい。
(B) 複数回の洗濯にもそれほど影響を受けない。
(C) 上品な服には適さない。
(D) ルーズシャツには適さない。

正解(D) 設問のfeatureは「特徴」という意味。第3段落にTF731Kはpants, jackets, and loose-fitting shirtsには有益であると書いてあるので、(D)の内容はTF731Kの特徴と合っていません。(D)が正解。suitableは「～に適している」という意味。(A)と(B)は第2段落に、(C)は第3段落に書いてあります。本文中のdelicate garmentsも(C)のfine garmentsも「上品で優雅な服」という意味。

175. 訳 この報告書ではどんなことが提案されていますか。
(A) TF731Kを使ったほうがいい。
(B) 引続きTF731Jを使ったほうがいい。
(C) TF731Jの使用をやめるべきだ。
(D) TF731KとTF731Kを一緒に使ったほうがいい。

正解(B) 提案内容が書かれているのは第4段落。it would be costly and unnecessary to switch to TF731K nowと、現時点ではTF731Kに替える必要がないと書いてあります。costlyは「高価な」、switchは「～に替える」という意味。(B)が正解。(C)のabandonは「やめる、あきらめる」という意味。

176. 訳 その提案の根拠は何ですか。
(A) TF731KはTF731Jよりはるかに優れているから。
(B) TF731Jは質の劣る製品だから。
(C) TF731Jでも比較的良い製品だから。
(D) 2種類の繊維を一緒に使うと丈夫な布になるから。

正解(C) 設問のrationaleは「根拠」という意味。TF731Kに替える必要がない根拠は、第4段落でTF731Jでも他社が使っている繊維より質が良いためと主張しています。正解は(C)。(A)のby farは「はるかに」という意味。

Questions 177-180 （メール長文読解問題）

文書の訳

宛　先：山本健二
送信者：Diana Silva, Laohapakakul Distributors Thailand
件　名：W1J-9HG空気清浄機に関する問題

山本様
　W1J-9HG空気清浄機に関しまして、私どもが気づきました問題点につきお知らせしたくメールを差し上げました。

小売店数店より、空気清浄機から異臭が発生するというクレームで製品が返品されてきております。私どもは在庫の清浄機から10台選び、実際に日に数時間使用してテストを行いましたところ、5日経過後、6台から湿気を含んだ刺激臭が発生してきました。

　原因はこのモデルのフィルターのようです。フィルターがすぐに詰まってしまい、清浄化空気と共に汚染された粒子を空気中に拡散してしまっているようです。そこでいくつかフィルターを取り替えて試してみたところ、クロムフィルターによってこの問題は完全に解決できそうです。もちろんこの問題が製品全般に発生しているとは断言できませんが、清浄機フィルターを弊社倉庫にて取り替える許可をいただき、また今後タイへ発送予定となっております清浄機につきましてはすべて、貴社において取替作業を行っていただけましたら幸いです。

　早急のお返事をお待ちしております。
敬具
Diana Silva

177. 訳 このメールの主旨は何ですか。
(A) 問題についてメーカーに知らせること
(B) 空気清浄機に関して問い合わせること
(C) タイの顧客と仕事の約束を取りつけること
(D) 研究結果について話し合うこと

正解(A)　第1段落に、W1J-9HG空気清浄機の問題点についてメールしていると書いているので、(A)が正解。notifyは「知らせる」、manufacturerは「メーカー」という意味。

178. 訳 W1J-9HG空気清浄機についてどのようなことが報告されていますか。
(A) タイの市場で大変人気がある。
(B) タイで発売するといい商品だろう。
(C) その特許が新製品を作るのに必要だ。
(D) 短期間使用しただけで悪臭を放つ。

正解(D)　第2段落に問題点の具体的な説明が書いてあります。the purifiers are emitting a strange smellと異臭を放つと書いてあるので、(D)が正解。emitは「(においなどを)放つ」という意味。(C)のpatentは「特許」という意味。

179. 🈡 第3段落の8行目にあるauthorizationに最も近い意味は
(A) 力
(B) 許可
(C) 援助
(D) 合意

正解(B) 動詞authorizeは「権限を与える」という意味。authorizationは「権限を与えること」すなわち「許可、公認」という意味。意味が似ている単語は、(B) permission「許可」。

180. 🈡 シルバ氏は何を要請していますか。
(A) 特許の使用を早く承認すること
(B) 空気清浄機を空輸すること
(C) 今後生産する空気清浄機については部品を取り替えること
(D) 山本氏が卸売業者に連絡すること

正解(C) シルバ氏はこのメールの送信者。第3段落で問題のフィルターを取り替える修繕の許可と、タイへ発送予定の清浄機については、同様の作業をメール宛先の山本氏のほうで行ってくれることを求めていることがわかるので、(C)が正解。

Questions 181-188 （手紙と履歴書長文読解問題）

文書の訳

【手紙(カバーレター)】（本文のみ）

謹啓
　業界規準やテクノロジーが目まぐるしく変化する昨今、貴社のような広告代理店におきましては、業界における経験豊富な社員を求めていらっしゃることと存じます。
　私にはメディア関連業界での豊富な経験がございます。新規契約の獲得、クライアントニーズへの対応、新キャンペーンの立ち上げサポート、現在貴社にて使用のマーケティングツールの改善等で、必ずやお役に立てることと思います。メディア関連業界の企業文化にも慣れ親しんでおりますので、貴社入社にあたりましてもスムーズに適応できることと自負しております。
　大学では経済学とマーケティングを専攻いたしましたが、履歴書にもございます通り、著名広告代理店にて、持ち前の創造力を発揮し仕事をいたして参りました。貴社におきましてもクリエイティブコンサルタントとして貢献させていただきたいと考えております。
　私を貴社のチームにも必要な人材と考えていただけると確信しております。

ご検討賜われますよう何卒よろしくお願い申し上げます。
謹白
Roman Weiss

【履歴書】

履歴書

Roman Weiss

677 Moultrie Street, San Francisco, CA

Ph: (415) 386 0399　ropiet@hottermail.com

職　歴

2002年8月より現在まで、カリフォルニア州バークレイのBay Area Advertising社にてクリエイティブコンサルタントとして勤務
- 印刷媒体、テレビ、ラジオでのキャンペーン指揮
- 広告業界専門家チームのコーディネート
- 数百万ドルに及ぶ売上げ達成を援助

2000年3月より2002年8月まで、カリフォルニア州オークランドのDownright Advertising社にてクリエイティブコンサルタントとして勤務
- 数件の広告キャンペーンを成功させる
- 企業クライアントと共同作業
- 地元事業主と先方ニーズの接渉にあたる

1999年2月より2000年3月まで、カリフォルニア州オークランドのDownright Advertising社にてマーケティング部研修員として勤務
- 営業部と共同作業
- 印刷物の折り込み広告を管理
- 代表者会議への参加及び業界規準の研究

学　歴

1998年春　カリフォルニア州　カリフォルニア大学バークレー校にてマーケティング専攻修士号取得（専攻：マーケティング理論）

1996年春　カリフォルニア州　カリフォルニア大学バークレー校にて経済学専攻学士号取得（専攻：近代経済学）

趣　味

旅行、ウォータースポーツ、映画鑑賞、読書

181. 訳 この手紙の主旨は何ですか。
    (A) 採用募集に応募すること
    (B) トロピア社について問い合わせること
    (C) 顧客の広告ニーズの支援を行うこと
    (D) 広告についてのアドバイスをすること

正解(A)　手紙の一番上にCover Letterと書いてあることに注意。cover letterとは書類などと一緒に送る添え状のことで、履歴書に付ける添え状には、応募理由などを書き添えます。cover letterの第3段落にもcreative consultantとして勤務したいと希望を述べています。(A)が正解。

182. 訳 トロピア社は何を専門とした会社ですか。
    (A) IT
    (B) 出版
    (C) マスメディア
    (D) 広告・宣伝

正解(D)　設問のspecialize inは「～を専門とする」という意味。Tropea Incorporated社はローマン・ワイスが履歴書を送った会社です。手紙の第1段落にadvertising agencies such as yoursと書いてあるので、広告代理店だとわかります。(D)が正解。

183. 訳 ローマン・ワイスはどのような経歴の持ち主ですか。
    (A) 会計士として勤務してきた。
    (B) マーケティング分野から広告分野に変わった。
    (C) ずっとマーケティングコンサルタントをしてきた。
    (D) 今まで学生だった。

正解(B)　経歴に関しては履歴書を見ます。marketing traineeからcreative consultantに変わってずっと広告に携わってきているので、(B)が正解。

184. 訳 ローマン・ワイスは現在どこの会社に勤務していますか。
    (A) ベイエリア広告代理店
    (B) ダウンライト広告代理店
    (C) トロピア社
    (D) カリフォルニア大学

正解(A)　履歴書には、時系列で新しいほうから古いほうへ順に書かれていることに注意。Aug 02-PresentにBay Area Advertisingと書いてあるので、(A)が正解。

185.
🈞　ローマン・ワイスは広告代理店ダウンライト社でどんな仕事をしていましたか。
(A) 営業部を管理した。
(B) マーケティング部長だった。
(C) 4年間クリエイティブコンサルタントをしていた。
(D) マーケティング部の研修員だった。

正解(D)　履歴書を見ます。Downright Advertisingではmarketing traineeとcreative consultantとして勤務したことがわかります。traineeは「研修員」という意味。正解は(D)。(C)は4年間と書いてあるので間違い。creative consultantだったのは2000年3月から2002年8月までの2年余りです。

Questions 186-190　（2通のメール長文読解）

文書の訳

宛　先：inquires@gizmo.ca
送信者：Marie Tonet
件　名：ひどいカスタマーサービス

拝啓
　今回メールを差し上げましたのは、私がフリーダイヤルのカスタマーホットラインを使いました際にひどいカスタマーサービスを受けましたことに苦情を申し上げるためです。
　クリスマスを目前に控えた12月21日、私はサンローランの販売店で小型のホームシアターシステムを購入しました。クリスマス当日、映画を観るためシアターシステムをセットしようとしたところ、スクリーンと編集メニューがうまく作動せず、2時間かけてもセットできずあきらめてしまいました。
　12月27日、私はカスタマーホットラインに電話をしましたが、オペレーターと話せるまで20分間も保留にされたまま待たされた挙句、ようやく私が問題を説明できたところで、当のオペレーターは「マニュアルを読んでください！字が読めるんだったらどんなに頭の悪い人だってどうすればいいかくらいわかりますよ！」と言って電話を切ってしまったのです。
　こんな態度をとらせているなんて一体どのような研修をなさっているのか、教えていただきたいと思います。さらに、私に対してこのようにプロ失格の大変失礼な態度をとったことに対してどのような対処をなさるおつもりなのか、あわせておうかがいしたいと思います。そちらのお店ではすべてのお得意様に対してこ

のように接していらっしゃるのでしょうか。
　シアターシステムに関しては、問題は解決したようです。迅速なご返答お待ちしております。
敬具
Marie Tonet

宛　先：Marie Tonet
送信者：Sharon Blanc, After Sales, Gizmo Zap Electronics Corp.
件　名：Re：ひどいカスタマーサービス
Tonet様
　この度は当店にてホームシアターをご購入いただき、厚く御礼申し上げます。現在は正常に作動しているとのこと、安心いたしました。
　何よりもまず、当店のスタッフがお客様にたいへん失礼な態度をとってしまいましたことを知り、私自身大変ショックを受けております。このような態度に言い訳の余地などないことは十分承知しておりますが、当方よりでき得る限りの事情説明をさせていただきたく存じます。
　私どもは製品の品質には誇りを持っておりますが、例年クリスマス過ぎの数日間にはたくさんのお電話をいただきます。これがカスタマーサービスの研修を積んだ正規のホットラインオペレーターでは、正直申し上げて対応できない数の電話なのです。そこでお客様のニーズに即お応えするために、臨時のオペレーターを何人か雇うことにいたしております。ただ残念ながら、そういった者の中にはカスタマーサービスの面での配慮に欠けている者も少なくなく、電話記録を確認いたしましたところ、27日にお客様の電話に応対した者がまさにそのようなオペレーターだったようです。クリスマス時期の繁忙ピークも越えましたので、その者はすでに当店では勤務しておらず、よって彼に厳重注意を与えることもできないのですが、彼が当店にて再び勤務することのないよう私自身今後注意いたす所存で居ります。
　このような事情をお聞き及びになられても、お怒りがおさまることではないことと拝察申し上げて居りますが、何卒ご理解いただけますよう、また、Gizmo Zapスタッフ一同を代表し、お客様に心からお詫び申し上げます。また今後さらに何かホームシアターで問題が起こりましたら、どうぞご遠慮なく、当方宛514-933-4033に直接お電話ください。フリーダイヤルではございませんが、少なくともお客様をお待たせすることはございません。
敬具
Sharon Blanc
アフターサービス部　部長
Gizmo Zap Electronics Corp.

186. 🗾 マリー・トネはなぜこのメールを書いたのですか。
(A) 補償金を要求するため
(B) 製品の使い方を教えてもらうため
(C) ひどいカスタマーサービスを報告するため
(D) 高品質の製品を賞賛するため

正解(C) マリー・トネが書いたメールの第1段落のI am writing to complain about poor customer service that...から、ひどいカスタマーサービスについてクレームをつけているメールだとわかります。正解は(C)。(A)のdemandは「要求する」、compensationは「補償(金)」、(D)のpraiseは「賞賛する」という意味。

187. 🗾 マリー・トネはなぜホットラインに電話をしたのですか。
(A) 過分な支払い請求を受けたから。
(B) 店員が彼女に失礼な態度をとったから。
(C) 購入したものに満足したから。
(D) 製品の使い方がわからず四苦八苦していたから。

正解(D) マリー・トネが書いたメールの第2段落に、購入したホームシアターがセットできなかったことを、第3段落に、そのことでカスタマーサービスに電話したと書いてあります。(D)が正解。(A)のoverchargeは「法外な値を要求する」という意味。彼女に失礼な態度をとったのは店員ではなく、ホットラインのオペレーターだったので(B)は間違い。

188. 🗾 マリー・トネが購入した製品は今どのような状態にありますか。
(A) 変な音が出る。
(B) スクリーンに異常がある。
(C) 正常に動いている。
(D) 大変素晴らしいサウンドと画質を備えている。

正解(C) 設問のpurchaseは「購入する」という意味。マリー・トネが書いたメールの第5段落にthe problem seems to have fixed itselfと書いてあり、放っておいたらいつの間にかセットできるようになっていたことがわかるので、(C)が正解。fixは「修理する」、properlyは「適切に」という意味。

189.

🔖 マリー・トネのメールに返信したのは誰ですか。
(A) カスタマーサービスのスタッフ
(B) 営業部長
(C) アフターサービス部の部長
(D) 技術者

正解(C)　マリー・トネ宛にメールを書いたのはSharon Blanc。肩書きがManager, After Salesとあるので、(C)が正解。なお、日本語では「アフターサービス」といいますが、英語ではafter-sales serviceと言います。

190.

🔖 シャロン・ブランはマリー・トネに何を約束していますか。
(A) もし何か必要があれば個人的に彼女をサポートする
(B) 賞賛の言葉を他の人にも伝える
(C) いくらかお金を渡す
(D) 従業員を首にする

正解(A)　シャロン・ブランの書いたメールの第4段落のshould you experience any further difficulty with your home theater system, do not hesitate to contact me directly on 514-933-4033から、ホームシアターシステムで困ったことがあったら直接ご連絡くださいと申し出ているので、(A)が正解。Should you experience...はIf you should experience...と考えます。ifで始まる節に助動詞shouldがある場合、shouldを文頭に置くとifが省略できます。ariseは「(問題などが)起こる、生じる」、(B)のpraiseは「賞賛」、(C)のgrantは「(お金などを)与える」、(D)のfireは「首にする」という意味。

Questions 191-195　（チラシとメール長文読解問題）

文書の訳

（※P.272のチラシの訳は省略）

宛　先：Brent Grossworthy
送信者：Toby Peters-Green
件　名：11月の特別セール
Brent 　こんなに早くチラシを仕上げてくれて、ありがとう。ここのところあなたがやってくれている仕事にはことごとく感謝しています。 　さて、価格表のことですが、何点か変更していただきたい箇所があります。 ＊もう11月1日なので、「11月の特別セール」を「クリスマス特別セール」にしたほうがいいのではと思います。

＊ 同様の趣旨で、セールの期限を11月30日ではなく、クリスマスイブにしましょう。
＊ 「D7200 Bubblewet Printer」の隣に、大文字で「ONLY TWO LEFT!」と太字で入れてもらえますか。
＊ ブラックインクカートリッジの単品は、実は、現在はカラーインクカートリッジの単品と同じ値段の£2.99です。
＊ つい先ほど、Exodus Romeo 80の価格をさらに£100値下げしてもいいという許可をもらいました。値段を変更して、下線を引いて、値段の後に感嘆符をいくつか付けてもらえますか。
＊ 最後に、トナーのモノクロ・カラー2パック入りを忘れていましたよ。値段は£19.99です。

　これをできるだけ早く印刷しなければなりませんので、変更箇所を修正したら、私のデスクに寄ってください。問題がなければ印刷してすぐに発送してもらいます。
敬具
Toby

191. 🈞 トビーがこのメールをブレントに送ったのはなぜですか。
(A) ブレントにリストにいくつか必要な変更を頼むため
(B) ブレントに製品の価格を知らせるため
(C) ブレントに価格表をつくってくれたことを感謝するため
(D) プリンターを1台を注文するため

正解(A)　メールの第2段落にAs to the price listings, there are just a few small things I'd like you to change.と、リストに変更を加えてほしいと書かれているので、(A)が正解。

192. 🈞 ブラックインクカートリッジ単品の正しい値段はいくらですか。
(A) £2.49
(B) £2.99
(C) £9.99
(D) £12.49

正解(B)　leaflet「チラシ」では£2.49になっていますが、トビーがメールでIndividual black ink cartridges are actually £2.99 nowと訂正しています。(B)が正解。

368

193. 🗒 メールによると、特別セールの期間はどれくらいの予定になりそうですか。
(A) 1ヶ月
(B) 11月30日まで
(C) 12月24日まで
(D) 12月末まで

正解(C) チラシにはAvailable until November 30と書いてありますが、トビーのメールにはlet's make the expiry date of the sale Christmas Eve instead of Nov. 30と書いてあるので、(C)が正解。expiry dateは「期限」という意味。

194. 🗒 「D7200 Bubblewet Printer」の隣には何が書かれることになりますか。
(A) Only two left
(B) £24.99
(C) ONLY TWO LEFT!
(D) £24.99!!

正解(C) メールにNext to "D7200 Bubblewet Printer," could you write in capitals, "ONLY TWO LEFT!" in bold?と書いてあります。capitalは「大文字」、boldは「太字」という意味。(C)が正解。

195. 🗒 ブレントがトビーに頼まれたことを終えたら、トビーは何をしますか。
(A) チラシを上司に提出する
(B) それらを印刷会社に送る
(C) ブレントに2回目の査定を行う
(D) それをさまざまな客に送る

正解(D) メールの第4段落に、価格表の変更点を修正してもらった後、I can print them off and have them delivered immediatelyと書いてあるので、チラシを発送することがわかります。(C)が正解。(A)のsubmitは「提出する」、superiorは「上司」、(C)のevaluateは「評価する」という意味。

Questions 196-200 （広告とメール長文読解問題）

文書の訳

【広告】

ENERGY-SAVE DOCUMENT MAKER
* 通常のプリンターやコピー機の機能
* 補充可能なインクカートリッジ

* 消費電力は他社製仕様比最大70%
* 最新の「スタンバイ」モードを使用
* 最新のワックス技術でラミネートフィルム加工仕様
* 機密書類を断裁するシュレッダー機能

事務用品取扱各店にて販売いたしております

注文はここをクリック　　詳細を知りたい

Energy-Save™ フリーダイヤル: 0055-197-197

save@energy-save.com

【メール】

宛　先：save@energy-save.com 送信者：Lance Tugby, Office Review Monthly 件　名：The Energy-Save Document Maker
拝啓 　私はボストンの市販オフィス機器新製品の論評を専門とするビジネス誌、office Review Monthlyの製品論評コラムニストです。 　インターネットにてEnergy-Save Document Makerの広告を拝見し、小誌8月号に本広告取扱商品の論評を掲載させていただきたく思っております。つきましては、製品試験を行うため、短期間で結構ですので、デモンストレーション用モデルをお借りすることは可能でしょうか。 　また、もし、広告でアピールされていらっしゃる点について、さらに詳細な説明をこちらで加えることをご希望でしたら、追加情報も必要となります。たとえば、「補充可能なインクカートリッジ」の表現では手の汚れる作業をともなうように思えてしまいます。デモンストレーションないしは宣伝用の資料、またはサンプルをご提供いただけると有り難く存じます。 　広告にはまた、消費電力は他社製「仕様」比最大70%とありますが、信憑性には疑問のある数字です。シュレッダーだけでも多大な電力を消費することは自明です。この主張を証明できる科学的根拠をご提示いただけないでしょうか。 　これらの情報をいただけましたら、公平かつ客観的な論評記事にできると存じます。もし可能であれば、貴社のCEOもしくはEnergy-Save Document Makerプロジェクトに深く関わってこられた開発者の方にインタビューさせていただくことができれば幸甚に存じます。 　早々のご連絡をお待ちしております。小誌及び私の論評コラムに関しましてご質問がございましたら、喜んでお受けいたします。 敬具 Lance Tugby

196. 🗣 この広告はどこに出ているものですか。
(A) テレビ
(B) 印刷物
(C) インターネット
(D) 手渡しで配られたチラシ

正解(C) 広告のCLICK HERE TO ORDERや、メールの第2段落の最初の文、We saw your online advertisement...から、インターネットの広告だとわかります。(C)が正解。(D)のflyerは「チラシ、ビラ」という意味。

197. 🗣 広告ではどんなことがうたわれていますか。
(A) 節約できる金額
(B) エコロジーという観点からみた利点
(C) そのような製品を所有できることの威光効果
(D) シュレッダーとしての機能

正解(B) 製品名にもENERGY-SAVE、特徴の説明にもRefillable、Uses up to 70% less electricityという語句が入っているので、エコロジーをうたっていることがわかります。(B)が正解。(C)のprestigeは「威光、名声」という意味。

198. 🗣 ランス・タグビーはこの製品でどうしたいと思っているのですか。
(A) 製品についての論評を書きたい
(B) 製品を購入する前にいくつか見本を手に入れたい
(C) 大量に注文したい
(D) デモンストレーションを見たい

正解(A) メールの第2段落に(we) would like to review it for our August editionと書いてあるので、(A)が正解。reviewは「批評(する)、論評(する)」という意味。

199. 🗣 ランス・タグビーは何が必要だと言っていますか。
(A) 詳しい情報
(B) 見積もり
(C) 価格表
(D) 要約

正解(A) 論評を書くために、第2段落では a demonstration modelを、第3段落ではsome more information、a demonstration、some promotional material、some samples、第4段落ではscientific evidenceが欲しいと書いてあります。(A)が正解。(B)のquoteは「見積もり」という意味。

200. 🗾 ランス・タグビーが最後に要請していることは何ですか。
(A) 製品をより環境にやさしいものにすること
(B) 割引をしてもらうこと
(C) 1度に数台配達してもらうこと
(D) インタビューを許可してもらうこと

正解(D) 第5段落でCEOあるいはdeveloperにインタビューをしたいと希望を述べているので、(D)が正解。(A)のenvironmentally friendlyは「環境にやさしい」、(C)のat onceは「1度に」という意味。

模擬試験 アンサーシート
ANSWER SHEET

＊この解答用紙は模擬試験1回分です。
何度も練習できるように、この用紙をコピーして使用してください。

| LISTENING SECTION | Part 1 | Part 2 | Part 3 | Part 4 |

#		#		#		#	
1	Ⓐ Ⓑ Ⓒ Ⓓ	26	Ⓐ Ⓑ Ⓒ	51	Ⓐ Ⓑ Ⓒ Ⓓ	76	Ⓐ Ⓑ Ⓒ Ⓓ
2	Ⓐ Ⓑ Ⓒ Ⓓ	27	Ⓐ Ⓑ Ⓒ	52	Ⓐ Ⓑ Ⓒ Ⓓ	77	Ⓐ Ⓑ Ⓒ Ⓓ
3	Ⓐ Ⓑ Ⓒ Ⓓ	28	Ⓐ Ⓑ Ⓒ	53	Ⓐ Ⓑ Ⓒ Ⓓ	78	Ⓐ Ⓑ Ⓒ Ⓓ
4	Ⓐ Ⓑ Ⓒ Ⓓ	29	Ⓐ Ⓑ Ⓒ	54	Ⓐ Ⓑ Ⓒ Ⓓ	79	Ⓐ Ⓑ Ⓒ Ⓓ
5	Ⓐ Ⓑ Ⓒ Ⓓ	30	Ⓐ Ⓑ Ⓒ	55	Ⓐ Ⓑ Ⓒ Ⓓ	80	Ⓐ Ⓑ Ⓒ Ⓓ
6	Ⓐ Ⓑ Ⓒ Ⓓ	31	Ⓐ Ⓑ Ⓒ	56	Ⓐ Ⓑ Ⓒ Ⓓ	81	Ⓐ Ⓑ Ⓒ Ⓓ
7	Ⓐ Ⓑ Ⓒ Ⓓ	32	Ⓐ Ⓑ Ⓒ	57	Ⓐ Ⓑ Ⓒ Ⓓ	82	Ⓐ Ⓑ Ⓒ Ⓓ
8	Ⓐ Ⓑ Ⓒ Ⓓ	33	Ⓐ Ⓑ Ⓒ	58	Ⓐ Ⓑ Ⓒ Ⓓ	83	Ⓐ Ⓑ Ⓒ Ⓓ
9	Ⓐ Ⓑ Ⓒ Ⓓ	34	Ⓐ Ⓑ Ⓒ	59	Ⓐ Ⓑ Ⓒ Ⓓ	84	Ⓐ Ⓑ Ⓒ Ⓓ
10	Ⓐ Ⓑ Ⓒ Ⓓ	35	Ⓐ Ⓑ Ⓒ	60	Ⓐ Ⓑ Ⓒ Ⓓ	85	Ⓐ Ⓑ Ⓒ Ⓓ
11	Ⓐ Ⓑ Ⓒ	36	Ⓐ Ⓑ Ⓒ	61	Ⓐ Ⓑ Ⓒ Ⓓ	86	Ⓐ Ⓑ Ⓒ Ⓓ
12	Ⓐ Ⓑ Ⓒ	37	Ⓐ Ⓑ Ⓒ	62	Ⓐ Ⓑ Ⓒ Ⓓ	87	Ⓐ Ⓑ Ⓒ Ⓓ
13	Ⓐ Ⓑ Ⓒ	38	Ⓐ Ⓑ Ⓒ	63	Ⓐ Ⓑ Ⓒ Ⓓ	88	Ⓐ Ⓑ Ⓒ Ⓓ
14	Ⓐ Ⓑ Ⓒ	39	Ⓐ Ⓑ Ⓒ	64	Ⓐ Ⓑ Ⓒ Ⓓ	89	Ⓐ Ⓑ Ⓒ Ⓓ
15	Ⓐ Ⓑ Ⓒ	40	Ⓐ Ⓑ Ⓒ	65	Ⓐ Ⓑ Ⓒ Ⓓ	90	Ⓐ Ⓑ Ⓒ Ⓓ
16	Ⓐ Ⓑ Ⓒ	41	Ⓐ Ⓑ Ⓒ Ⓓ	66	Ⓐ Ⓑ Ⓒ Ⓓ	91	Ⓐ Ⓑ Ⓒ Ⓓ
17	Ⓐ Ⓑ Ⓒ	42	Ⓐ Ⓑ Ⓒ Ⓓ	67	Ⓐ Ⓑ Ⓒ Ⓓ	92	Ⓐ Ⓑ Ⓒ Ⓓ
18	Ⓐ Ⓑ Ⓒ	43	Ⓐ Ⓑ Ⓒ Ⓓ	68	Ⓐ Ⓑ Ⓒ Ⓓ	93	Ⓐ Ⓑ Ⓒ Ⓓ
19	Ⓐ Ⓑ Ⓒ	44	Ⓐ Ⓑ Ⓒ Ⓓ	69	Ⓐ Ⓑ Ⓒ Ⓓ	94	Ⓐ Ⓑ Ⓒ Ⓓ
20	Ⓐ Ⓑ Ⓒ	45	Ⓐ Ⓑ Ⓒ Ⓓ	70	Ⓐ Ⓑ Ⓒ Ⓓ	95	Ⓐ Ⓑ Ⓒ Ⓓ
21	Ⓐ Ⓑ Ⓒ	46	Ⓐ Ⓑ Ⓒ Ⓓ	71	Ⓐ Ⓑ Ⓒ Ⓓ	96	Ⓐ Ⓑ Ⓒ Ⓓ
22	Ⓐ Ⓑ Ⓒ	47	Ⓐ Ⓑ Ⓒ Ⓓ	72	Ⓐ Ⓑ Ⓒ Ⓓ	97	Ⓐ Ⓑ Ⓒ Ⓓ
23	Ⓐ Ⓑ Ⓒ	48	Ⓐ Ⓑ Ⓒ Ⓓ	73	Ⓐ Ⓑ Ⓒ Ⓓ	98	Ⓐ Ⓑ Ⓒ Ⓓ
24	Ⓐ Ⓑ Ⓒ	49	Ⓐ Ⓑ Ⓒ Ⓓ	74	Ⓐ Ⓑ Ⓒ Ⓓ	99	Ⓐ Ⓑ Ⓒ Ⓓ
25	Ⓐ Ⓑ Ⓒ	50	Ⓐ Ⓑ Ⓒ Ⓓ	75	Ⓐ Ⓑ Ⓒ Ⓓ	100	Ⓐ Ⓑ Ⓒ Ⓓ

READING SECTION   Part 5   Part 6   Part 7

#	A B C D	#	A B C D	#	A B C D	#	A B C D
101	Ⓐ Ⓑ Ⓒ Ⓓ	126	Ⓐ Ⓑ Ⓒ Ⓓ	151	Ⓐ Ⓑ Ⓒ Ⓓ	176	Ⓐ Ⓑ Ⓒ Ⓓ
102	Ⓐ Ⓑ Ⓒ Ⓓ	127	Ⓐ Ⓑ Ⓒ Ⓓ	152	Ⓐ Ⓑ Ⓒ Ⓓ	177	Ⓐ Ⓑ Ⓒ Ⓓ
103	Ⓐ Ⓑ Ⓒ Ⓓ	128	Ⓐ Ⓑ Ⓒ Ⓓ	153	Ⓐ Ⓑ Ⓒ Ⓓ	178	Ⓐ Ⓑ Ⓒ Ⓓ
104	Ⓐ Ⓑ Ⓒ Ⓓ	129	Ⓐ Ⓑ Ⓒ Ⓓ	154	Ⓐ Ⓑ Ⓒ Ⓓ	179	Ⓐ Ⓑ Ⓒ Ⓓ
105	Ⓐ Ⓑ Ⓒ Ⓓ	130	Ⓐ Ⓑ Ⓒ Ⓓ	155	Ⓐ Ⓑ Ⓒ Ⓓ	180	Ⓐ Ⓑ Ⓒ Ⓓ
106	Ⓐ Ⓑ Ⓒ Ⓓ	131	Ⓐ Ⓑ Ⓒ Ⓓ	156	Ⓐ Ⓑ Ⓒ Ⓓ	181	Ⓐ Ⓑ Ⓒ Ⓓ
107	Ⓐ Ⓑ Ⓒ Ⓓ	132	Ⓐ Ⓑ Ⓒ Ⓓ	157	Ⓐ Ⓑ Ⓒ Ⓓ	182	Ⓐ Ⓑ Ⓒ Ⓓ
108	Ⓐ Ⓑ Ⓒ Ⓓ	133	Ⓐ Ⓑ Ⓒ Ⓓ	158	Ⓐ Ⓑ Ⓒ Ⓓ	183	Ⓐ Ⓑ Ⓒ Ⓓ
109	Ⓐ Ⓑ Ⓒ Ⓓ	134	Ⓐ Ⓑ Ⓒ Ⓓ	159	Ⓐ Ⓑ Ⓒ Ⓓ	184	Ⓐ Ⓑ Ⓒ Ⓓ
110	Ⓐ Ⓑ Ⓒ Ⓓ	135	Ⓐ Ⓑ Ⓒ Ⓓ	160	Ⓐ Ⓑ Ⓒ Ⓓ	185	Ⓐ Ⓑ Ⓒ Ⓓ
111	Ⓐ Ⓑ Ⓒ Ⓓ	136	Ⓐ Ⓑ Ⓒ Ⓓ	161	Ⓐ Ⓑ Ⓒ Ⓓ	186	Ⓐ Ⓑ Ⓒ Ⓓ
112	Ⓐ Ⓑ Ⓒ Ⓓ	137	Ⓐ Ⓑ Ⓒ Ⓓ	162	Ⓐ Ⓑ Ⓒ Ⓓ	187	Ⓐ Ⓑ Ⓒ Ⓓ
113	Ⓐ Ⓑ Ⓒ Ⓓ	138	Ⓐ Ⓑ Ⓒ Ⓓ	163	Ⓐ Ⓑ Ⓒ Ⓓ	188	Ⓐ Ⓑ Ⓒ Ⓓ
114	Ⓐ Ⓑ Ⓒ Ⓓ	139	Ⓐ Ⓑ Ⓒ Ⓓ	164	Ⓐ Ⓑ Ⓒ Ⓓ	189	Ⓐ Ⓑ Ⓒ Ⓓ
115	Ⓐ Ⓑ Ⓒ Ⓓ	140	Ⓐ Ⓑ Ⓒ Ⓓ	165	Ⓐ Ⓑ Ⓒ Ⓓ	190	Ⓐ Ⓑ Ⓒ Ⓓ
116	Ⓐ Ⓑ Ⓒ Ⓓ	141	Ⓐ Ⓑ Ⓒ Ⓓ	166	Ⓐ Ⓑ Ⓒ Ⓓ	191	Ⓐ Ⓑ Ⓒ Ⓓ
117	Ⓐ Ⓑ Ⓒ Ⓓ	142	Ⓐ Ⓑ Ⓒ Ⓓ	167	Ⓐ Ⓑ Ⓒ Ⓓ	192	Ⓐ Ⓑ Ⓒ Ⓓ
118	Ⓐ Ⓑ Ⓒ Ⓓ	143	Ⓐ Ⓑ Ⓒ Ⓓ	168	Ⓐ Ⓑ Ⓒ Ⓓ	193	Ⓐ Ⓑ Ⓒ Ⓓ
119	Ⓐ Ⓑ Ⓒ Ⓓ	144	Ⓐ Ⓑ Ⓒ Ⓓ	169	Ⓐ Ⓑ Ⓒ Ⓓ	194	Ⓐ Ⓑ Ⓒ Ⓓ
120	Ⓐ Ⓑ Ⓒ Ⓓ	145	Ⓐ Ⓑ Ⓒ Ⓓ	170	Ⓐ Ⓑ Ⓒ Ⓓ	195	Ⓐ Ⓑ Ⓒ Ⓓ
121	Ⓐ Ⓑ Ⓒ Ⓓ	146	Ⓐ Ⓑ Ⓒ Ⓓ	171	Ⓐ Ⓑ Ⓒ Ⓓ	196	Ⓐ Ⓑ Ⓒ Ⓓ
122	Ⓐ Ⓑ Ⓒ Ⓓ	147	Ⓐ Ⓑ Ⓒ Ⓓ	172	Ⓐ Ⓑ Ⓒ Ⓓ	197	Ⓐ Ⓑ Ⓒ Ⓓ
123	Ⓐ Ⓑ Ⓒ Ⓓ	148	Ⓐ Ⓑ Ⓒ Ⓓ	173	Ⓐ Ⓑ Ⓒ Ⓓ	198	Ⓐ Ⓑ Ⓒ Ⓓ
124	Ⓐ Ⓑ Ⓒ Ⓓ	149	Ⓐ Ⓑ Ⓒ Ⓓ	174	Ⓐ Ⓑ Ⓒ Ⓓ	199	Ⓐ Ⓑ Ⓒ Ⓓ
125	Ⓐ Ⓑ Ⓒ Ⓓ	150	Ⓐ Ⓑ Ⓒ Ⓓ	175	Ⓐ Ⓑ Ⓒ Ⓓ	200	Ⓐ Ⓑ Ⓒ Ⓓ

著者紹介

菊間 ひろみ（きくま・ひろみ）

茨城大学人文学部人文学科英文科卒業（英語学専攻）。ロータリー財団奨学生として米国ペンシルバニア州立大学の大学院で TESL（第二外国語としての英語教授法）を学ぶ。帰国後、大手外国語専門学校で資格試験対策や総合英語のクラスを担当。TOEIC990点。

現在、株式会社オーティーシーの主任コーディネーターとしてTOEIC® 教材の開発、TOEIC® 及び英会話のクラスを担当。

著書に『これだけ！ TOEIC® テスト 必ずでる英単語 初めて～650点』（小社刊）、『やりなおし英文法』（日東書院）。『やりなおし英文法』は中国語に翻訳され、時報出版より台湾、香港で出版される。

〈英文作成〉

John S Hallam（ジョン・S・ハラム）

西オーストラリア大学卒業（日本語及びアジア研究専攻）。現在、株式会社オーティーシーにて、英語教師、教師育成トレーナー、教材開発業務を担当。2001年より大阪在住。

これだけ！ TOEIC®テスト 総合対策（そうごうたいさく）
初めて～650点 新テスト対応版 〈検印省略〉

2006年 5月11日 第 1 刷発行
2010年 5月 4日 第14刷発行

著 者──菊間 ひろみ（きくま・ひろみ）
発行者──佐藤 和夫
発行所──株式会社あさ出版
　　　　東京都豊島区南池袋2-47-2 ワイズビル6F
　　　　電　話 03(3983)3225(代表)
　　　　F A X 03(3983)3226
　　　　U R L http://www.asa21.com/
　　　　E-mail info@asa21.com
　　　　振　替 00160-1-720619

印刷・製本・CDプレス （株）シナノ

乱丁本・落丁本はお取替え致します。

©Hiromi Kikuma 2006 Printed in Japan
ISBN978-4-86063-151-2 C0082